萬繩楠全集

莊華峰 敬題

陈寅恪魏晋南北朝史讲演录

『十四五』安徽省重点出版物规划项目

万绳楠◎整理

安徽师范大学出版社
ANHUI NORMAL UNIVERSITY PRESS
·芜湖·

图书在版编目（CIP）数据

陈寅恪魏晋南北朝史讲演录/万绳楠整理. —芜湖：安徽师范大学出版社，2023.10（2024.5重印）
（万绳楠全集）

ISBN 978-7-5676-6314-5

Ⅰ.①陈… Ⅱ.①万… Ⅲ.①中国历史－研究－魏晋南北朝时代 Ⅳ.①K235.07

中国国家版本馆 CIP 数据核字（2023）第178394号

安徽省高峰学科安徽师范大学中国史建设项目

陈寅恪魏晋南北朝史讲演录

万绳楠◎整理

CHEN YINKE WEIJINNANBEICHAOSHI JIANGYANLU

封面题字：庄华峰　　　　　　　策划编辑：孙新文
责任编辑：孙新文　　　　　　　责任校对：何章艳　卫和成
装帧设计：王晴晴　冯君君　　　责任印制：桑国磊
出版发行：安徽师范大学出版社
　　　　　芜湖市北京中路2号安徽师范大学赭山校区　　邮政编码：241000
网　　址：http://www.ahnupress.com/
发 行 部：0553-3883578　　　5910327　　　5910310（传真）
印　　刷：江苏凤凰数码印务有限公司
版　　次：2023年10月第1版
印　　次：2024年5月第2次印刷
规　　格：700 mm×1000 mm　　1/16
印　　张：22.5　　　　插页：4
字　　数：353千字
书　　号：ISBN 978-7-5676-6314-5
定　　价：186.00元

万绳楠先生

（1923—1996）

序 言

曹操诗，古往今来，没有人为之编年。说实在的话，难度较大。然而，如果不知道曹操写的二十首诗的写作年代，就会对曹操的思想看不清楚。人们常说曹操"性不信天命之事"，在济南禁断淫祀，是一个唯物主义的思想家，可是却为他的游仙诗与诗中所表现追求仙道与神药的思想所困惑。人们常说曹操的游仙诗，是我国古典诗歌中游仙诗之祖，可是却为他不信天命的思想与禁断淫祀的行为所困惑。人们常说曹操的诗歌是现实主义的，但是注释起来，又变求理想主义的了。因此亟待为曹操诗作出笺证，进行编年。

万绳楠先生手迹之一

大家都承认建安文学所表现出来的"建安风力"或风骨，标志着我国"文艺复兴"时代的到临，而曹操是建安风力的开创者，或如鲁迅先生所说，是"改造文章的祖师"。但是如果分开来，认为曹操诗是：理想的诗写理想，现实的诗写现实，游仙的诗写游仙，那就大大地降低了曹操诗的价值，这样的诗，无论如何也不能开创建安一代文学的风力；这样的诗人，无论如何也不能成为改造文章的祖师。

曹操诗的价值之高，就在于能把理想主义、浪漫主义与现实主义作高度的结合。有些诗，看起来是理想主义的，其实那种理想完全建立在现实的基础之上。如《对酒》写的，看来是纯理想主义的东西，其实却是当时的政局在陈蕃、窦武上台后，突现清明的反映。他心目中

万绳楠先生手迹之二

的太平时"，是当时千家万姓心目中的太平时。非他一人闭门造车，突发奇想。有些诗看来神仙思想很浓，其实是浪漫主义的，而这种浪漫主义往往又与现实主义结合在一起。他一直都没有被仙道思想所俘虏，且叹惜过"痛哉世人"，见欺神仙。他的游仙诗都不是坐在家里想出，而是到过、看过被称为有仙迹之地，生出连想，才悟笔赋诗，诗中必有他当时的感情与志趣。如《陌君山》、《华阴山》以及"歌以言志"的《愿登泰华山》、《晨上散关山》，都是这样的作品。还有一些诗，在历史上便是一个谜，没有人解释清楚，如《短歌行·对酒当歌》。

　　陈寅恪先生常说文与史应当结合起来考察，才能把文章的内容、历史的事实弄清楚。本稿即是采用以史证文和以文证史的方法，阐述曹

万绳楠先生手迹之三

《万绳楠全集》整理工作委员会

治学贵在求真创新

——写在《万绳楠全集》出版之际

卜宪群

2023年是我的老师万绳楠先生诞辰一百周年，母校安徽师范大学历史学院组织整理的《万绳楠全集》（简称《全集》）也即将由安徽师范大学出版社出版。《全集》十卷，近300万字，比较系统地收录了万绳楠先生一生的学术论著。2023年初，负责这项工作的刘道胜院长给我打电话，约我给《全集》写个序。论在先生门下的资历、年龄和学问，我都深感不足以承担这个重任。后与同届师姐陈力通电话，她也认为我应该来写写万先生，因为师兄师姐们大都已经退休，寻找资料不方便，有的则联系不上，而我尚在科研岗位上，对各方面的情况熟悉一些。鉴于此，我也不再推脱了。当然也有另外一层因素，我从安徽师范大学硕士毕业后，学术研究的范围大体不出秦汉魏晋南北朝，随着年龄和阅历的增长，我对先生学问的敬仰之情益发浓厚，对先生在人生理想信念上的追求、在学术上的追求也理解得更通透一些。因此，我便不揣浅陋，以"治学贵在求真创新"为题，谈一点对先生史学研究思想与成就的粗浅看法。

一、治学信奉马克思主义

万绳楠先生是当代著名的魏晋南北朝史学家，在20世纪后半期的魏晋南北朝史学界和中国古代史学界有较大影响。但由于种种原因，关于他的生平事迹、学术经历，大家知道的很有限，对他的学术思想研究得也很不够。我认为，他是一位信奉马克思主义的史学家，这里谈几点看法。

万绳楠先生是一位坚定不移跟党走的史学家。先生1923年11月22日出生于江西南昌县。1929年9月至1935年7月在南昌市滕王阁小学学习，1935年9月至1939年在南昌第二中学学习，1940年至1942年7月在吉安市第十三中学学习，1942年9月至1946年7月在昆明西南联合大学历史系学习，1946年9月至1949年3月在北平清华大学历史研究所学习。在那个风雨如晦的时代，先生不仅饱受社会动荡、外族入侵的苦难，也历经了从小丧失双亲的痛苦。艰苦岁月培育了先生坚强的品格，也培养了他勤奋刻苦、依靠自己努力改变命运的顽强毅力，这是他能够考取西南联大历史系（同时还考取了交通大学电机系和浙江大学土木工程系），后又考取清华大学历史研究所的原因所在。随着解放战争的节节胜利，先生投笔从戎，加入解放军，先是在位于河北正定的华北大学学习（1949年3月至1949年6月），后在解放军南下工作团二分团十四中队（1949年6月至1949年8月）、第十五兵团政治部民运工作队（1949年8月至1950年）、第四十一军政治部宣传部（1950年至1953年）、中南军区文化速成学校与文化师范学校（1953年至1956年）、解放军军委文化师范学校（1956年至1958年）、北京市第五中学（1958年至1960年）工作。1960年，先生从北京来到安徽，先后在安徽大学历史系（1960年至1964年）、合肥师范学院历史系（1964年至1973年）、安徽师范大学历史系（1973年至1996年）工作。[①]从20世纪40年代末到60年代，先生转换这么多的工作岗位，在当时的环境下，岗位转换显然不完全是出自他自己的挑选，而是服从组织需要的结果。作为一名知识分子，万先生的一生是比较坎坷的，特别是"文革"期间，几乎九死一生。由于他在西南联大时是吴晗教过的学生，后又参加过吴晗主编的《中国历史小丛书》的写作，"文革"初期被作为"三家村"在安徽的代表进行批判，下放基层接受教育改造，直到"文革"结束后，先生才彻底平反回到教学科研岗位。虽然经历了常人难以忍受的痛苦，但丝毫没

---

① 以上先生的学习工作经历均根据安徽师范大学档案馆提供的1988年由其本人填写的"干部履历表"编写。

有动摇先生对党的信念、对教育工作的热爱。在1988年保存的"干部履历表"中，有一份先生亲笔书写的"本人总结"，其中写道："自党的十一届三中全会以来，国家生机蓬勃，四化速度加快，人的精神振奋。我决心把'文革'中失去的时间补上来，为四化多做一些工作，因此不辞教学任务重，科研项目多。当党要我同时担任低年级基础课、高年级选修课并招收指导研究生的时候，我愉快地接受下来。在教学和科研上，我永远是年轻的。任务多且重，是党对我的信任，是我有生之年价值之所在。"文中满满的正能量，哪能看得出这是出自一位曾经饱受文革之苦的人之手呢！对党的热爱是万先生的真诚信念，加入党组织是他一生的追求。1984年12月，万先生被接受为中国共产党党员，实现了他多年来的梦想。在"本人总结"中他写道："1984.12，我实现了自己多年来的梦想，被接受为光荣的中国共产党党员。当此改革之年、充满希望之年，我愿本着共产党员奋斗不息的精神，为教育改革更好地培养青年一代，为发展马克思主义的史学，分秒必争。"那时我在系里读研究生，也幸运地参加了先生入党的支部大会，我清楚记得会上先生是含着热泪说出这段话的。政治上的执着追求是万先生工作上异常勤奋的重要原因，体现了一位知识分子对党的真诚热爱。1996年10月3日，安徽师范大学在先生逝世的"讣告"中写道："万绳楠同志早年投身革命，拥护中国共产党的领导，热爱社会主义祖国，为革命和党的教育事业献出了毕生精力。"这个评价完全符合先生一生的实际。

万先生是一位善于运用唯物史观观察分析历史的史学家。新中国成立前，先生分别求学于西南联大历史系和清华大学历史研究所，那时的大学，马克思主义理论是进不了课堂的。我猜想，他系统学习并接受马克思主义理论应当是他进入革命队伍以后的事。从那时开始，先生的研究就彰显出以马克思主义唯物史观为指导的鲜明色彩。

一是坚持人民是推动历史前进的群众史观。人民群众是历史的创造者，是推动历史前进的动力，这是唯物史观的一条基本原理。评价历代统治阶级的统治政策是否具有进步意义，主要是看这些政策是否能够顺应时代和人民的要求，先生的研究贯穿着这一指导思想。根据"干部履历表"中的《万绳楠著述编年》（据字迹判断应当是先生自己所写），新中国成立后先生发表的第一篇论文是1956年的《关于曹操在历史上的地位问题》。这篇文章否定了历来将曹操作为"一个反面典型"的历史观，从曹操对中国古代经济文化发展所起的积极作用上，得出了"他对社会发展所起的促进作用比他所起的破坏作用是要大的，他在历史上的地位是应该肯定的"①观点。这篇短短五千多字的文章，有8处提到"人民"二字（不计算注释），强调曹操的政策符合人民的愿望、解放了人民的思想。这是非常有说服力的看法。关于曹操，先生还写了一系列文章，秉持的都是曹操顺应了历史发展潮流的观点。在《论诸葛亮的"治实"精神》一文中，先生充分肯定了诸葛亮治蜀的政策"符合黄巾起义以来客观存在的要求"②，这个"客观存在的要求"当然就是人民的希望与时代的要求，诸葛亮死后"黎庶追思"，就是人民对他的怀念。在《魏晋南北朝史论稿》中，先生认为淝水之战前东晋"镇之以静"的政策"为宽众息役，发展生产，稳定江东社会经济形势，开拓了一条道路"③，这个看法一反过去认为东晋政府只是门阀士族利益代表的观点。需要看到的是，虽然先生充分肯定曹操、诸葛亮、王导等人的历史作用，但他认为他们只是统治阶级的代表，真正发展生产、推动历史前进的还是广大劳动人民群众。这种从历史进步的群众史观出发分析历史的立场，在先生的论著中随处可以看到。

二是坚持阶级分析方法。阶级分析是观察历史非常重要的一种方法，唯物史观与阶级分析相结合，是把握一定时期社会经济关系和政治关系变动的钥匙。万先生的论著中，始终秉持这一原则，《曹魏政治派别的分野及其升降》就是一篇具有代表性的作品。此文不仅首次揭示了曹操手下存在着汝颍、谯沛两大政治集团的事实，而且揭示了这两大集团的历史渊源

---

① 万绳楠:《关于曹操在历史上的地位问题》,《新史学通讯》1956年第6期。

② 万绳楠:《论诸葛亮的"治实"精神》,《安徽师大学报(哲学社会科学版)》1978年第3期。

③ 万绳楠:《魏晋南北朝史论稿》,安徽教育出版社,1983年,第162页。

和经济基础的不同，指出汝颍集团可溯源于后汉的党锢之祸，而"党锢人物都是后汉形成起来的大田庄主或田庄主的子弟"①，他们是世族地主势力的代表，谯沛集团则代表了庶族地主的利益，他们在镇压黄巾起义的过程中联合起来，但政治集团上的分野又使他们最终分道扬镳。经济关系是阶级关系的基础，汝颍集团在斗争中战胜谯沛集团，是"封建大土地所有制的胜利，屯田制的失败。这是当时历史发展的必然结果"②，先生将两大集团的政治升降和汉魏政治权力的转移最终归结为经济关系的变动，并视为历史发展的必然，是阶级阶层分析方法的科学运用，有很强的说服力。阶级往往是由等级构成的，等级研究是阶级研究的重要内容。在《南朝的阶级分化问题》一文中，先生对南朝士族和寒门中出现的等级分化做了精辟的分析，认为士族的衰落与寒门的兴起体现的是历史进步③，这使我们对南朝出现的诸多关于士族贫富升降的历史现象有了科学认识。经济基础决定上层建筑是唯物史观的基本观点，也是阶级分析方法的基本出发点。在《从南北朝社会经济与政治的差异看南北门阀》一文中，先生提出北方重农、南方重商，经济基础不同，政治形态也不同。"南方士族既然立脚于家庭与商业之上，聚居于都邑，其社会经济基础自然不及北方士族雄厚。这种士族及由此而形成的士族制度，容易腐朽，经不起风浪。"④这就使我们对为什么南朝士族较北朝士族分化衰落得要快找到了一个答案。阶级分析方法是一把利器，但万先生并不盲目运用阶级分析，即使在十分重视阶级斗争的年代，也能够坚持实事求是的精神。在《魏末北镇暴动是阶级斗争还是统治阶级内部的斗争》一文中，先生对北镇暴动即六镇起兵的性质提出了不同看法。先生坚持阶级观点与历史主义相统一的原则，认为暴动由豪强这一阶级发动并左右，不是人民起义，只能是统治阶级内部

① 万绳楠:《曹魏政治派别的分野及其升降》,《历史教学》1964年第1期。

② 万绳楠:《曹魏政治派别的分野及其升降》,《历史教学》1964年第1期。

③ 万绳楠:《南朝的阶级分化问题》,《安徽师大学报(哲学社会科学版)》1983年第2期。

④ 万绳楠:《从南北朝社会经济与政治的差异看南北门阀》,《安徽大学学报》1963年第1期。

的斗争。①在《五斗米道与孙恩起兵》一文中，先生本着这一原则，同样否定其起兵是农民起义的性质。先生还专门写了《什么是农民起义？什么人才可以称为农民起义军的领袖？——评〈简明中国通史〉关于农民起义问题的论述》，借对吕振羽《简明中国通史》中关于农民起义问题的评价，系统阐释了他对历史上农民起义问题的看法。

三是坚持辩证唯物主义的联系观。辩证唯物主义重视事物之间的普遍联系，用辩证的、联系的观点把握事物的前后关系、局部与整体的关系，把一定的历史现象放到一定的历史环境之中去考察。万先生在《研究问题要注意事物之间的联系》一文中指出："对于历史上的任何一个问题，都不能作孤立、静止的研究，必须充分掌握资料，注意事物之间的联系。"②先生例举了陈寅恪将华佗的记载与佛经故事联系起来看的事例，指出"他（指陈寅恪）不只是根据我国的史籍，孤立地研究华佗，而是比较中印记载、语音影响，在一个大系统中进行全面研究"③，先生用此来强调联系的方法在史学研究中的重要性。他又例举了自己用联系的方法对曹操《短歌行·对酒》一诗解读的事例，指出"曹操的《短歌行·对酒》是建安元年在许都接待宾客时，主人与宾客在宴会上的酬唱之辞，并非曹操一人所写"④。纵览先生的研究，辩证联系的方法始终贯穿其中，正是这种辩证联系观，使先生能够在同一事物之间、众多事物之间或不同事物之间找出其中的联系，每每使他的文章能够发前人之所未发，给人耳目一新之感。

除了上述之外，唯物史观的社会形态学说在先生的论著中也十分突出。他注重奴隶社会和封建社会不同社会形态下的政治经济文化制度特点研究，秉持封建地主土地所有制说，肯定魏晋南北朝时期各民族政权封建化的历史进步意义，强调政治集团与阶级关系演变背后的经济因素，都是坚持社会形态学说的典型表现。从以上这些可以看到，先生虽然毕业于新

① 万绳楠：《魏末北镇暴动是阶级斗争还是统治阶级内部的斗争》，《史学月刊》1964年第9期。

② 万绳楠：《研究问题要注意事物之间的联系》，《文史哲》1987年第1期。

③ 万绳楠：《研究问题要注意事物之间的联系》，《文史哲》1987年第1期。

④ 万绳楠：《研究问题要注意事物之间的联系》，《文史哲》1987年第1期。

中国成立前的大学，但新中国成立后他学习马克思主义，坚持马克思主义，运用马克思主义，完全可以说他毕生追求马克思主义，是一位新中国培养起来的马克思主义史学家。

二、广博的治学领域与突出成就

万绳楠先生的治学领域很广博，涉及魏晋南北朝史研究、宋史研究和区域经济史研究等，尤以魏晋南北朝史研究见长。

（一）魏晋南北朝史多领域的突出成就

20世纪中国古代史在通史、断代史、专门史等各研究领域都取得了很大成绩，其中在断代史研究上，魏晋南北朝史所取得的成绩尤为突出。从20世纪初开始，人们逐步改变了对中国历史上分裂时期的历史或所谓"乱世"历史的一些不全面认识，运用新的历史理论与方法，开启了魏晋南北朝历史的新探索。曹文柱、李传军在《二十世纪魏晋南北朝史研究》一文中，将20世纪中国魏晋南北朝史研究以1949年为限划分为前后两个时期。前一个时期可分为1901—1929年和1930—1949年两个阶段。后一个时期可分为1949—1966年、1966—1978年和1978—2000年三个阶段。[①]万先生在魏晋南北朝史研究上，基本上完整经历了后一个时期的"三个阶段"。厚实的史学功底，敏锐的洞察力，勤奋的治学精神，长期的不懈探索，使他在魏晋南北朝史多个领域取得了十分突出的成就，他所思考的许多问题，在当时也明显具有学术前沿的性质。这里我选取若干领域做一简要介绍。

政治史领域深耕细耘。万先生继承了中国史学向来重视政治史研究的传统特点，又得20世纪上半叶以来中国实证史学派的方法精华，以唯物史观为指导，在魏晋南北朝政治史研究领域取得了突出成就，这是他一生学

---

① 曹文柱、李传军：《二十世纪魏晋南北朝史研究》，《历史研究》2002年第5期。

术成就的主要代表。首先，关于曹操和曹魏政治派别的研究。历史上对曹操的评判大体不离正统史观，史家、政治家根据各自的需要取舍，毁誉参半，缺乏科学的指导。受宋元以后戏曲小说的影响，在普通民众中曹操更成为一个反面典型。先生在《关于曹操在历史上的地位问题》一文中，从汉末黄河流域经济衰败的客观历史出发，认为曹操的屯田、抑制豪强兼并、减轻田租、提倡节俭等经济措施具有积极进步的意义。[1]先生又从曹操在思想文化上的贡献，肯定了他破除汉代以来儒家思想束缚的作用和倡导现实主义文风的意义。因此，先生认为"从曹操总的方面来衡量，曹操在历史上的地位是应该肯定的"[2]。这是新中国成立后率先对曹操历史地位提出肯定的史学家。先生对曹操的研究深入细致，《廓清曹操少年时代的迷雾》一文十分精彩，将曹操少年时代的事迹考证揭示出来，有力说明了曹操少年时品行不好却又能举孝廉入仕的原因，也说明了后来曹操政治思想与政治行为与他少年时的经历有十分紧密的关系。[3]在《曹魏政治派别的分野及其升降》一文中，先生对曹魏内部政治集团的精湛划分及其阶级基础的深刻揭示，可以说是为解剖曹魏政治演变和门阀政治的形成提供了一把崭新的钥匙。[4]其次，关于蜀、吴政治和两晋南北朝政治的研究。在《论诸葛亮的"治实"精神》一文中，先生将诸葛亮治蜀的精神归纳为"治实"，并从哲学、政治军事、自然科学三个方面对诸葛亮的治实精神进行了深入阐释。[5]这篇文章发表在"文革"结束后不久，澄清了在诸葛亮问题上被"四人帮"搞乱了的是非，并对诸葛亮这个历史人物，力求作出合乎科学的解释。在《魏晋南北朝史论稿》一书中，先生对孙吴立国江东问题做出了深入考察。先生指出，孙吴政权是靠江东名宗大族的支持建立

① 万绳楠：《关于曹操在历史上的地位问题》，《新史学通讯》1956年第6期。

② 万绳楠：《关于曹操在历史上的地位问题》，《新史学通讯》1956年第6期。

③ 万绳楠：《廓清曹操少年时代的迷雾》，《安徽师大学报（哲学社会科学版）》1988年第2期。

④ 万绳楠：《曹魏政治派别的分野及其升降》，《历史教学》1964年第1期。

⑤ 万绳楠：《论诸葛亮的"治实"精神》，《安徽师大学报（哲学社会科学版）》1978年第3期。

起来的，论孙吴的治国之道，必须先明江东经济的发展与大族的产生。孙吴的"限江自保""施德缓刑"以及"外仗顾、陆、朱、张，内近胡综、薛综"等治国方针与政策，是孙吴复客制、世袭领兵制、屯田制等重大政策形成的阶级基础和社会基础。①这是史学界较早全面对孙吴政权立国基础的政治考察，对我们理解孙吴政治与魏、蜀政治的区别有重要启示。在《东晋的镇之以静政策和淝水之战的胜利》一文中，先生将东晋前期的政治总结为"镇之以静"，并在王导、桓温、谢安时期一以贯之，认为这是东晋之所以取得淝水之战胜利的原因。②这个观点一改东晋政权只是偏安江南的旧识，推进了东晋政治史研究的深化。历史的必然性与人的主观能动性是相辅相成的。在《从陈、齐、周三方关系的演变看隋的统一》一文中，先生对为什么由继承北周的隋朝来统一，而不由北齐或者陈朝来统一做了细密周到的分析，指出"可知统一之所以由北不由南，而北又不由北齐而由北周及其继承者隋朝，是因为本来要与北齐结好的南朝，却偏偏走上了联周反齐之路"③。这一观点较以往只重视隋文帝在统一中的作用的观点更加全面。先生的政治史研究不限于魏晋南北朝，如《论隋炀帝》《武则天与进士新阶层》等文章，在隋唐政治史研究上都有新见解。

经济史领域开拓创新。20世纪魏晋南北朝经济史研究主要集中在社会性质问题、土地制度问题、赋税制度问题、户籍制度问题、部门经济与区域经济等问题上。万先生在上述领域中大都有创新性的研究。关于土地制度问题，先生在《魏晋南北朝史论稿》中对曹魏小块土地所有制、屯田制、田庄制三种土地所有制形式进行了比较，认为曹魏以保护自由农为主体的小块土地所有制为主体，但又能使三种土地所有制在一定时期内并存，发挥各自的作用，使汉末受到严重破坏的生产力，得以复苏。④这是曹操在经济政策上强于其他军阀之处所在。田庄经济是魏晋南北朝经济的

① 万绳楠：《魏晋南北朝史论稿》，安徽教育出版社，1983年，第62—71页。

② 万绳楠：《东晋的镇之以静政策和淝水之战的胜利》，《江淮论坛》1980年第4期。

③ 万绳楠：《从陈、齐、周三方关系的演变看隋的统一》，《安徽师大学报（哲学社会科学版）》1985年第4期。

④ 万绳楠：《魏晋南北朝史论稿》，安徽教育出版社，1983年，第26—35页。

重要组成部分，先生在很多论著中都谈到这个问题，比如上述曹魏三种土地所有制比较中，就谈到了曹魏时期的田庄"无疑起着组织生产的作用，有一定的活力，不失为当时一支重要的、仍占主导地位的生产力量"[①]。田庄经济不是一成不变的，随着时代变化，田庄经济也在发生变化，先生正是用这种发展变化的观点看待田庄经济，并分别写出了《南朝时代江南的田庄制度》和《南朝田庄制度的变革》二文。在前文中，先生对南朝江南田庄兴起的历史背景和南朝江南田庄的特点进行了仔细分析，得出了南朝时代江南的田庄制度，是随着江南的开发与庶族地主、商人的兴起而发展起来的，是建立在家族而非宗族地主对佃客、奴隶的剥削与压迫的基础之上的重要结论。[②]在后文中，先生指出，南朝的田庄主土地占有形态，和唐朝是一个类型，和汉、魏已自不同。唐朝的庄园制度源自南朝。南朝田庄制度的变革，是中古土地制度的一个重大变化。先生在文中还对南朝大家族（宗族组织）的破坏、田庄中部曲组织的消亡、剥削方式的变化进行了详细论证。[③]先生的系列研究将南朝江南田庄与之前及同时代其他政权下的田庄制度清楚地区分开来，使我们看到了田庄经济在不同时期的发展变化和历史影响。魏晋南北朝是一个人口大流动大迁徙的时期，人口流动所带来的行政区划变化以及户籍制度的新形态，是影响魏晋南北朝社会经济发展的重要问题。侨郡县是东晋南朝时期安置迁徙流动人口的一项行政措施，它是一个政治问题，更是一个经济问题。在《晋、宋时期安徽侨郡县考》和《江东侨郡县的建立与经济的开发》二文中，先生分别对安徽境内和江东地区的侨郡县进行了详细考证，前文首次对晋、宋时期安徽境内的侨郡县状况，以及北方流民进入安徽和安徽本部人向南流动的大致情况进行了系统梳理[④]，后文则对江东侨郡县的分布特点以及江东政权对侨

---

① 万绳楠：《魏晋南北朝史论稿》，安徽教育出版社，1983年，第35页。

② 万绳楠：《南朝时代江南的田庄制度》，《历史教学》1965年第11期。

③ 万绳楠：《南朝田庄制度的变革》，《安徽师大学报（哲学社会科学版）》1980年第2期。

④ 万绳楠：《晋、宋时期安徽侨郡县考》，《安徽师大学报（哲学社会科学版）》1982年第2期。

民的政策进行了全面分析①。侨郡县的设置不仅在政治上稳定了因战乱而造成的流动人口，更重要的是推动了安徽特别是皖南和江东地区的经济开发与文化发展。江东地区尤其是沿江地区经济的开发，与江东政权对待流人的政策不可分。正如先生所指出的那样："论江南经济开发的文章，我所见到的颇为不少，惜乎语焉不详，且不中肯綮，故立论如上。"②从侨郡县的设置及其政策看安徽和江东地区经济开发是一个新的视角，先生的研究走在了当时经济史研究的前列。户籍向来是经济史研究的重要内容，魏晋南北朝的户籍问题因人口迁徙和侨郡县的设置尤其显得复杂化，文献上出现的"白籍""黄籍"究竟何指，"土断"与黄、白籍究竟什么关系，古今史家莫衷一是。先生在《论黄白籍、土断及其有关问题》《江东侨郡县的建立与经济的开发》等文中，对这些问题做了细密考证。先生指出："黄籍是两晋南朝包括士族和庶民在内的编户齐家的统一的户籍。士族的黄籍，注有位宦高卑，庶民无之。士族可凭黄籍上的爵位证明为士族，免去徭役。庶民已在官役的，可以在黄籍上注明何人。白籍则是在特定时期产生的、有特定含义的户籍。它出现在东晋初，为自拔南奔的侨人所持有。他们大都住在侨郡县中。之所以谓之为白籍，是因为夹注有北方原地的籍贯，好作将来回到北方入籍的凭证。持白籍的不交税，不服役。"③由于人口不断南迁给东晋政府带来严重的社会经济问题，因而有了咸和二年（327）土断。这次土断中整理出来的黄籍，称为《晋籍》。它是南方土著人民和以土著为断的北方侨人的统一的户籍，此籍一直沿用到宋元嘉二十七年（450）。咸康、兴宁、义熙年间的阅实编户与依界土断，是咸和二年（327）土断的整顿与补充。侨人一经土断，白籍即换成黄籍。南齐大力进行土断，罢除侨邦，是白籍行将消亡的反映。其最后消亡，可以梁天监元年（502）罢除最后一个侨邦南徐州为标志。此后所谓土断，是土断杂居

---

① 万绳楠：《江东侨郡县的建立与经济的开发》，《中国史研究》1992年第3期。

② 万绳楠：《江东侨郡县的建立与经济的开发》，《中国史研究》1992年第3期。

③ 万绳楠：《论黄白籍、土断及其有关问题》，载《魏晋南北朝史研究》，四川社会科学院出版社，1986年，第286页。

流寓的人户。①先生的这些观点，厘清了复杂多变的东晋南朝政权下户籍变化的线索，辨清了史书上模糊不清的土断、白籍、黄籍等概念，为经济史研究提供了基本的史实基础，可以说是一个重大贡献。先生在经济史上的研究还有西晋的经济制度、北魏的均田制和地主土地所有制以及江南经济开发等诸多问题，彰显出他在经济史研究上的深厚功力。需要指出的是，先生的经济史研究坚持以唯物史观为指导，将地主土地所有制作为观察分析魏晋南北朝经济史的基本出发点，并将经济变化与政治变化相联系，使他的经济史研究充满了时代感。

思想文化史领域视野宽阔。与两汉相比，魏晋南北朝思想文化突破了经学独尊的束缚，呈现出多元化的趋势，域外文化与华夏文明交往交流，开启了文化交融的新时期。20世纪后半期，特别是改革开放以后，魏晋南北朝思想文化史研究呈现出繁盛局面。其中，万先生以其宽阔的学术视野，在魏晋南北朝思想文化史领域独树一帜，取得了突出成就，其研究涉及政治文化、哲学思想、宗教思想、史学思想、艺术与科技、少数民族文化等诸多领域，特别是《魏晋南北朝文化史》一书，是他关于魏晋南北朝思想文化史研究的系统思考。这里我选取若干角度做一介绍。首先，关于文化史研究的理论思考和魏晋南北朝思想文化的整体史观。早在20世纪90年代初，先生在《对文化史研究的思考》一文中就对文化史的概念与研究对象做过界定，指出："现在文化与文明两个概念常被混淆。按照摩尔根所说人类自野蛮时代进入文明时代，以文字的发明为标志，而文字的发明又是文化的开端。可知文化者，乃用文字写下来的各科知识也。"②但是先生认为，文化史又不仅只是各科知识史、有关制度史，而且要把各科知识所达到的深度及所反映的文明程度揭示出来。易言之，即要揭示出黑格尔所说的"时代精神"。③后来他又指出："因此，凡属文化知识领域中的问

①万绳楠：《论黄白籍、土断及其有关问题》，载《魏晋南北朝史研究》，四川社会科学院出版社，1986年。

②万绳楠：《对文化史研究的思考》，《文史哲》1993年第3期。

③万绳楠：《对文化史研究的思考》，《文史哲》1993年第3期。

题，都应当是文化史所应讨论的问题。如果缺了一个部门或项目，那就不是一部全面的文化史，就无从窥探某个时期或时代文化的全貌、相互作用、发展停滞或萎缩的总原因与具体原因。"①文化史绝不是儒术史，也绝不是哲学史。文学、史学、艺术、自然科学、各派经济思想、政治思想、社会思想、各族文化状况、文化交流……无一不在文化史探讨的范围中。从这个角度出发，先生把职官制度、选举制度、学校制度、哲学思想、政治思想、经济思想、社会组织与社会风俗、文学、艺术、史学、自然科学、道教、佛教以及各族文化状况、中外文化交流等内容，都纳入了他考察的范围，形成了他以制度文化和精神文化为主体的文化史观。关于魏晋南北朝思想文化的历史地位，先生认为，魏晋南北朝时代是各科文化蓬勃发展的时代，把汉朝远远抛在后头。现在已经没有人相信甚么"黑暗时代"的陈旧说法。先生还具体指出了这个时期文化长足发展的原因是专制主义的削弱、儒术独尊地位的跌落、官营王有制度的失败、大家族的解体和个性的解放。其次，深入挖掘时代的思想文化精华。在立足魏晋南北朝思想文化整体史观的基础上，先生对这一时期思想文化及其流派和代表人物等很多问题都有自己深刻独到的见解，是他史学思想极具闪光的一面。在《嵇康新论》一文中，先生将嵇康的思想从所谓"竹林七贤"中其他人的思想分离开来，高度赞扬了嵇康反对封建儒学，富有民主精华的进步思想。②在《略谈玄学的产生、派别与影响》一文和《魏晋南北朝史论稿》第五章第二节，以及《魏晋南北朝文化史》第三章中，先生对魏正始年间何晏、王弼创立的玄学及其意义和派别分野进行了开创性研究。他指出："玄学并非消极的东西。它好比一颗灿烂的明星，进入魏晋时代的思想界天空，放出了奇光异彩。"③但是正始之音并不是只有一种声音，何晏标榜无为，把无和有对立起来，是二元的；王弼标榜无为，把无当本体，把有当派生的东西，是一元的，因此何晏与王弼是玄学内部两种不同的声音。究其原因，

---

① 万绳楠：《魏晋南北朝文化史·序言》，黄山书社，1989年，第1页。

② 万绳楠：《嵇康新论》，《江淮论坛》1979年第1期。

③ 万绳楠：《略谈玄学的产生、派别与影响》，《孔子研究》1994年第3期。

是他们各自代表了不同政治集团的思想，是当时曹魏政治上两大派别斗争的反映。先生将玄学研究与政治派别分野结合起来分析，是一卓识。尽管玄学在这一时期高调登场，但先生认为魏晋南北朝时期的主流思想仍然是儒学而不是玄学①，先生在20世纪50年代得出的这个结论，在后来的魏晋南北朝思想史研究中应该是得到了大多数人的认同。在思想文化史研究中，先生始终高举唯物史观大旗，高扬唯物论思想的积极意义，批判唯心论的消极作用，特别是在对君主专制的批判上毫不留情，是他思想文化史研究上极富战斗性的一面。在宗教思想研究上，先生多有发明。在《"太平道"与"五斗米道"》一文中，先生对《太平经》的性质及其与黄巾起义的关系做了细致辨析，认为它们之间既有联系更有本质区别，不能把《太平经》与作为"异教"的"太平道"混为一谈，而五斗米道从一开始，就是地主阶级的宗教，是地主阶级用来剥削、压迫与愚弄农民的宗教组织，教义上没有任何积极的东西，只有消极的影响。②先生的这个思想产生在20世纪60年代初，那个时期对阶级斗争和农民起义高度重视，能够用这样冷静客观的态度对待太平道和五斗米道，是十分可贵的求真精神。先生对道教的研究并不限于这些局部，而是从整体上对魏晋南北朝时期道教的产生与发展做了系统梳理，新意迭出。③在佛教研究上，先生不仅对佛教传入中国的过程及其地位的确立有细致考证，而且提出了佛教"异端"思想产生的背景与斗争这一重要问题，明确指出"中国的佛教异端，是在南北朝时代，在北方形成的"，其原因乃是北朝佛教的僵化所致。④从思想文化史的视角出发，先生还对魏晋南北朝时期的史学、艺术、文学、风俗、科技以及社会生活与文化交流等诸多内容也有精湛研究，这里不再一一介绍。

---

① 万绳楠：《魏晋南北朝时代的思想主流是什么》，《史学月刊》1957年第8期。

② 万绳楠：《"太平道"与"五斗米道"》，《历史教学》1964年第6期。

③ 参见万绳楠：《魏晋南北朝文化史》第十二章"我国道教的产生与发展"，黄山书社，1989年，第298—325页。

④ 参见万绳楠：《魏晋南北朝史论稿》第十五章"论佛教在南北朝时期的传播"，安徽教育出版社，1983年，第330—350页；万绳楠：《魏晋南北朝文化史》第十三章"佛教的勃兴与弥勒异端的产生"，黄山书社，1989年，第326—348页。

（二）宋史研究的倾力奉献

万先生是一个学术旨趣十分广泛的学者，他不仅在魏晋南北朝史领域取得了突出成就，在宋史领域也收获不菲，为宋史研究做出了一定的贡献。先生在宋史领域的贡献主要体现在《文天祥传》和《关于南宋初年的抗金斗争》《关于王安石变法的几点商榷》《宋江打方腊是难以否定的》《诗史奇观——文天祥〈集杜诗〉》等系列文章上，这里重点介绍《文天祥传》。文天祥是南宋后期民族矛盾尖锐时期产生的一位民族英雄，他去世后，事迹广为流传，自古就有不少人为他立传。但如同先生所说的那样，所有的文天祥传都有两个基本缺陷，一是从忠君立论，二是但述事实经过，而又偏重起兵勤王以后的经历。新中国成立以后关于宋代民族英雄的研究明显又偏重于岳飞，对文天祥的研究稍显不足。先生的《文天祥传》就是在这样的背景下从史学传记的角度写作而成的。该传用近30万字、十章（另附事迹编年）的篇幅，详述了文天祥的生平事迹、爱国思想、文学成就、事迹流传等重大问题，首次全面揭示了文天祥的一生经历，考证了很多模糊不清的史事，并对与之有关的宋元历史进行了评论，是传、论、考相结合的典范。《文天祥传》发明甚多。首先，廓清了文天祥籍贯和生平事迹问题。通过详细辩证，先生认为文天祥的籍贯应该是吉州庐陵县富川镇，而不是以往所认为的富田，宋时只有富川而无富田，富田替代富川是元朝以后的事。宋代富川是镇，地位与乡相等，不属于淳化乡，亦不属于顺化乡，将富田归属于淳化乡，是清朝以后的事。①籍贯问题虽然很具体，但是研究文天祥必不可少的基本问题。先生还对文天祥中状元时的年龄、某些重要作品的写作年代等问题进行了考证，为进一步研究文天祥奠定了扎实基础。其次，深入挖掘了文天祥的爱国思想。先生认为，文天祥不仅是一个爱国者，而且是一个政治家、思想家，他的爱国思想不是古已有之，而有他的特殊点，这个特殊点就是他的哲学思想和政治

---

① 万绳楠：《文天祥传》，河南人民出版社，1985年，第1—7页。

表现。先生指出："七百年来，都以为文天祥爱国是受儒家思想乃至理学熏陶的结果。殊不知他的爱国思想扎根于他的生气勃勃的唯物思想中，具有强烈的反理学意义。"①与宋代死守祖宗之法不同，文天祥的哲学思想根植于《易》学的唯物辩证思想，特别是他强调自强不息精神对个人和国家的重要意义，正是他一生爱国不息、斗争不息、改革不息的哲学基础。②这个看法虽不无可商榷之处，但却在一定程度上揭示了文天祥为什么能够在社会危机和民族危机深重的南宋后期，坚决为国奋斗不息直至献出生命的根源所在。先生认为，文天祥爱国思想在政治上的表现不只是抗元，更重要的方面"是他不仅要求改革，而且要求改革不息；不仅要求改革宋太祖、太宗制定下来的祖宗之法，而且要求一直改下去，直到实现天下为公"③。先生还具体指出了文天祥主张改革不息"三个具体的、带根本性的问题"④，即地方问题、三省六部问题和用人问题。文天祥的改革思想虽然"近于空想"，不可能在当时的南宋实现，但"应当承认它在我国政治思想发展史上所具有的划时代的意义和里程碑的地位"⑤。改革不息论是文天祥政治思想中也是爱国思想中最本质的东西，也是最重要的内容。不改革便不能抗元，爱国首先就应要求改革。这是我们研究他在抗元中所表现出来的爱国思想时，必须理解的东西。文天祥的抗元是与他"法天不息"的唯物主义思想联系在一起，而非与儒家的忠孝仁义相联系，是为了"生民"的利益，而非与地主阶级、赵家王朝的利益相联系。⑥这些看法都极大丰富了我们对文天祥爱国思想内涵的认识。第三，对宋元之际历史变化的深刻洞察。既往研究文天祥较少考虑宋元之际历史变化的必然性和偶

---

① 万绳楠：《文天祥传》，河南人民出版社，1985年，第266页。

② 参见万绳楠：《文天祥传》第八章第一节"文天祥爱国思想的哲学基础"，河南人民出版社，1985年，第266—275页。

③ 万绳楠：《文天祥传》，河南人民出版社，1985年，第275页。

④ 万绳楠：《文天祥传》，河南人民出版社，1985年，第277页。

⑤ 万绳楠：《文天祥传》，河南人民出版社，1985年，第282页。

⑥ 参见万绳楠：《文天祥传》第八章第三节"文天祥爱国思想在抗元方面的表现"，河南人民出版社，1985年，第282—289页。

然性问题。先生指出，文天祥生活在南宋内忧外患十分深重的年代，"但这个时代并非南宋注定要灭亡、元朝必定要统治全中国的时代，而是黑暗中有光明。这光明就是：只要南宋改革导致社会危机和民族危机的守内虚外之法，就不会是元兵南进，而是宋旗北指"①。但南宋政权并不采纳文天祥的主张，一再错过历史给予的机遇，抱住祖宗之法不放，致使拥有军队七十多万，经济力量远胜于蒙古，且有文天祥这样贤才的南宋，不断屈膝投降，根本原因就是以皇帝为首的最高统治集团的守内虚外的国策，"这个国策培育出来的最高统治集团，对外以妥协投降，对内以镇压人民、削弱地方、排斥贤才、反对任何改革为特征。这个国策不变，统治集团也就不会倒；统治集团不倒，这个国策也就不会变"②。南宋不是必然灭亡，元朝不是必然胜利，文天祥不是愚忠献身。先生对宋元之际历史的深刻洞察，使我们对文天祥抗元斗争直至献出生命的历史意义有了比以往更加深入的认识。第四，确立了文天祥在中国文学史上的地位。先生在传中用一章四节的篇幅论述了文天祥在文学上的成就，指出"文天祥在文学上的成就，比之唐、宋各大名家，毫无逊色"③。文天祥一改南宋文体、诗体破碎、卑弱，朱熹以后鬼头神面之论，"不赞成有意为诗""主张动乎情性"，提出了"自鸣与共鸣之说"，先生认为与自鸣相结合的共鸣论，"是文天祥对文学理论尤其是现实主义文学理论的一大贡献"④。先生还对文天祥的诗歌进行了分期，对其不同时期诗歌的内容与特点进行了细致分析，深刻揭示了文天祥作为"现实主义文学巨匠"，其诗歌具有"振起过一代文风""是我国文学宝库中的无上珍品"的历史地位。⑤先生一生的学术重点不是宋史，但从《文天祥传》中可以看到他不仅对文天祥有深入研究，也对宋代政治史、思想史和文化史有独到的见解。

---

① 万绳楠:《文天祥传》,河南人民出版社,1985年,第18页。

② 万绳楠:《文天祥传》,河南人民出版社,1985年,第97页。

③ 万绳楠:《文天祥传》,河南人民出版社,1985年,第290页。

④ 万绳楠:《文天祥传》,河南人民出版社,1985年,第291—293页。

⑤ 参见万绳楠:《文天祥传》第九章"文天祥在文学上的成就",河南人民出版社,1985年,第290—336页。

（三）区域经济史研究的开辟

有学者指出："区域经济的研究是80年代以来学者们着意很多的课题，取得的成就相当可观。"[1]但万先生从20世纪60年代开始就十分关注魏晋南北朝区域经济史的研究，从60年代到90年代，他撰写了《六朝时代江南的开发问题》《南朝时代江南的田庄制度》《南朝田庄制度的变革》《江东侨郡县的建立与经济开发》等一系列论文，对长江中下游区域经济史就有了深入研究。在此基础上，1997年，万先生等著的《中国长江流域开发史》一书出版，该书是原国家教委"八五"社会科学重点科研项目的结项成果，也是国家"九五"重点规划图书。全书用八章50万字的篇幅，从历史纵向角度，全面考察了从石器时代到明清时期长江流域开发的整体历程，是我国第一部全面论述长江流域社会经济与文明发展进程的著作。该书首次对长江流域各历史时期的经济开发与文明发展历程做了系统总结。例如关于石器时代的长江流域，该书指出，与黄河流域一样，长江流域也有它自己的石器时代与人类。论文化并不比黄河流域有任何逊色。该书用丰富的考古资料论证了旧石器时代的长江流域是人类起源的重要地区、新石器时代晚期的良渚文化是长江流域跨入文明门槛的前夜。从青铜器的制作和江西清江吴城出土的刻划文字符号看，"炎帝神农氏时期，南方长江流域当已进入文明时代。其文明程度不会下于轩辕氏所代表的北方文明"[2]，甚至"南方长江流域当比北方更早地进入文明时代"[3]。关于列国时期的长江流域，该书认为这是一个经济、文化突飞猛进的发展时期，楚、吴、越、巴、蜀等国农、工、商业综合发展，但秦的征服，则使整个长江流域的开发，遇到了一次大顿挫。关于秦汉时期的长江流域，该书使用了"曲折性"三个字来概括。秦的落后政策，将长江流域的开发拉向后退，开发无闻。汉初政策调整，长江流域的开发也在继续抬头。两汉长江

---

① 曹文柱、李传军：《二十世纪魏晋南北朝史研究》，《历史研究》2002年第5期。

② 万绳楠、庄华峰、陈梁舟：《中国长江流域开发史》，黄山书社，1997年，第25页。

③ 万绳楠、庄华峰、陈梁舟：《中国长江流域开发史》，黄山书社，1997年，第23页。

流域开发虽在继续，但又不断受到"虎狼之政"的破坏，是"曲折性"的反映。关于魏晋南北朝时期的长江流域，该书用"迅速发展与几度猝然跌落"来概括。吴、魏、蜀时期长江流域的交通运输业、城市与商业、农业发展迅速，西晋由于政治原因，长江流域开发陷于停滞状态。东晋"镇之以静"的政策，以及侨郡县的设置与对待流人的政策，促进了江东社会经济的发展，江南腹地及沿海地区得到开发。南北朝末年至隋，由于侯景之乱和隋的政策原因，长江流域开发又陷于停顿。关于唐五代时期的长江流域，该书用"继续发展与经济中心的逐渐南移"来概括。唐继承了南北朝以来的重要经济制度和隋朝留下的大运河，长江流域整体经济结构与发展水平上了新台阶，天宝以后，经济重心南移。五代十国，长江流域有八国，仍可见到长江流域农、工、商业在唐朝开发的基础上进一步深入发展。关于宋元时期的长江流域，该书认为两宋长江流域又获得了进一步的开发，农业、手工业、交通运输业、商业与城市都有了新的发展，经济形态呈现出新变化，四大发明是在长江流域完成的。但由于两宋在政治上都执行"守内虚外"的政策，这种开发仍旧受到限制。到蒙古入主中原，甚至一度逆转。关于明清时期的长江流域，该书用"经济开发的新发展"和"艰难曲折性"来概括。由于统治政策的调整，明清时期长江流域社会经济有了长足发展，生产力水平的提高，资本主义生产关系的萌芽已在明中后期，出现于长江中下游地区商品经济极为发达的苏、杭一带，并逐渐扩展至其他地区。这是一个新现象。清前期，我国资本主义萌芽继续缓慢发展，在整个长江流域显现得更为突出。然而，由于种种历史条件未能具备，中国资本主义的胎儿始终没有冲出孕育了它的封建社会的母体，滋长壮大，这不能不是中国历史发展进程中的一个极大的令人深以为憾的曲折和不幸。纵览该书，其特点非常鲜明：一是十分重视我国历史上统治阶级的政策与经济发展的关系，将经济发展与政治环境相联系，深刻阐明了上层建筑对经济基础的反作用；二是十分重视经济发展与科技文化发展的关系，该书几乎在论述每个时代经济开发之后，都要论述该时期科技文化发展的状况，可以说该书也是一部长江流域科技文化发展史。总之，通过该书，我们不仅可以认识到长江流域文明发展史在中华文明发展史上的重要地位，把握长江流域经济开发的历史经验教训，也能为今天长江流域的开发提供历史借鉴。

以上总结虽远远不能涵盖先生的全部学术成就，但从中也可以窥见先生广博的学术视野、深刻的问题意识和极具前沿性的探索精神。

三、丰厚的治学思想遗产

万绳楠先生用其一生的心血，给我们留下了300余万字的史学论著，这是一笔宝贵的史学遗产。据我目力所及，对先生史学成就评价、总结和研究的文章目前有周一良《评介三部魏晋南北朝史著作》[1]，朱瑞熙《宋人传记的佳作——评〈文天祥传〉》[2]，彦雨《一部反映出时代精神的新文化史——评万绳楠教授的〈魏晋南北朝文化史〉》[3]，汪姝婕《简评〈中国长江流域开发史〉》[4]，卫丛姗《万绳楠史学成就研究》[5]等，这些文章从不同侧面对先生的史学成就进行了评述和研究。还有不少学者和先生的学术观点进行商榷。[6]无论是评述还是商榷先生的论著，也无论是赞

---

① 周一良：《评介三部魏晋南北朝史著作》，《北京大学学报（哲学社会科学版）》1985年第2期。

② 朱瑞熙：《宋人传记的佳作——评〈文天祥传〉》，《中州学刊》1986年第3期。

③ 彦雨：《一部反映出时代精神的新文化史——评万绳楠教授的〈魏晋南北朝文化史〉》，《安徽史学》1991年第1期。

④ 汪姝婕：《简评〈中国长江流域开发史〉》，《光明日报》1999年8月13日。

⑤ 卫丛姗：《万绳楠史学成就研究》，鲁东大学硕士学位论文，见"中国知网"，2021年。

⑥ 如曹永年、周增义：《论隋炀帝的"功"与"过"——兼与万绳楠先生商榷》，《史学月刊》1959年第12期；魏福昌：《隋炀帝是不折不扣的暴君——与万绳楠同志商榷》，《史学月刊》1959年第12期；孙醒：《试论文天祥的哲学思想——兼与万绳楠同志商榷》，《河南大学学报（哲学社会科学版）》1989年第1期；王琳祥：《赤壁战地辨析——与万绳楠先生商榷》，《安徽师大学报（哲学社会科学版）》1992年第4期；高华平：《也谈陈寅恪先生"以诗证史、以史说诗"的治学方法——兼与万绳楠先生商榷》，《华中师范大学学报（哲社版）》1992年第6期；张旭华：《梁代无中正说辨析——与万绳楠先生商榷》，《许昌师范学院学报》1993年第3期；等等。

同或不赞同先生的观点，都说明先生的论著产生了十分广泛的学术影响。先生取得的这些学术成就与他的治学思想是不可分割的，在前人研究的基础上，我对先生的治学思想谈三点感想。

（一）吸收三种史学的精华

观察万先生治学方法，明显可以看到三种史学思想对他的影响。首先是受我国传统史学求真致用思想的影响。"多闻阙疑，慎言其余"①，"故疑则传疑，盖其慎也"②。我国传统史学倡导严谨求实的治学态度，在追求史实真相上不遗余力，从不随意揣测，历代史学秉笔直书精神和发达的考据学，就是这种求真思想的具体体现。求真是对事物本来面貌的揭示，对史学研究而言，全面掌握史料是求真的基础。先生十分强调在史学研究上要打好基础，在读书上下功夫。先生指出："说基础知识浅，容易学，这表现出对基础知识缺乏了解。一般来说，基础知识包括三个方面，一是基本理论知识，二是基本专业知识，三是基本技能或基本治学能力。三者缺一，都不能说基础好。"③打好基础的关键是读书，先生说："历史上凡是维护真理的人，没有一个不苦功读书。"④读书要有一定的方法，先生总结出古人读书的方法，指出："批点、注释和校补，是古人成功的读书方法。"每一种方法都有其独特的价值和作用，"我们总是说要读几本基础书，同时要多读其他书，但总是苦于不知怎么读，怎么掌握，如果能分别或同时采用以上三法，我觉得不管哪一类的书，都可读深读透"⑤。仅仅读书还不行，还要做卡片，"卡片一万张，学问涨一丈"是先生的一句名言，就是强调知识积累的重要意义。仅仅有卡片也不行，还要思考，先生说："读书最怕思之不深，览之不博，不然，是会出错误的。"⑥刻苦读书

---

① 何晏注，邢昺疏：《论语注疏》卷二《为政》，北京大学出版社，2000年，第22页。

② ［汉］司马迁：《史记》卷十三《三代世表》，中华书局，1982年，第488页。

③ 万绳楠：《基础容易打吗？》，《安徽日报》1962年1月5日。

④ 万绳楠：《"百家争鸣"三题》，《安徽日报》1961年9月27日。

⑤ 万绳楠：《批点、注释和校补》，《安徽日报》1961年11月17日。

⑥ 万绳楠：《白门新考》，《南京史志》1992年第2期。

勤于思考，使先生的论著在很多方面能够发前人之所未发，读过他的论著的人应当感受到，他的许多真知灼见，就是在广博的知识积累和勤奋思考之上而产生的。致用是我国传统史学的又一大特色，是我国传统史家治史的重要追求。我国传统史学的致用思想体现在为现实政治提供借鉴，为社会教化提供是非善恶标准，为文化自信提供精神向导等方面。我国史学的这一优秀传统同样深刻体现在先生身上，他的群众史观思想，就是反映了他的历史研究是为中国共产党领导下的新中国人民服务的。他用唯物史观的基本原理来分析历史人物、历史思潮、历史事件、历史变迁，不仅为史学界，也为社会大众提供了评判历史是非功过的马克思主义观点。他书写的魏晋南北朝政治史、经济史、思想史、文化史、民族史，以及宋史和长江流域开发史等等，为增强文化自信和对中华文明的统一性与多样性认识提供了丰富的精神源泉。其次是受近代实证史学思想的影响。近代实证史学（过去也经常称为近代资产阶级史学）是在吸收传统史学的精华和近代西方史学理论方法基础上产生的，它突破了传统史学方法和视野的局限，开创了中国历史研究的新局面。作为近代实证史学的重要代表人物陈寅恪先生的学生，先生的史学研究明显受到陈寅恪的影响。陈寅恪先生精于史实考证，学术视野宽阔，注重从地域、集团、阶级、文化出发分析历史，"还很重视历史现象的前因后果和历史发展的基本线索，往往能提出一些独到的见解"[1]。先生还将他于1947年至1949年在清华大学历史研究所听陈寅恪先生的讲课笔记整理出来，出版了《陈寅恪魏晋南北朝史讲演录》一书，极大丰富了陈寅恪先生关于魏晋南北朝史研究的系统理论观点，弥补了陈寅恪先生史学思想研究资料缺乏的重大缺憾，这是先生的又一重大史学贡献。先生在史学研究中，明显使用了地域、集团、文化、阶级等理论方法分析魏晋南北朝史中的许多历史问题，如论曹魏时期的政治派别划分及其阶级基础、正始之音与集团斗争、孙吴立国的阶级基础等，都充分运用了这些方法。以诗证史、以史说诗是陈寅恪扩展史料、开拓史学新领

---

① 林甘泉：《20世纪的中国历史学》，载《林甘泉文集》，上海辞书出版社，2005年，第353页。

域的重要方法，先生受其影响不仅对魏晋南北朝文学研究情有独钟，而且经常将这一时期的政治经济状况与诗歌产生的背景相联系，对相关问题进行研究，如《木兰诗》和《孔雀东南飞》的写作时间及故事发生背景，以及运用诗歌中描写的景色来论证江南的开发等等。先生还撰写了《曹操诗赋编年笺证》一书，是他继承老师诗史互证传统并运用于史学实践的最好说明。第三是全面接受马克思主义唯物史观。我认为，传统史学和近代实证史学对万先生的史学思想影响虽然很大，但也只限于方法论层面，决定先生史学研究的根本指导思想还是唯物史观，唯物史观的社会形态理论、群众史观、阶级分析方法、辩证联系的方法，我在前述"治学信奉马克思主义"一节中已经有过分析，这里再做一点补充。在《陈寅恪魏晋南北朝史讲演录》的"前言"中，万先生认为，阶级分析和集团分析（实际上也是阶级分析）方法"贯穿在陈老师的全部讲述之中"，并提出了"陈老师不仅是我国近代资产阶级史学的开创者和奠基人，而且是从资产阶级史学过渡到马克思主义史学的桥梁"的观点。①那么先生的阶级分析方法与陈寅恪的阶级分析方法是什么关系呢？我以为先生秉承的是唯物史观的阶级分析方法，与陈寅恪先生的阶级分析有区别。陈寅恪先生在讲述中确实使用了"社会阶级"这个概念来分析魏晋南朝社会的变化，但是很明显，陈寅恪先生使用的"社会阶级"或指文化（主要指儒家文化）背景不同的"豪族"与"寒族"，或指"高门"与"寒门"（士族与庶族），它与唯物史观以一定生产体系中所处的地位不同、对生产资料的占有关系不同、在社会劳动组织中所起作用的不同来划分阶级的标准是不一样的。纵观万先生的研究，他使用的阶级分析方法显然是唯物史观的阶级分析法而不是前者。我的看法是否符合万先生的原意已不可求证，但我想学术界可以研究。

---

① 参见万绳楠整理：《陈寅恪魏晋南北朝史讲演录·前言》，黄山书社，1987年，第2页。

（二）秉持创新思考的精神

治学贵在创新。万先生学术研究的一个突出特点就是始终秉持创新思考的精神，从不人云亦云。在《魏晋南北朝史论稿》的"前言"中他讲到该书的三个宗旨：一是努力运用马克思主义的立场、观点、方法，研究这段历史，力求得到一个接近科学的解释。二是对这段历史中尚未解决的问题，进行探讨。三是各章各节概以论为主，提出个人的看法，力求言之有理、有据。不重复众所熟知的东西，不作如同教材一类的叙述，并保持一个较为完整的系统，以窥全豹，故也不同于论集。这也可以说是体例上的一个"创新"吧。①可见先生的这部书，除了理论上他使用了"运用"一词之外，其他都是在追求"个人的看法""不重复众所熟知的东西"，甚至书稿的体例也试图"创新"。在《魏晋南北朝文化史》的"序言"中他说道："不因袭，重新思考，在科学的基础上，写出一个综合性的、能反映出时代精神的新文化史，是我写这本书时，对自己所作的要求。"②创新需要一定的方法，先生一生谈治学方法的文章不多，《史学方法新思考》是其中少有的一篇，此文虽然极短，但却是他总结治学方法的一个缩影："要推动历史学向前发展，我感到历史研究的方法，似亦有重新考虑的必要。我深感我们的史学工作者虽然研究各有重点，但无妨去涉猎中外古今的历史；虽然以研究政治经济史为方向，但无妨去学一点文学史、宗教史、思想史。有时候一个问题的解决，有待于运用经、政、文三结合或文、史两结合的方法，以求互相发明。研究问题，列宁是主张全面占有材料，掌握一切媒介的。这确是一个好方法。"③有专攻、通古今、跨学科、求关联、文史结合、相互发明与全面占有材料，正是先生治学的基本方法。读过先生论著的人都可以感受到，他的论著从标题到文风都有自己的特点，从标题上看，每级标题的问题意识都极强，从具体问题入手，抽丝

---

① 参见万绳楠：《魏晋南北朝史论稿·前言》，安徽教育出版社，1983年，第1页。

② 万绳楠：《魏晋南北朝文化史·序言》，黄山书社，1989年，第3页。

③ 万绳楠：《史学方法新思考》，《社会科学家》1989年第4期。

剥茧，层层深入；从文风看，语言洗练干净，抓住问题直奔主题，不绕弯子。这种治学精神，使先生的论著以解决历史问题作为基本出发点，以深厚的史学素养和理论素养洞察历史变化，在众多领域取得了很多创新性认识。限于篇幅，我不再一一例举。

（三）充满时代进步的气息

如何处理历史与现实的关系是古往今来史学家都要面临的问题，往往也要对他们的史学研究产生一定的影响。万先生是一位经历了民国时期、新中国建立直至改革开放后的史学家，长期活跃在新中国的史坛和教坛上。在近50年的革命、教学和研究生涯里，他坚持马克思主义立场，立足现实，以辩证唯物主义和历史唯物主义的观点观察分析历史，使他的研究充满着时代进步的气息。首先，对封建君主专制制度的深刻批判。新中国的建立推翻了压在中国人民头上的帝国主义、封建主义、官僚资本主义三座大山，但影响中国两千多年的封建主义思想在人们的脑海中并不容易消除，对封建主义特别是其总代表君主专制制度的批判，是史学界的重要任务。先生的史学论著中，对封建专制制度的揭示和批判是深刻无情的。在《嵇康新论》一文中，先生指出君主专制制度的最大特点就是"宰割天下，以奉其私"，嵇康主张"以天下为公"，反对"割天下以自私"，抨击君权，把这当作是一切祸害的总根，具有民主进步意义的色彩。[1]君主专制还是一切政治动荡的总根源，先生运用马克思主义观点阐释了中国古代君权产生的政治和经济基础，指出我国君主专制制度是建立在自由农的小块土地所有制和地主的土地所有制基础之上的。这个基础很牢固。但君主专制又表现为个人和"行政权力支配社会"。"当皇帝和封建官僚机构是强有力的时候，或者说个人和行政权力能够真正支配社会的时候，国家尚能保持稳定或苟安；但当皇帝昏庸，官僚机构又转动不灵的时候，那就必然要变乱丛生。"[2]西晋的八王之乱不是分封制度造成的，其内在的或最后的原因，

---

① 参见万绳楠：《嵇康新论》，《江淮论坛》1979年第1期。

② 万绳楠：《魏晋南北朝史论稿》，安徽教育出版社，1983年，第121页。

应当从君主专制制度本身去找。①这一论断改变了过去只从分封角度去看八王之乱的窠臼，令人耳目一新。除了嵇康外，先生还高度肯定了魏晋南北朝时期鲍敬言、陶潜反君主专制的思想。先生指出，产生于两晋之交的鲍敬言的无君无司论，是世界上最早的无政府主义论，鲍敬言看出了"有君"是一切祸害的总根源，看清了"君权神授"的谎言，要求把皇帝连同国家机器一起废掉。君主专制是封建政治制度的骨髓，在我国中古时代，产生这样一种有君有司为害，无君无司为利的思想，无疑是封建长夜中出现的一颗明星。先生认为，陶潜所理想的世界，是一个无君长，无官吏的世界。②"《桃花源诗并记》表现的陶潜思想，可用一言以蔽之——反对君主专制主义及其所维护的封建制度。"③其次，对儒家专制思想的尖锐批判。自汉武帝独尊儒术，以纲常思想为核心的封建儒学与天、神相结合，严重束缚了人们的思想。基于这一认识，先生在其论著中对儒家思想阻碍历史的进步予以深刻揭露，对历史上批判儒家思想、突破儒家思想束缚的种种行为给予高度评价。在评价汉代选举制度中的重"德"因素时，先生指出："而所谓德，是和神学结合在一起的、标榜王道三纲来源于天的儒学。这种儒学，是统治阶级加在人们思想上的桎梏，是图抹在选举制度上的神光。"④君为臣纲是儒学理论的核心，是封建专制主义的灵魂。先生高度赞赏嵇康，也正是从他猛烈地反对儒教、在反对"割天下以自私"的斗争中，形成了他"以天下为公"的带有民主性的政治思想角度出发的。先生在《对文化史研究的思考》一文中认为，魏晋南北朝时代是各科文化蓬勃发展的时代，把汉朝远远抛在后头，其中的重要原因就是这个时期专制主义的削弱和儒学独尊地位的跌落。⑤在《魏晋南北朝文化史》"序言"中

---

① 参见万绳楠：《魏晋南北朝史论稿》第六章第四节"八王之乱"，安徽教育出版社，1983年，第119—123页。

② 参见万绳楠：《魏晋南北朝文化史》第三章第三节"反对封建君主专制主义的思想闪光（嵇康、鲍敬言与陶潜）"，黄山书社，1989年，第81—88页。

③ 万绳楠：《魏晋南北朝文化史》，黄山书社，1989年，第87页。

④ 万绳楠：《魏晋南北朝史论稿》，安徽教育出版社，1983年，第23页。

⑤ 万绳楠：《对文化史研究的思考》，《文史哲》1993年第3期。

先生更明确指出：孔孟之道"并不能代表我国的文化传统。不但不能代表，儒家的三纲五常之教一旦被突破，我国文化便将以澎湃之势向前发展。在文化领域，无疑始终存在着以儒术为代表的封建专制文化与进步的、民主的、科学的文化的斗争"[1]。先生对儒家思想的批判是要区别古代文化遗产中民主性和革命性的东西，是要剔除其封建性的糟粕，吸收其民主性的精华，是要肃清"四人帮"的流毒，扫除两千多年来地主阶级所散布的封建儒学思想的影响，这正是先生史学思想与时代同呼吸的精神所在。需要看到的是，先生所批判的是儒学中的三纲五常、君权神授等腐朽糟粕，并不是一股脑否定儒学的文化价值。比如先生高度肯定各少数民族政权崇尚儒学、学习传播儒家文化的历史价值，如后秦姚兴大力提倡儒学和佛教"对封建文化和佛教文化的传播，是起了作用的。而这却是一个羌人做出的贡献"[2]。第三，始终站在人民的立场。万先生批判君主专制和儒学中的封建糟粕，目的都是为了人民，这是他群众史观在历史研究中的具体表现。对一种思想、一种政策、一种制度，一个人物、一个集团的评价，就是要看是否有利于人民，有利于历史的进步。先生指出，东汉的外戚尤其是宦官的统治，给人民带来了巨大的灾难，曹操维护和发展小块土地所有制的政策就是有利于人民的，曹操统一北方是有利于人民的，孙吴对待山越的政策是不利于人民的，是应当否定的，西晋士族地主的腐朽统治和军阀混战是人民大流亡的根本原因，各族人民是推动民族融合的力量，氐族人民对祖国历史发展作出了成绩，《孔雀东南飞》充分体现了我国人民运用文学形式反对封建压迫的优良传统，《吴歌》《西曲歌》形象地反映出劳动人民的情操，孝文帝推行汉化政策使黄河流域的人民生活比较安定，凡此等等，在先生的论著中随处可见，是先生一切皆以人民群众为中心的历史观的生动体现。

先生离开我们近三十年了，今天的魏晋南北朝史研究较三十年前无论在史料的扩展、理论方法的更新、研究视角的转化等方面都发生了很大变

---

① 万绳楠：《魏晋南北朝文化史·序言》，黄山书社，1989年，第2页。

② 万绳楠：《魏晋南北朝史论稿》，安徽教育出版社，1983年，第181页。

化，但是我想，以唯物史观作为历史研究的指导思想没有变，实事求是的史学方法没有变，史学为人民服务的经世致用精神没有变。《全集》是先生给我们留下的丰富史学遗产，它一定会、也能够会为新时代中国史学"三大体系"的构建发挥重要作用，也一定会深深慰藉先生的在天之灵。

最后，作为先生的学生，我代表各位师姐师兄师弟，向安徽师范大学历史学院表示深深敬意！向安徽师范大学出版社表示深深谢意！向所有为《全集》出版付出辛勤劳动的各位同志及万先生的亲属、向长期以来关心万绳楠先生的各位同志表示衷心的感谢！

（作者系中国社会科学院古代史研究所所长、研究员）

万绳楠先生的学术成就与治学特色

庄华峰

2023年11月是我国著名历史学家万绳楠先生诞辰一百周年，回忆跟随先生攻读历史学硕士学位、有幸忝列门墙至今已有36个年头，翻阅案头珍藏先生的几部经典著作，顿时百感交集。在感慨先生的论著论证严谨、考述精致、新见迭出之余，也感觉学界对于先生学术成就、治学精神和治学方法的研究尚属滞后，至今鲜见有这方面的成果问世。鉴于此，笔者谨就自己所知，对先生的治学道路、学术成就及其治学特色作一论述，以期对后学有所启迪，同时也借此表达我对先生的崇敬和缅怀之情。

一、风雨兼程：万绳楠先生的治学道路

了解万绳楠先生的人都知道，他的一生充满坎坷，尤其是其前半生苦难总是与他如影相随。先生是江西南昌人，1923年11月出生于一个国文教员家庭，兄弟姐妹4人，4岁时母亲离世，12岁时父亲又撒手人寰。两个哥哥在抗日战争初期当了兵，妹妹也迫于生活压力给人家当了童养媳。先生自己则几乎沦为孤儿。悲凄的家庭命运铸就了先生坚毅的品格，正是这种优良的品格使先生在数十年的风雨历程中踔厉奋发，勇毅前行。

先生天资聪颖，七八岁就开始读《论语》《孟子》《中庸》等书，进入小学、中学后，又广泛阅读其他一些经、史、子、集方面的典籍。还阅读

了包括《诗经》《左传》《庄子》《楚辞》等在内的古典文学作品。先生读书有两个习惯，对于一般图书泛泛浏览即可，而对于重要书籍或文章则反复精读，甚至将其背诵下来，由此锻炼出超强的记忆力。他给学生授课，常常征引大量史料来论证自己的观点，他对史籍十分熟悉，往往达到了信手拈来、如数家珍的程度。他说，这都得益于平时的知识积累。他常跟自己的研究生说，他做学问的一条重要经验是"熟读深思"。他说："旧书不厌百回读，熟读深思子自知。"对于一些重要的书，必须反复阅读，最好能把书中精要的部分背诵下来，使其成为自己的东西，这样，在思考问题时，就能够信手拈来，运用自如。

先生在少年时代所经受的这些训练，为其以后的学术研究奠定了扎实的基础。他不止一次这样谆谆告诫学生说："基础材料如果没有弄清楚，就及早微言大义，肯定不会得出科学的结论。"所以他一直主张做学问要从基础工作做起，要靠日积月累，而积累知识的一种有效途径就是要善于做读书卡片。他曾说："卡片一万张，学问涨一丈。"

由于先生基础扎实，加之学习勤奋，他成为学校的尖子生。读初中时，先生因成绩优异被南昌二中将其姓名刻入石碑；高中时，先生的论文获得过政府奖励，被全班同学传读。1942年，由于成绩优异，先生同时被西南联大历史系、交通大学电机系和浙江大学土木工程系录取。由于家庭经济拮据，先生上了三所学校中助学金较为丰厚的西南联大历史系读书。西南联大，这所"抗战"时由清华大学、北京大学和南开大学合并的集北国学者精英的特殊高校，对先生有着极大的吸引力。先生没有想到，他将在这里与吴晗、陈寅恪这两位著名历史学家相遇、相知，更不会想到他们俩为自己种下一生的因果。在本科学习阶段，先生过人的禀赋和治史才华博得陈寅恪的赏识。四年后，先生如愿考取清华大学历史研究所研究生，师从陈寅恪先生治魏晋南北朝史和隋唐史。陈寅恪被后世称为"教授中的教授"，有幸成为陈寅恪先生的关门弟子，对于当时还是一个青葱小伙的先生而言是一件多么幸运的事情。三年的研究生学习，先生打下了坚实的基础，特别是陈寅恪先生的治学方法和治学精神对先生产生了极大影响。

先生曾在其整理的《陈寅恪魏晋南北朝史讲演录》一书"前言"中说：

> 陈老师（按：指陈寅恪）的学问博大精深，兼解十余种语言文字，为国内外所熟知，无待我来讲。我当年感觉最深的是，陈老师治学，能将文、史、哲、古今、中外结合起来研究，互相发明，因而能不断提出新问题，新见解，新发现。而每一个新见解，新发现，都有众多的史料作根据，科学性、说服力很强。因此，陈老师能不断地把史学推向前进。那时我便想如果能把陈老师这种治学方法学到手上，也是得益不浅的，更不消说学问了。①

在课堂上，先生也曾对研究生如是说："我的老师陈寅恪先生有'三不讲'，就是书上有的不讲，别人讲过的不讲，自己讲过的不讲。我想这里的'三不讲'，是不讲而讲，不重复既有，发前人所未发，成自家独创之言。老师的'三不讲'是我的座右铭，无论是讲课还是搞研究，我都力求有新的东西呈现。"可见，对于老师的治学方法，先生是拳拳服膺，并身体力行的。

1948年12月上旬，东北野战军包围了平津一线国民党的50万大军，12月15日，清华园一带已解放。先生受"学运"思潮影响很深，这时，他和无数要求进步的学生一起，穿上军装参加了东北野战军。一向持"独立自由精神"思想的陈寅恪了解到先生这一举动后，大为恼怒，要不是师母唐筼的再三劝说，险些与先生断绝师生关系。我想，先生并非要忤逆老师的尊严，他的所作所为，实质上是在诠释着"我爱我师，我更爱真理"的深刻内涵。

1960年，先生从北京来到安徽，先后执教于安徽大学、合肥师范学院历史系。自此，先生一边给学生讲课，一边研究魏晋南北朝史，每有心得，写成文章，在报刊上发表。此时，先生已在史学界崭露头角。这段时

---

① 万绳楠整理：《陈寅恪魏晋南北朝史讲演录·前言》，黄山书社，1987年，第1页。

间里，他发表了《关于曹操在历史上的地位问题》（《新史学通讯》1956年第6期）、《关于南宋初年的抗金斗争》（《新史学通讯》1956年第9期）、《魏晋南北朝时代的思想主流是什么》（《史学月刊》1957年第8期）、《论隋炀帝》（《史学月刊》1959年第9期）等文章。这些文章多发前人之所未发，彰显出很高的学术造诣和敏锐的学术眼光。如1959年初，学术界曾经掀起过一场为曹操翻案的运动，郭沫若、翦伯赞等历史学家纷纷撰文替曹操翻案。而先生早在1956年就发表了《关于曹操在历史上的地位问题》一文，对曹操在历史上的地位予以肯定，认为他对我国历史所起的推动作用比破坏作用要大。用今天的眼光看先生的观点几乎是"常识"，但在当时确属"惊世骇俗"的见解。先生的观点在史学界引起很大的反响。从1961年到1965年的几年间，先生发表了《从南北朝社会经济与政治的差异看南北门阀》（《安徽大学学报》1963年第1期）、《六朝时代江南的开发问题》（《历史教学》1963年第3期）、《曹魏政治派别的分野及其升降》（《历史教学》1964年第1期）、《"太平道"与"五斗米道"》（《历史教学》1964年第6期）、《魏末北镇暴动是阶级斗争还是统治阶级内部的斗争》（《史学月刊》1964年第9期）、《南朝时代江南的田庄制度》（《历史教学》1965年第11期）等十多篇文章。这些文章视角新颖，考订精审，为学界所重视。李凭先生充分肯定了万先生对学术研究的贡献，指出："他一直远离学术研究的中心，却独立地作出过大量的深入的研究，是值得我们纪念的。"①诚哉斯言。

先生从北京来到合肥后，吴晗邀请先生为其主编的《中国历史小丛书》写几本小册子，很快，先生撰写的《文成公主》《冼夫人》《隋末农民战争》等相继而成，在安徽，先生与吴晗的师生关系因此被许多人知晓。恰因如此，先生在"文革"中受到牵连，全国批"三家村"，安徽批万绳楠，先生成为安徽"文革"初期第一个被全省批判的"反动学术权威"。1966年6月3日省内一家大报发文批判先生，指责他是"吴晗的忠实门徒，

---

① 李凭：《曹操形象的变化》，《安徽史学》2011年第2期。

'三家村'的黑闯将"。1971年，先生被下放到淮北利辛县农村。在那里，先生经受了精神与肉体上的双重折磨，罚沉重劳役，险些丧生。

面对如此险恶的环境，先生仍不忘初心，一有闲暇时间，就埋头看书、做学问。虽身处逆境，仍心系天下，忧国忧民，并敢于针砭时弊，彰显出一个正直知识分子敢说真话的赤诚之心。

阳光总在风雨后。随着十年"文革"梦魇的终结，先生获得彻底平反，重新回到他魂牵梦绕的大学校园，随合肥师范学院历史系整体搬回位于芜湖市的安徽师范大学历史系任教，找回了一度失落的书桌和讲坛。当时，先生现身说法告诫他的研究生们："人要有一点奋斗精神。对我来说，被耽误的时间实在是太多了，我要用有生之年，为教育事业多做些有意义的工作。"他在实践中践行着自己的诺言。先生重返校园时虽已年近花甲之年，但他仍然牢记使命，壮心不已，一面教书育人，一面笔耕不息，在学术上更臻新境。自20世纪80年代已降，先生先后发表《东晋的镇之以静政策和淝水之战的胜利》（《江淮论坛》1980年第4、5期）、《安徽在先秦历史上的地位》（《安徽史学》1984年第4期）、《廓清曹操少年时代的迷雾》（《安徽师大学报（哲学社会科学版）》1988年第2期）、《江东侨郡县的建立与经济的开发》（《中国史研究》1992年第3期）、《略谈玄学的产生、派别与影响》（《孔子研究》1994年第3期）、《武则天与进士新阶层》（《中国史研究》1994年第3期）等40多篇文章，这些文章或被转载，或被引用，在学界产生很大反响。同时，在这一阶段，先生还出版了5部著作，即《魏晋南北朝史论稿》（安徽教育出版社，1983年）、《文天祥传》（河南人民出版社，1985年）、《陈寅恪魏晋南北朝史讲演录》（黄山书社，1987年）、《魏晋南北朝文化史》（黄山书社，1989年）、《中国长江流域开发史》（黄山书社，1997年）。5部著作总计150余万字，几乎是每两年推出一部专著，而且在大陆和台湾同时出版。先生治学具有不因陈说、锐意创新的特点，因此他的论著阐幽发覆，多有创见，获得一致好评。如对于《魏晋南北朝史论稿》一书，著名历史学家周一良先生指出："本书读起来确实多少给人以清新之感。"①《魏晋南北朝文化史》出版后，有学者指出："万著以扎实的文献材料、考古材料为基础，提出许多创见"，是"一部反映出时代精神的新文化史"②。《陈寅恪魏晋南北朝史讲演录》一书是陈寅恪1947—1948年在清华大学开设"魏晋南北朝史研究"的课程讲义，由先生根据其听课笔记整理而成。陈寅恪著作甚富，但在其已出版的著述中，尚无系统的断代史之作，本书的出版能补陈书之阙，因而被誉为"稀世之珍"。卞僧慧先生评价道：本书"由万教授精心整理，厥功甚伟，至可珍惜"③。先生也因其非凡的学术成就，成为史学界公认的魏晋南北朝史研究大家，被誉为魏晋南北朝研究领域的"四小名旦"之一。④

1995年底，万先生因积劳成疾住进医院，接受治疗。在病床上，他仍为《今注本廿四史》笔耕不辍。在弥留之际，他还念念不忘自己的导师，他用颤抖的手作七律一首《怀念陈寅恪先师》："忆昔幽燕求学时，清华何幸得良师。南天雪影说三国，满耳蝉声听杜诗。庭户为穿情切切，烛花挑尽夜迟迟。依稀梦笑今犹在，独占春风第一枝。"1996年9月30日，先生带着对教育事业的无限眷恋匆匆地告别了人世。已故北京师范大学著名教授黎虎先生在唁电中说："万绳楠先生学术上正达炉火纯青境界，他还可以做出更多更辉煌的成就。先生的学问和道德堪称楷模。他走了，真是太可惜了！"

万先生一生致力于教学和科研工作，取得了丰硕的研究成果，培养了大批优秀人才，他曾于1984年被评为"安徽省劳动模范"，第二年又获全国"五一劳动奖章"和"全国优秀教育工作者"光荣称号。

---

① 周一良：《评介三部魏晋南北朝史著作》，《北京大学学报（哲学社会科学版）》1985年第2期。

② 彦雨：《一部反映出时代精神的新文化史——评万绳楠教授的〈魏晋南北朝文化史〉》，《安徽史学》1991年第1期。

③ 卞僧慧：《陈寅恪先生年谱长编（初稿）》，中华书局，2010年，第245页。

④ 在魏晋南北朝史研究领域，有"四大名旦""四小名旦"之称誉，前者指唐长孺、周一良、王仲荦、何兹全，后者指田余庆、韩国磐、高敏、万绳楠。参见刁培俊、韩能跃：《探索中国古史的深层底蕴——高敏先生访谈录》，《史学月刊》2004年第2期。

二、孤明独发:万绳楠先生的学术成就

万先生从事史学研究近50载,一直致力于中国古代史的教学与研究,发表论文80多篇,出版著作多部,为我国的史学发展做出了突出贡献。先生精于魏晋南北朝史研究,同时在中国古代史其他领域也取得了丰硕的成果。综合起来看,先生的学术成就主要表现在以下几个方面:

(一)魏晋南北朝史研究成就

万先生在魏晋南北朝史研究领域著作等身,成就卓然,限于篇幅,难以悉数呈现,这里仅就其最具代表性的成果略作评述。

1.曹魏政治派别研究。六十多年前,陈寅恪先生在《书世说新语文学类钟会撰四本论始毕条后》一文中说:"魏为东汉内廷阉宦阶级之代表,晋则外廷士大夫阶级之代表,故魏、晋之兴亡递嬗乃东汉晚年两统治阶级之竞争胜败问题。"①陈寅恪用他的阶级分析学说,阐述汉晋之际的政治变迁,指出"作为一个阶级来说,儒家豪族是与寒族出身的曹氏对立的"②,具体到曹操本人的作为而言,就是"寒族出身的曹氏"与"儒家豪族人物如袁绍之辈相竞争"。陈寅恪的阶级分析方法很有影响,对后续相关研究具有发凡起例的意义。万先生师承陈寅恪的研究方法,把曹魏政治派别的研究向前推进了一步。他在1964年发表的《魏晋政治派别及其升降》一文中指出,曹操统治集团中有两个以地区相结合的派别,即"汝颍集团"和"谯沛集团"。汝颍集团标榜儒学,主要担任文职。谯沛集团则以武风见称,主要担任武职。在汝颍与谯沛两集团之间,有尖锐矛盾,这种矛盾到曹操晚年就逐步明晰化。高平陵事件成为曹魏政权转移的转折点,最终以

① 陈寅恪:《书世说新语文学类钟会撰四本论始毕条后》,《金明馆丛稿初编》,生活·读书·新知三联书店,2001年,第48页。

② 万绳楠整理:《陈寅恪魏晋南北朝史讲演录》,黄山书社,1987年,第13页。

司马师为代表的汝颍集团取得了胜利，"亡魏成晋"之势已成。①先生对政治派别研究范式的学术推进，具有重要意义。时至今日，"汝颍集团"和"谯沛集团"的概念仍被学界屡屡援引和强调。

万先生对陈寅恪阶级升降、政治集团学说的拓展主要表现在两个方面。一是在研究的时段上，陈寅恪的研究侧重分析曹魏后期曹、马之争的性质，而对曹魏中前期的政治问题则未涉及，而先生则主要论述曹魏中前期的政治史，通过对汝颍、谯沛这两个政治集团的考述，弥补了陈寅恪东汉末年士大夫和宦官斗争一直持续到西晋初年这一假说在时间链条上所缺失的一环。二是陈寅恪主要以社会阶层、文化熏习来区分曹、马两党，而先生则引入了地域这一分析维度，强调汝颍、谯沛两个政治集团的地域特征，同时揭示了汝颍多任文职、谯沛多为武人这一文武分途的特征。②

2.南朝田庄制度研究。史学界历来把汉、魏、两晋及南北朝时代的田庄主土地占有形态，看作是同一个类型。万先生则认为南朝田庄主的土地占有形态与唐朝是一个类型，和汉、魏已有不同。他认为，南朝田庄主土地占有形态的变化主要表现在以下三个方面：一是汉魏田庄主是聚族而居的，社会经济的基本单位是一个个名宗大族。直到东晋和北朝，北方仍然是"百室合户，千丁共籍"。而南方大家族在南朝已经分崩离析，个体家庭已经成为社会经济的基本单位。二是南朝在个体家庭所有制基础上形成起来的田庄或庄园，没有部曲家兵，只有农奴。凡是南朝史料中所见的部曲，都是国家的兵。南朝部曲家兵随着宗族组织的解散而解散，是一个自然的普遍的现象。三是南朝田庄是地主阶级个体家庭的庄园，它实行农业、手工业和商业等多种经营，雇佣和租佃都已在南朝出现。这是一种进步。③先生指出，南朝田庄制度的变革，是中古土地制度的一个重大变

① 万绳楠：《曹魏政治派别的分野及其升降》，《历史教学》1964年第1期；万绳楠：《魏晋南北朝史论稿》，安徽教育出版社，1983年，第78—92页。

② 参见仇鹿鸣：《魏晋之际的政治权力与家族网络》，上海古籍出版社，2015年，第3页。

③ 万绳楠：《魏晋南北朝史论稿》，安徽教育出版社，1983年，第208—217页。

化。①先生的这些观点发人之所未发，得到学界的充分肯定。有学者指出：
"《论稿》关于南朝田庄制度的变革之说，是近几年来，在土地制度研究
上作了一次值得重视的探讨。这可能影响到对南北朝以及隋唐社会历史的
认识。"②先生所撰《南朝田庄制度的变革》一文也被1981年版《中国历史
学年鉴》作为重点文章予以推介。③

3. 东晋黄白籍研究。一直以来，学界对于东晋土断后黄、白籍的关系
问题都存有不同的看法，有的学者认为户籍的黄白之分即士庶之别，更多
的学者又认为土断是改黄籍为白籍。万先生不同意这些看法。他认为，黄
籍是两晋南朝包括士族和庶民在内的编户齐家的统一的户籍，白籍则是在
特定时期产生的、旨在安置侨民的临时户籍。由此可知白籍是"侨籍"。
持白籍的不交税，不服役。而咸和二年（327）土断整理出来的"晋籍"
是黄籍，是征发税收徭役的依据。持白籍的侨人，一经土断，白籍就变成
了黄籍，编入当地间伍之中，按照规定纳税服役。那么，史学界为何普遍
认为土断是改黄籍为白籍呢？先生认为这种颠倒来自胡三省。胡三省在
《资治通鉴》中，为成帝咸康七年（341）的令文"实编户，王公已下皆正
土断白籍"做注时误解其意，以为此令意为土断后将南迁的王公庶人著之
白籍，学者据此便认为土断是将黄籍改为白籍了。先生认为此令的重点在
于"实"字，即查验编户的户籍是否皆为黄籍。这说明胡三省对黄、白籍
并未研究过。④

万先生关于黄白籍的论说不仅博得国内史学界的首肯，还蜚声海外，
受到国外史学界的关注。1980年5月，先生接受了美国华盛顿大学历史学

---

① 万绳楠:《南朝田庄制度的变革》,《安徽师大学报（哲学社会科学版）》1980年
第2期。

② 卞恩才:《一部勇于创新的断代史专著——读〈魏晋南北朝史论稿〉》,《安徽史学》
1984年第3期。

③《中国历史学年鉴》,人民出版社,1981年,第30—31页。

④ 万绳楠:《论黄白籍、土断及其有关问题》,载《魏晋南北朝史研究》,四川社会科学
院出版社,1986年;万绳楠:《魏晋南北朝史论稿》,安徽教育出版社,1983年,第157—
161页。

博士孔为廉的慕名专访，先生如数家珍地解答了孔博士提出的东晋南朝的土断与黄、白籍的关系问题。孔博士指出，日本和中国学者对此问题有不同的意见，日本学者认为黄、白籍为贵贱之别；中国学者认为侨人包括贵族在内，经过土断，纳入白籍。万先生根据自己深入的研究，认为白籍为侨籍，黄籍为土著户籍，土断变侨民为土著，变白籍为黄籍，变不纳税服役户为纳税服役户，并回答了以往中日学者何以出错的原因。孔博士十分信服地接受了先生的学术观点，激动地说："万先生的回答不仅为我本人，而且也为我的美国同行解决了一个历史疑难问题，我不虚此行！"

4.魏晋南北朝民族问题研究。魏晋南北朝时期的民族大融合给中国历史带来长久而深远的变化，并直接为隋唐大一统和经济文化的高度繁荣奠定了基础。恰因如此，大凡治魏晋南北朝史者，都会关注这一时期的民族问题。万先生也不例外。他在这方面的成果主要体现在其力作《魏晋南北朝史论稿》中。该书凡十六章，涉及民族问题的有五章（第七章、第九章、第十二章、第十三章、第十四章），足见先生对民族问题用力之勤。在论及"五胡十六国"历史时，先生强调，各民族要求和平、友好、融合，是一种历史发展趋势。尽管历史有曲折，不过这种曲折不是倒退，而是历史的更高一级的循环。基于这样的认知，先生考察了五胡各国政权的政策。他一方面阐明早期有像匈奴刘氏、羯胡石氏那样采取依靠"国人"武力，背离民族融合大势的举措，同时又指出前燕鲜卑慕容氏凭借汉人和魏晋旧法，消除民族之间的冲突与隔阂，顺应了民族融合的发展趋势。先生指出，在民族问题上，符坚一反西晋以来民族压迫的弊政，采取了"魏降和戎之术"，这一政策，是永嘉以来，在民族融合的道路上，迈出的极可贵的一步。符坚的政治眼光，较西晋以来各族统治者为远。在论及淝水战后后秦等政权时，先生也多从它们在民族融合方面所发挥的作用这个角度讨论。在论及"淝水战后北方各族的斗争、进步与融合"问题时，先生这样写道："淝水战后，是北方分裂得最细但也是各少数民族与汉族接触最频繁的时代。透过这一时期各族斗争纷纭复杂的现象，我们可以看到，在北魏统一北方之前，进入中原的各族，都在这一时期与汉族融合。"因此可以说："这一百三十六年（指304年到439年）是北方各个少数民族获得进步之年，与汉族自然同化之年，各族大融合之年，我国这个多民族的国家获得发展之年。"①著名历史学家周一良先生对万先生的这一看法予以肯定，指出："作者这样的估计是不为过分的。"②

5.魏晋南北朝南方经济发展研究。万先生充分肯定魏晋南北朝四百年历史的进步性，其中包括充分认识到这一时期生产力的发展，特别是南方经济的开发和社会的进步，这一认识集中体现在其代表作《魏晋南北朝史论稿》和相关论文中，并在学界产生了很大的反响。

万先生对于此时期南方经济开发的研究，有一个鲜明的特色，即注意揭示政治、经济政策对于经济发展的影响。如先生在论述江左政权对待侨民的政策时指出："建置在丹阳江乘县与毗陵丹徒、武进二县即建置在自今南京东至无锡沿江一线所有的侨郡县中的侨民，在咸和二年第一次土断前，凭所持白籍与政策规定，都曾免除税役多则十一年，少则以太宁元年（323）计算也有五年。这对江东自建康以东至无锡一线侨郡县的开发，无疑是有益的。"③在讨论南朝经济政策的变化与江南的开发问题时，先生坚持"促进江南普遍获得开发的重大因素，是南朝田庄制度的变革，经济政策的变化，生产关系的改造"④的基本判断，指出"占山格"的颁布，第一次以法律的形式肯定了山林川泽的私人占有，是汉末以来南方大土地所有制的一个重大发展；以"三调"为形式的财产税（赀税）的出现，对无财产或少财产的人来说，减轻了负担，提高了他们从事生产的积极性；而营造工人"皆资雇借"，不再是征发而来，是役法上的一个重大进步，这对农业和民间手工业的发展，大有好处。⑤先生同时指出，江东政治的发展，与六朝江南经济开发次第，是相适应的。这表明一点，那就是政治与

---

① 万绳楠：《魏晋南北朝史论稿》，安徽教育出版社，1983年，第188页。

② 周一良：《评介三部魏晋南北朝史著作》，《北京大学学报（哲学社会科学版）》1985年第2期。

③ 万绳楠：《江东侨郡县的建立与经济的开发》，《中国史研究》1992年第3期。

④ 万绳楠：《魏晋南北朝史论稿》，安徽教育出版社，1983年，第223页。

⑤ 万绳楠：《魏晋南北朝史论稿》，安徽教育出版社，1983年，第218—227页。

经济是不可分割的关系。①

6.对于魏晋南北朝文化若干问题的思考。万先生对于魏晋南北朝文化的研究，用力甚勤，除了出版《魏晋南北朝文化史》一书外，还发表了系列论文，直接推动了此时期文化史的研究。"不因袭，重新思考"是先生研究魏晋南北朝文化的立足点，因而他在许多地方都提出了不少持之有据、言之成理的新论点，这是十分难得的，仅举几例说明。

先生认为孔孟之道并不能代表中国的传统文化。指出"儒家的三纲五常之教一旦被突破，我国文化便将以澎湃之势向前发展"。"在文化领域，无疑始终存在着以儒术为代表的封建专制文化与进步的、民主的、科学的文化的斗争。进步思想家嵇康以反对儒家纲常的罪名被杀；科学家祖冲之将岁差应用于历法，被指责为'违天背经'。"所以他认为研究文化史的重要任务之一，便是揭露这两种文化之间的斗争，阐发进步文化所蕴藏的生命力与发展的曲折性。②这样的论点对于我们深入研究魏晋南北朝文化史无疑具有启发意义。

先生提出了"正始之音"不同一性之说。对于魏晋玄学的分派问题，学界往往将曹魏时期何晏、王弼这两个玄学创始者的言论不加区别地都称之为"正始之音"。而先生则认为何晏和王弼虽然都祖述《老》《庄》，都标榜"无""无为"，但他们所论有本质上的区别。何晏讲圣人无情，认为无和有是相互排斥的，无和有是二元；而王弼则讲圣人有情，认为无和有不是对立的关系，无和有是一元（无生有）。因此，"正始之音应当说是两种声音，不是一种"。先生同时指出，何晏在政治上属于谯沛集团，而王弼的言论所反映的则是以司马氏为首的汝颍集团的要求。值得一提的是，先生不是孤立的研究何、王二人的玄学思想，而是把他们思想的重大差异同"九品中正制"和"四本论"联系起来加以考察，从而说明汝颍和谯沛两大集团在正始时期进入决斗之时，玄学的产生绝不是偶然的。先生把玄

---

① 万绳楠:《六朝时代江南的开发问题》,《历史教学》1963年第3期。
② 万绳楠:《魏晋南北朝文化史·序言》,黄山书社,1989年,第3页。

学思想与当时的政治风云结合起来考察，使研究得到了深化。①

先生还提出了佛教异端之说。认为"中国的佛教异端是在南北朝时代，在北方出现的。高举'新佛出世，除去旧魔'旗帜的法庆起义，揆其实质，即佛教异端的起义"。唐长孺先生在《魏晋南北朝史论拾遗》一书中，也曾提出弥勒信仰为佛教异端的看法。②在佛教异端上，万先生与唐先生同时提出同一个结论，不过万先生讨论的问题更多，他分析了佛教异端产生的佛经依据，又论述了佛教异端产生在北方而不是南方的原因。③这是研究佛教史的一项重要成果。

他如，曹魏时期的外朝台阁制度与选举制度、五斗米道与太平道的关系、"苍天已死，黄天当立，岁在甲子，天下大吉"口号的含义等问题，先生都进行了探讨，提出了颇具洞见的观点。

（二）宋史研究成就

万先生对宋史研究倾心倾力，除了发表《关于南宋初年的抗金斗争》（《新史学通讯》1956年第9期）、《关于王安石变法的几点商榷》（《安徽日报》1962年1月6日）、《宋江打方腊是难以否定的》（《光明日报》1978年12月5日）、《诗史奇观——文天祥〈集杜诗〉》（《中华魂》1996年第5期）等多篇论文外，还于1985年推出了他的精心之作《文天祥传》。本书是作为史学传记来写的，通过文天祥的一生活动，把历史上一个兼具哲学家、政治家、文学家的民族英雄的形象，呈现在读者眼前，并借此对南宋晚期的历史，作些必要的清理工作。综观全书，有这样几个特色：一是叙述全面，内容丰赡。此前有关文天祥的著作，其篇幅都相对较小，最多的也不过13万字。而先生的著作则洋洋洒洒，有近30万字的篇幅。该书对文天祥的生平事迹，尤其是对他的政治、哲学思想和文学成就，作了富有创见的论述，不仅是文天祥传中最为丰富详实之一种，也是宋元之交的一

① 万绳楠：《魏晋南北朝史论稿》，安徽教育出版社，1983年，第88—89页。

② 唐长孺：《魏晋南北朝史论拾遗》，中华书局，1983年，第203页。

③ 万绳楠：《魏晋南北朝文化史》，黄山书社，1989年，第346页。

部信史或实录。二是做到传、论、考相结合。书中对以往被忽略的问题，如文天祥的哲学思想、政治思想、文学成就以及具体事迹的思想基础等，进行了论述。对以往记载有出入的问题，如文天祥究竟是哪里人，多少岁中状元，某些作品写于何时等，作了考证。对以往记载较为混乱的问题，如南宋太皇太后谢氏投降的经过，利用各种史料，进行了梳理。对事迹本身，则力求言之有据。凡此，都做到史论结合。三是提出了一些新看法。如先生认为，文天祥是在南宋内忧既迫、外患又深的年代里成长起来的。但这个时代并非南宋注定要灭亡、元朝必定要统治全中国的时代，而是黑暗中有光明。只要南宋政府改革导致社会危机和民族危机的守内虚外之法，就不会是元兵南进，而是宋旗北指。先生进一步指出，如果只看到蒙古兵南犯时所取得的局部胜利及其不可一世的嚣张气焰，那就会得出元朝必胜，南宋必亡的错误结论。而如果既能看到蒙古胜利中也有困难，也看到南宋只要"一念振刷，犹能转弱为强"，那就不仅可以理解南宋本来不会灭亡的道理，而且还可以理解文天祥所进行的斗争其意义之重大。①又如在论及文天祥的诗歌成就时，先生指出，文天祥的诗文，尽洗南宋卑弱、破碎、凡陋、装腔作势的文体与诗体，揭开了我国文学史的新的一页。②先生还强调，不应当忘记"他在南宋文坛上，振起过一代文风；不应当忘记他是我国古典作家中，现实主义文学巨匠之一"③。这样的新见解，都发前人所未发，言前人所未言，颇有学术价值。书中类似的新观点还能举出许多。著名宋史研究专家朱瑞熙先生对该书给予了高度评价，指出"与同类著作相比，万绳楠同志的著作别开生面，具有一些新的特色"，是"宋人传记的佳作"。④

---

① 万绳楠：《文天祥传》，河南人民出版社，1985年，第18页。

② 万绳楠：《文天祥传》，河南人民出版社，1985年，第346页。

③ 万绳楠：《文天祥传》，河南人民出版社，1985年，第336页。

④ 朱瑞熙：《宋人传记的佳作——评〈文天祥传〉》，《中州学刊》1986年第3期。

（三）长江流域经济开发研究

万先生的《中国长江流域开发史》一书于1997年出版，该书是原国家教委"八五"社会科学重点科研项目的结项成果，也是国家"九五"重点规划图书。全书按朝代对荆、扬、益三州的农业、工业、商业、科学技术、城市经济以及户口、赋税、生态环境等方面进行了有益探索，是我国第一部全面系统阐述长江流域开发的开创性力作，具有很高的理论意义和学术价值。该书体大思精，屡有创获。例如，对于秦始皇修驰道，学界认为其有利于商业往来，万先生在查阅《史记》后认为这与始皇封禅书"尚农除末"不符，指出"商人都被赶到南方戍守五岭去了，秦朝根本无商业（除末）。从裴骃《集解》中，我们又发现秦驰道为'天子道'，封闭式，只有始皇封禅的车子才能通行"[①]。它如关于唐朝雇佃、雇借、和市、赀税与南朝的关系的论述、关于五代时期长江流域诸国的政策与开发的关系的论述、关于宋代长江下游圩田开发与生态环境关系的论述，以及关于明清长江流域赋役制度的论述等，也都不囿于传统的观点，提出了具有较高学术价值的新见解。还值得一提的是，先生还着力揭示经济开发与文化兴盛之间的互动关系，如老庄哲学及楚辞的出现之于战国经济的发展，南方文人的涌现之于唐宋经济的开发，明清长江流域的开发与科学技术的兴盛等，都有独到分析，给人耳目一新的感觉与启迪。该书出版后，学界给予了高度评价。有学者指出，该书"是国内外第一部全面、系统研究长江流域经济开发的学术力作"，其特点有四：一、史论结合，析理深邃；二、不囿陈说，推陈出新；三、充分利用考古资料；四、注意经济开发与文化发展之间的相互关系。[②]

---

① 万绳楠、庄华峰、陈梁舟：《中国长江流域开发史·序言》，黄山书社，1997年，第2页。

② 汪姝婕：《简评〈中国长江流域开发史〉》，《光明日报》1999年8月13日。

（四）学术普及工作

让学术走向大众，用通俗易懂的方式向人民传播优秀的历史文化，这是当代哲学社会科学界专家学者的神圣使命。在这方面，万先生为我们树立了榜样。先生不是一位象牙塔里的专业研究者，只会写高头讲章和专业论文，而是在从事学术研究的同时，十分关注学术普及工作，写了许多深入浅出、通俗易懂的图书与文章，为历史学走向大众做出了较大贡献。这也彰显了先生"经世致用"的治学理念。

20世纪五六十年代，由于当时以青少年为主要阅读对象的历史知识普及性优秀读物很少，于是以吴晗为首的一批学者组织编写了《中国历史小丛书》，万先生受邀为小丛书撰写了《文天祥》《文成公主》《隋末农民战争》几本小册子；20世纪80年代初，吴晗主编的"中国历史小丛书"恢复出版时，先生又为丛书撰写了《冼夫人》。1981年先生又出版《安徽史话》（合著）一书。先生撰写的这几册书虽是"史话"体例，具有普及推广的性质，却不乏学术性和思想性，加上文风活泼，内容生动，所以备受读者青睐。时至今日，几十年过去了，这几本小书并未过时，仍是值得一读的优秀通俗读物。

我们注意到，万先生撰写的通俗性文章，大多是其学术研究的拓展和延伸，并用通俗化的方式将其呈现出来。比如，《鲍敬言：横迈时空的预言家》一文，先生写了东晋时期鲍敬言与葛洪在栖霞山上的几次争论，其中的一次论辩先生是这样描述的："鲍、葛二人攀上了栖霞山巅。山巅风光吸引了鲍敬言，他游目四望，发出了一声慨叹：'江山谁作主，花鸟自迎春。'葛洪眼光一闪，似乎抓到了机会，应声道：'江山君为主，临民有百官。'鲍敬言也不看葛洪，只是一连摇头道：'不行，不行，不行。有君不如无君，有司不如无司……''无君无臣，天下岂不是要大乱？''不会的，先生。'鲍敬言眼里出现了异彩。'上古之世，无君无臣，民自为主，穿井而饮，耕田而食，日出而作，日入而息……势利不萌，祸乱不作，干戈不用，城池不设……但闻天下大治，不闻天下大乱。'葛洪闻言含笑道：

'老弟才高八斗，出口成章。上古之世，无君无臣，民自为主，祸乱不作，诚如弟言。但当今之世，却不可无君无臣，道理何在？老弟自明。'鲍敬言笑道：'晚生并未说现在就要把君臣废掉，但君臣必废，时间或迟或早而已。'葛洪正色道：'天不变，道亦不变。君臣之道，现在不会废，将来也不会废。'鲍敬言哂道：'先生又说天道了。晚生读百家之言，察阴阳之变，以为天地之间，但有阴阳二气。二气化生万物，决定万物的属性。万物各依其性，各附所安，乐阳则云飞，好阴则川处，无尊无卑。若论天道明阳，反足可证天地之间，本无君臣上下。君臣现在虽然存在，可以预言，将来必归于无有。一旦君臣都被取消，太平世界立可出现。''老弟思路何至于此！这是叛逆思想，太危险了！'葛洪叹惜道。'哈！哈！哈！哈！哈！'鲍敬言站在山头，向着苍穹大笑。"①又如，在《萧墙祸——侯景之乱》一文中，先生这样描写江南的繁荣景象："秦淮河的北边有大市场一百多个。连接秦淮河南北两岸的浮桥——朱雀桁，每天天明通桁，过桥的人熙熙攘攘。商人挑着与推着商品，付了过桥税，也就可以把他们的商品运到秦淮河北岸的大小市场中去卖掉。市场里有官员，对每个商人的商品进行估价与征税。商税是梁朝朝廷的大宗收入。江南腹地经济也有起色。永嘉（今浙江温州市）成了闽中与会稽郡（今浙江绍兴市）海上交通的要埠与货物集散的中心。抚河流域的临川（今江西抚州市）成了一个新的粮仓，家家有剩余……江南变得很美。文学家写道：'暮春三月，江南草长，杂花生树，群莺乱飞。'年轻的姑娘们唱道：'朝日照北林，春花锦绣色。谁能不春思，独在机中织？'照这样下去，经济还会有发展，江南还会变得更美。可是，梁武帝老了，八十五岁了，活在世上的日子不多了，他的儿孙正在酝酿着一场争夺皇位的斗争。侯景之乱，成了这场斗争的导火索。自侯景乱起，在南方，历史的车轮突然逆转。"②在这里，先生

① 万绳楠：《鲍敬言：横迈时空的预言家》，载范炯主编：《伟人的困惑·古中国思想者卷》，辽宁人民出版社，1992年，第145—146页。

② 万绳楠：《萧墙祸——侯景之乱》，载范振国等撰：《历史的顿挫·古中国的悲剧·事变卷》，中州古籍出版社，1989年，第81—82页。

用准确简洁、引人入胜的文字，把从来是枯燥难读、只为业内人士独自享用的"史学"，变成通俗的"讲历史"，将点滴菁华烩成众多人可以分享的精神食粮，其意义自不待言。

值得一提的是，万先生在安徽区域历史的普及方面也做出了不俗的成绩。从20世纪80年代以降，先生先后发表了《"江左第一"的音乐家桓伊》（《艺谭》1981年第3期）、《睢、涣之间出文章》（《安徽日报通讯》1981年8月）、《夏朝的建立与安徽》（《安徽师大报》1981年12月16日）、《安徽是商朝的发祥地》（《安徽师大报》1982年2月22日）、《淮夷——安徽古代的重要民族》（《安徽师大报》1982年4月8日）、《安徽是相对论的故乡》（《安徽师大报》1982年6月3日）、《秦末起义与安徽》（《安徽师大报》1982年9月6日）等二十多篇文章。先生的这些文章深入浅出，兼具趣味性和叙事性，既具有深厚的学术底蕴，又充实丰富了相关问题，同时也为宣传安徽，增强安徽文化软实力做出了贡献。

三、沾溉学林：万绳楠先生的治学特色

万先生近50载甘之如饴地奉献着自己的学术智慧，积累了丰厚的治史思想和治学方法，沾被后学良多，厥功甚伟。其治学特色，概而言之，约有五端。

（一）注重运用阶级分析方法

万先生在魏晋南北朝史研究中十分注重阶级的分析，如对于孙恩起兵，先生引用《晋书》卷六十四《会稽文孝王道子传附子元显传》所记，指出司马元显"又发东土诸郡免奴为客者，号曰'乐属'，移置京师，以充兵役"，结果"东土嚣然，人不堪命，天下苦之矣，既而孙恩乘衅作乱"。对照《晋书》卷七十七《何充传》所记庾翼曾"悉发江、荆二州编户奴以充兵役，士、庶嗷然"，先生认为，司马元显征发东土诸郡免奴为"客"者当兵，这样便大大地影响到了士庶地主的利益。"所谓'东土嚣

然'与骚动，十分明白，是士庶地主的不满，与庾翼发奴为兵，引起'士、庶嗷然'正同。"所以，先生得出结论说：(孙恩起兵)"不是农民起义，而是一次五斗米道上层士族地主利用宗教发动的、维护本身利益的反晋暴动。就阶级属性来说，是东晋淝水战后，统治阶级内部斗争的继续与扩大。"①

在讨论六镇起兵的性质时，先生也从对领导人的阶级分析出发，提出自己新的看法。他指出，"分析六镇起兵性质时，必须分析镇人中的阶级性"。他认为破六韩拔陵的起兵，"应看到它是由地位降低了的镇民发动的，且有铁勒部人参加，有起义的意义"。而后期葛荣的斗争，性质有了变化，"葛荣部下将领概非镇兵，而全是北镇上层人物"。先生认为，"六镇降户自转到葛荣手上，斗争性质便转化成为统治阶级内部的斗争，转化成为北镇鲜卑化军人集团反对洛阳汉化集团的斗争，转化成为鲜卑化和汉化乃至鲜卑人和汉人的斗争"②。先生的这些论点是值得肯定的。

(二) 娴熟运用文史互证的方法

陈寅恪先生在治学方法上，为世人所称道的，是他考察问题时，从文、史、哲多种视角，博综古今、触类旁通的思考，和由此而总结的"以史证诗、以诗证史"的方法。万先生继承了陈先生的治学方法，文史结合，文史兼擅。这在当代史学工作者中是不多见的。他的许多论文，以及《曹操诗赋编年笺证》等专著，都是文史结合的产物。如曹操的《短歌行·对酒》自问世以来，仁者见仁，智者见智，褒贬不一，先生经过研究提出了此诗并非曹操一人所作的新见解，其理由有三：一是诗中"对酒当歌，人生几何，譬如朝露，去日苦多"诸句，与"老骥伏枥，志在千里，烈士暮年，壮心不已"等语相比，情调极不协调，并非一人所写；二是有些诗句如"越陌度阡，枉用相存"，令人费解。曹操在这里是在对谁讲话呢？是承蒙谁的错爱（"枉用相存"）呢？三是全诗连贯不起来，如"何

---

① 万绳楠：《魏晋南北朝史论稿》，安徽教育出版社，1983年，第204—207页。

② 万绳楠：《魏晋南北朝史论稿》，安徽教育出版社，1983年，第294页。

以解忧，惟有杜康"，一下子转到"青青子衿，悠悠我心"，显得很突兀。带着这些问题，先生查阅《后汉书》《三国志》发现，曹操底下的众多名人（共28人）都是在建安初年来到许都的，再联系春秋战国以来，接待宾客要唱诗的事实，先生得出结论：曹操的《短歌行·对酒》是建安元年（196）在许都接待宾客时，主人与宾客在宴会上的酬唱之辞，并非曹操一人所写。[1]经先生如此一解读，此诗便豁然贯通了。而这种解读却是从文史结合中得来，即把此诗放到一个更大的系统中考察得来。

万先生在考证《木兰诗》《孔雀东南飞》的写作时间以及故事发生背景时，同样使用了文史互证的方法，他从社会经济发展状况入手，研究出《孔雀东南飞》创作于建安五年（200）到建安十三年（208）的九年中[2]，《木兰诗》则创作于太和二十年（496）到正始四年（507）的十二年中[3]。这样的结论是颇具说服力的。

（三）坚持用联系的观点研究问题

万先生认为，研究历史上的任何一个问题，都不能作孤立、静止的研究，因为任何事物都不能孤立存在，都与其他事物存在或多或少的联系，因此，必须充分掌握资料，注意事物之间的联系。[4]正是基于这样的认识，先生一直坚持用联系的观点探讨问题。如南北朝晚期，为什么由继承北周的隋朝来统一，而不由北齐或者陈朝来完成统一任务，先生对此进行了有益的探讨。先生认为，以往学界研究隋时南北的统一问题，强调的仅仅是隋文帝个人的作用，而忽视了对陈、齐、周三方复杂的外交、军事等关系及其演变过程的分析。为此先生从当时陈、齐、周三方力量的对比入手进行探讨，指出："吕梁覆车后的南北形势是：陈朝只占有长江以南的土地，军队主力被全部歼灭；北周占有的土地则北抵突厥，南抵长江，实力远远

---

[1] 万绳楠：《研究问题要注意事物之间的联系》，《文史哲》1987年第1期。
[2] 万绳楠：《魏晋南北朝文化史》，黄山书社，1989年，第152—154页。
[3] 万绳楠：《魏晋南北朝文化史》，黄山书社，1989年，第187—189页。
[4] 万绳楠：《研究问题要注意事物之间的联系》，《文史哲》1987年第1期。

超过陈朝……北周只要再作一两次重大攻击，就完全可以灭掉陈朝，统一无须等待隋朝。"然而为何北周没有统一呢？先生指出："这是由于北方突厥的兴起，从周武帝起，便采取了先安定北疆而后灭陈的政策。……隋文帝在突厥问题基本得到解决，北疆基本稳定之后，出兵很容易地便灭掉了陈朝，实现了南北统一。可隋的统一，基础却是在北周时期奠定的。"①这样的分析与联系，颇具启发意义。

对于"八王之乱"，人们都说是西晋的分封制造成的。先生不同意此说法，认为西晋的分封是"以郡为国"，与东汉、东晋、南朝的封国制度，实质上并无区别，与西周、西汉的分封，则大不相同。他引用干宝在《晋纪总论》中所记及梁武帝的说法指出，"八王之乱，原因在于西晋的封建专制机器转动不灵，在于晋惠帝是'庸主'"。"如果仅仅从'分封'二字立论，我们就必然要犯片面性的错误"②。先生这种对事物进行具体分析，辩证地加以考察，发现其间的内在联系的研究方法，是值得肯定的。

（四）注重开展调查研究

我们知道，社会调查在史料学上占着十分重要的地位，从事社会调查，可以使文献的史料得到进一步的补充和印证。在史学研究中，万先生很注意开展调查研究工作。如20世纪六七十年代，学界在研究农民战争过程中，有学者开展了对方腊研究的学术争鸣，引起了学术界的关注。为了进一步弄清楚方腊起义的真实情况，先生等受北京文物出版社委托，于1975年初带领4名学生深入到皖南、浙西一带考察与方腊有关的历史资料。此时，先生已年过半百，他与几位二十几岁的小伙子一道跋山涉水，在歙县、绩溪、祁门、齐云山、屯溪以及浙江的淳安一带民间四处寻找方氏族谱。"纸上得来终觉浅，绝知此事要躬行。"经过近一年的不懈努力，三下徽州，历尽千辛万苦，终于找到了不少散落在各地的方氏谱牒以及碑刻材

---

① 万绳楠：《从陈、齐、周三方关系的演变看隋的统一》，《安徽师大学报（哲学社会科学版）》1985年第4期。

② 万绳楠：《研究历史要尽量避免片面性》，《光明日报》1984年5月9日。

料，这些资料大多是第一次面世，是学术界未曾注意或利用的，弥足珍贵。先生通过对这些第一手资料的研究，最后得出"方腊是安徽歙县人"的结论，推翻了历史上认为"方腊是浙江人"一说，具有重要的史料价值。这一成果很快便在当时的《红旗》杂志上发表，后又出版了《方腊起义研究》一书（安徽人民出版社，1980年），同时还发表了《关于方腊的出身和早期革命活动》[《安徽师大学报（哲学社会科学版）》1975年第3期]、《方腊是雇工出身的农民起义领袖》（《光明日报》1975年12月4日）等文章，对于深入研究方腊起义，促进学术争鸣，是有裨益的。

（五）强调开展跨学科研究

近年来，跨学科研究成为学术界关注的热点。实际上任何一项学术研究单靠本学科的知识都是无法完成的，研究者一定程度上都要借助于其他学科的知识和方法，历史研究自然不能例外。对此，万先生早在20世纪80年代就提出了开展跨学科研究的主张：

> 研究历史，知识要广一点才好，中外历史、文史哲都应当去涉猎，去掌握。研究东方文明，不联系农业与家族社会是不行的。研究孙恩、卢循起兵，不了解道教是不行的。研究玄学中的派别斗争，不分析曹魏末年政治上的派别之争是不行的，如此等等。只有纵横相连，才能左右逢源，得心应手。①

他又指出："我深感我们的史学工作者虽然研究各有重点，但无妨去涉猎中外古今的历史；虽然以研究政治经济史为方向，但无妨去学一点文学史、宗教史、思想史。有时候一个问题的解决，有待于运用经、政、文三结合或文、史两结合的方法，以求互相发明。"②作为一个历史学家，先生闳博淹通，能娴熟地将哲学、文学、政治学、经济学等学科的研究方法

---

① 万绳楠:《研究问题要注意事物之间的联系》,《文史哲》1987年第1期。
② 万绳楠:《史学方法新思考》,《社会科学家》1989年第4期。

运用于历史研究当中，从而在跨学科研究方面为我们树立了典范。

先生之风，山高水长。万先生作为当代著名的历史学家，其在史学研究领域的卓越成就，绝非本文所能尽述。我们回顾先生近50年走过的治学道路不难发现，先生非凡的学术成就固然缘于其过人的禀赋，但最主要的还是得益于其心无旁骛、奋发进取的品格，得益于其独立思考、勇于创新的精神。他留下的数百万言学术论著，以及他的治学精神和治学方法，对后学而言是一笔宝贵的精神财富，我们应继承好先生躬耕一生不舍昼夜的学人精神，专心致志，踔厉奋发，努力多出成果，出好成果，这应是今天纪念先生应有的题中之义。

（作者系安徽师范大学历史学院二级教授、博士生导师）

整理说明

一、为保存和反映万绳楠先生的学术研究成果及其对中国古代史研究的重要贡献，兹整理编辑出版《万绳楠全集》。

二、全集分卷收录万绳楠先生所撰写的专著、论文、科普文章、小说等文字。由于作者写作时间近50年，中经战乱及运动影响，部分早期文章未能查到原文，只好暂付阙如，待将来查考后再作补遗。

三、全集编排原则为：专著、整本小说，仍作整体收入，不打乱原书；论文及科普文章，大体依所撰内容时代编排，并经编委会讨论后命名为《中国古代史论集（一）》《中国古代史论集（二）》；至于其他书信、诗歌、序跋等文字今后将另编补遗之卷以彰学术成就。

四、全集整理编辑已发表过的著作、论文等，正文部分以保存作者著述原貌为原则，即有关撰著形式、行文风格及用词习惯等均尽量尊重原作，仅对错讹之处进行修改。

五、全集注释体例在遵循著述原貌的基础上，分作夹注与页下注两类。在核查文献史料原文后，尽量写明版本、卷帙、页码等信息，以便读者阅读、查考。所核文献均取用万绳楠先生去世以前版本，以存其真。

六、为尽可能准确反映万绳楠先生的学术思想，全集整理编辑过程中，尽量对所收论著与可见到的作者原稿相核校，或与已出版、发表后作者亲笔修改之处相修正，凡此改动之处，限于体例，不再逐一作出校改说明。

七、尽管编者已尽力核校全集文字，但囿于学识、水平及条件所限，其中仍难免出现讹误之处，责任理应由编者承担，并欢迎各位读者来信指正，以便将来修订重版。

编　者

2023 年 10 月

前　言

本稿是 1947 年至 1948 年，我在北京（当时名北平）清华大学历史研究所，听陈寅恪老师讲述魏晋南北朝史时，所作的笔记。整理时，参考了20 世纪 50 年代高教部代印的、陈老师在中山大学历史系讲述两晋南北朝史时所编的引文资料，及 1980 年上海人民出版社出版的《金明馆丛稿初编》《金明馆丛稿二编》等有关的论文，力求符合陈老师的观点。虽然如此，本稿终究是一部笔记，不能说是陈老师的著作。在本稿中，不符合陈老师观点甚至有错误的地方，在所难免。这要由我负责。

陈老师是我国史学界公认的，中国近代资产阶级史学的创始人和奠基者。陈老师的学问博大精深，兼通十余种语言文字，为国内外所熟知，无需我多言。我当年感受最深的是，陈老师治学，能将文、史、哲、古今、中外结合起来研究，互相发明，因而能不断提出新问题、新见解、新发现。而每一个新见解、新发现，都有众多的史料作根据，科学性、说服力很强。因此，陈老师能不断地把史学推向前进。那时我便想如果能把陈老师这种治学方法学到手上，也是得益不浅的，更不消说学问了。

这次整理魏晋南北朝史的听课笔记，我惊异地发现：阶级分析和集团分析（实际上也是阶级分析）的观点与方法，竟贯穿在陈老师的全部讲述之中。第一篇便是《魏晋统治者的社会阶级》。这可说明陈老师研究历史，在方法论上达到了何种高度。可以这样说：陈老师不仅是我国近代资产阶级史学的开创者和奠基人，而且是从资产阶级史学过渡到马克思主义史学的桥梁。我想这样说不为过分。陈老师在讲述魏晋南北朝史时，提出了许多新问题，有些问题，如民族以文化分而不是以血统分，陈朝是南方蛮族创立的朝代，对民族史、江南开发史的研究，起了极为深远的影响。他如东汉、孙吴、西晋等的统治者属于同一个阶级之说，近年来也引起史学界的注意，被借鉴、运用去研究孙吴的历史。我这支拙笔，虽然不能把陈老师的精彩论述，一一如实地反映出来，但我想这部笔记的发表，对于研究陈老师在近代史学上的地位与贡献，对于研究魏晋南北朝的历史，将起到它的作用。

在清华研究院时期，陈老师对教学的高度负责精神，也给我留下了难忘的印象。那时，陈老师的眼睛已经失明，年龄也接近六十，可是每周如常授课。在我的记忆中，陈老师一堂课也没有缺过。对于能提出问题的学生，他非常欢喜。学生如果有一得之见，他总是热情扶植。陈老师说过："要多读书，基础一定要厚；要会思索，发前人之未发。"这些话至今仍在我的耳畔回响。

这本笔记的整理与出版，得到研究魏晋南北朝史的同志，特别是武汉大学魏晋隋唐史研究室的黄惠贤同志的积极支持，还得到黄山书社的同志的积极支持，特此表示感谢。

万绳楠

1986 年 6 月 23 日

目　录

第一篇　魏晋统治者的社会阶级
（附论吴、蜀）

一、魏晋统治者社会阶级的区别

魏晋统治者的社会阶级是不同的。不同处是：河内司马氏为地方上的豪族，儒家的信徒；魏皇室谯县曹氏则出身于非儒家的寒族。魏、晋的兴亡递嬗，不是司马、曹两姓的胜败问题，而是儒家豪族与非儒家的寒族的胜败问题。

按《晋书》卷一《宣帝纪》云：

> 楚、汉间，司马卬为赵将，与诸侯伐秦。秦亡，立为殷王，都河内。汉以其地为郡，子孙遂家焉。自卬八世生征西将军钧，字叔平。钧生豫章太守量，字公度。量生颍川太守儁，字元异。儁生京兆尹防，字建公。帝即防之第二子也。……博学洽闻，伏膺儒教。

据此可知河内司马氏自东汉司马钧以来，世代为将军、守、尹。司马懿（追谥为晋宣帝）是司马防的第二个儿子，信仰的是儒教。

司马懿的高祖司马钧的事迹，略见于《后汉书·西羌传》。祖父司马儁、父司马防的事迹，略见于《三国志·魏志》卷十五《司马朗传》裴注引司马彪《序传》。兹引述如下，并略加诠释。

《后汉书》卷八十七《西羌传》略云：

> 安帝永初元年……先零别种滇零与钟羌诸种大为寇掠……冬，（邓）骘使任尚及从事中郎司马钧率诸郡兵与滇零等数万人战于平襄（县名，属汉阳郡），尚军大败，死者八千余人。于是滇零等自称天子于北地。……（元初）二年春……遣左冯翊司马钧行征西将军，督右扶风仲光、安定太守杜恢、北地太守盛包、京兆虎牙都尉耿溥、右扶风都尉皇甫旗等合八千余人，又庞参将羌胡兵七千余人，与钧分道并北击零昌。参兵至勇士（县名，属天水郡）东，为杜季贡所败，于是引退。钧等独进，攻拔丁奚城，大克获。杜季贡率众伪逃，钧令光、恢、包等收羌禾稼，光等违钧节度，散兵深入，羌乃设伏要击之。钧在城中，怒而不救，光并没，死者三千余人。钧乃遁还，坐征，自杀。

《三国志·魏志》卷十五《司马朗传》裴注引司马彪《序传》云：

> 朗，祖父儁，字元异，博学好古……乡党宗族咸景附焉。位至颍川太守。父防，字建公……虽闲居宴处，威仪不忒。雅好《汉书》名臣列传，所讽诵者数十万言。少仕州郡，历官洛阳令、京兆尹……诸子虽冠成人，不命曰进不敢进，不命曰坐不敢坐，不指有所问不敢言，父子之间肃如也。……有子八人，朗最长，次即晋宣皇帝也。

然则，河内司马氏起家于司马钧的征西羌。司马钧是武将，到司马儁"博学好古"，司马氏已成为士大夫阶级了。司马防"父子之间肃如"，是服膺儒教的一种表现。

服膺儒教的豪族的出现，在东汉时代，是一个较为普遍的现象，非止河内司马氏而已。例如汝南袁氏，《后汉书》卷四十五《袁安传》略云：

　　袁安字邵公，汝南汝阳人也。祖父良，习《孟氏易》，平帝时，举明经，为太子舍人。建武初，至成武令。安少传良学，为人严重有威，见敬于州里。……建初八年，迁太仆。……（元和三年）代第五伦为司空。章和元年，代桓虞为司徒。

汝南袁氏自袁良以来，世传《孟氏易》，为东汉的名族。

　　再如弘农杨氏，《后汉书》卷五十四《杨震传》略云：

　　杨震，字伯起，弘农华阴人也。……父宝，习《欧阳尚书》。哀、平之世，隐居教授。……震少好学，受《欧阳尚书》于太常桓郁，明经博览，无不穷究。诸儒为之语曰："关西孔子杨伯起。"

弘农杨氏自杨宝以来，世传《欧阳尚书》，也是东汉的名族。

　　服膺儒教的河内司马氏，与汝南袁氏、弘农杨氏属于同一个阶级，他们都是地方上的豪族。汉、魏主要的士大夫，其出身大抵为地方豪族。但也有出身于小族的，因为政治立场和思想信仰与豪族相同，可划为一个阶级。如山涛，《世说新语·政事》"山公以器重朝望"条刘注引虞预《晋书》云：

　　山涛，字巨源，河内怀人。祖本，郡孝廉。父曜，冤句令。涛早孤而贫，少有器量，宿士犹不慢之。年十七，宗人谓宣帝（司马懿）曰："涛当与景（司马师）、文（司马昭）共纲纪天下者也。"帝戏曰："卿小族，那得此快人邪！"

山氏是河内郡的小族。山涛原好老庄，后来在政治上依附司马氏，改变了思想信仰。像山涛这样的小族，可视为与司马氏同一个阶级。

　　服膺儒教即遵行名教（君臣、父子等）。其学为儒家之学，其行必须符合儒家用来维系名教的道德标准与规范，即所谓孝友、礼法等等。《晋书》卷二十《礼志中》略云：

> 文帝之崩，国内服三日，武帝亦遵汉、魏之典，既葬除丧，然犹深衣素冠，降席撤膳。太宰司马孚……等奏（请）……敕御府易服，内者改坐，太官复膳，诸所施行，皆如旧制。诏曰："……本诸生家，传礼来久。何至一旦便易此情于所天！"……孚等重奏（请）……敕有司改坐复常，率由旧典。……又诏曰："……三年之丧，自古达礼。……虽薄于情，食旨服美，所不堪也。不宜反复，重伤其心，言用断绝，奈何！奈何！"帝遂以此礼终三年，后居太后之丧亦如之。

《抱朴子·外篇·讥惑篇》又云：

> 吾闻晋之宣、景、文、武四帝，居亲丧皆毁瘠逾制，又不用王氏二十五月之礼，皆行（二十）七月服。于时天下之在重哀者，咸以四帝为法。世人何独不闻此，而虚诬高人，不亦惑乎？

上引材料可以说明晋皇室自司马懿（宣帝）至司马炎（武帝）都重孝，重礼。"三年之丧，自古达礼"，而晋皇室自司马懿以来，"居亲丧皆毁瘠逾制"，可谓有过之而无不及。孝是道德标准，礼是行为规范。看一个人的行为合不合乎儒家的道德标准，首先便看他守不守礼。阮裕曾指责谢万"在兄前欲起索便器"，为"笃而无礼"[1]。他以为"人不须广学，正应以礼让为先"[2]，便是这个意思。晋皇室"居亲丧皆毁瘠逾制"，超过了丧礼的规定，是重孝的表现。

西晋有三大孝：王祥、何曾、荀颉。《三国志·魏志》卷四《陈留王奂

---

① [南朝宋]刘义庆撰，[南朝梁]刘校标注：《世说新语·简傲》，四部丛刊景明袁氏嘉趣堂本。

② [唐]房玄龄等：《晋书》卷四十九《阮籍传附放弟裕传》，中华书局，1974年，第1368页。

传》云：

> （咸熙元年）三月丁丑，以司空王祥为太尉，征北将军何曾为司徒，尚书左仆射荀颉为司空。己卯，进晋公（司马昭）爵为王，封十郡，并前二十。

这三大孝同日被拜为三公，位望之隆，仅次于晋王司马昭。他们都出身于儒家豪族，都崇奉儒家名教，都是司马氏的党与，与司马氏一起组成西晋的统治集团。

王祥。《三国志·魏志》卷四《陈留王奂传》裴注引《汉晋春秋》云：

> 晋公既进爵为王，太尉王祥、司徒何曾、司空荀颉并诣王。颉曰："相王尊重，何侯与一朝之臣皆已尽敬，今日便当相率而拜，无所疑也。"祥曰："相国位势，诚为尊贵，然要是魏之宰相，吾等魏之三公，公、王相去，一阶而已，班列大同，安有天子三公可辄拜人者！损魏朝之望，亏晋王之德。君子爱人以礼，吾不为也。"及入，颉遂拜，而祥独长揖。王谓祥曰："今日然后知君见顾之重！"

司马昭虽已进爵为王，但还是魏朝的宰相。而王祥、何曾、荀颉是魏朝的三公，荀颉向司马昭跪拜，不合于礼。王祥独长揖，合于礼。"君子爱人以礼"，故司马昭对王祥说："今日然后知君见顾之重！"又《晋书》卷三十三《王祥传》略云：

> 王祥，字休征，琅邪临沂人。……祖仁，青州刺史。……祥性至孝，早丧亲，继母朱氏不慈，数谱之，由是失爱于父。每使扫除牛下，祥愈恭谨。父母有疾，衣不解带，汤药必亲尝。母常欲生鱼。时天寒冰冻，祥解衣将剖冰求之，冰忽自解，双鲤跃出，持之而归。母又思黄雀炙，复有黄雀数十飞入其幕，复以供母。乡里惊叹，以为孝

感所致焉。有丹柰结实，母命守之，每风雨，祥辄抱树而泣。其笃孝纯至如此。

王祥是二十四孝之一，不仅在守礼上是模范，在尽孝上也是模范。他出身于琅邪王氏，是儒家豪族的代表人物之一。

何曾。《晋书》卷三十三《何曾传》略云：

> 何曾，字颖考，陈国阳夏人也。父夔，魏太仆、阳武亭侯。……（曾）进封颍昌乡侯。……咸宁四年薨……下礼官议谥，博士秦秀谥为"缪丑"，帝不从，策谥曰孝。……曾性至孝，闺门整肃，自少及长，无声乐嬖幸之好。年老之后，与妻相见，皆正衣冠，相待如宾。己南向，妻北面，再拜上酒，酬酢既毕便出。一岁如此者不过再三焉。初，司隶校尉傅玄著论称曾及荀颉曰："以文王之道事其亲者，其颍昌何侯乎，其荀侯乎！古称曾、闵，今曰荀、何。内尽其心以事其亲，外崇礼让以接天下。孝子，百世之宗；仁人，天下之命。有能行孝之道，君子之仪表也。"……又曰："荀、何，君子之宗也。"……然性奢豪，务在华侈。帷帐车服，穷极绮丽，厨膳滋味，过于王者。……食日万钱，犹曰"无下箸处"。……刘毅等数劾奏曾侈忕无度，帝以其重臣，一无所问。都官从事刘享尝奏曾华侈。……后曾辟享为掾……常因小事加享杖罚。其外宽内忌，亦此类也。时司空贾充权拟人主，曾卑充而附之。及充与庾纯因酒相竞，曾议党充而抑纯，以此为正直所非。

何曾"性至孝，闺门整肃"，被傅玄称之为"内尽其心以事其亲，外崇礼让以接天下"，为"君子之宗"。在重孝、重礼上，他与王祥无分别。这可说明重孝、重礼为儒家豪族共有的特征。又何曾此人"性奢豪，务在华侈"。日食万钱，还说"无下箸处"。且外宽而内忌，依附权臣，奴颜婢膝。这个特征，我们从当时儒家豪族身上，也是可以找到的。王恺与石崇的斗富、袁绍的"外宽内忌"①、司马懿的"内忌而外宽"②，这些例子便很足以说明问题。

荀颛。《晋书》卷三十九《荀颛传》略云：

> 荀颛，字景倩，颍川人，魏太尉彧之第六子也。……性至孝……与扶风王骏论仁孝孰先，见称于世。……咸熙中，迁司空，进爵乡侯。……以母忧去职，毁几灭性，海内称之。……明三礼，知朝廷大仪，而无质直之操，唯阿意苟合于荀勖、贾充之间。初，皇太子将纳妃，颛上言贾充女姿德淑茂，可以参选，以此获讥于世。

荀颛性至孝，明礼，与何曾相同。故傅玄以荀、何并列，同称为"君子之宗"。但他依附贾充，也与何曾相同，这却非君子。

儒家豪族服膺的是儒家的名教。之所以重孝，是因为根据儒家的教义，修身治家的道德方法，亦适用于治国平天下。所谓"国身通一""求忠臣于孝子之门"是也。名教之大者莫若君臣，孝于亲才能忠于君。因此，以孝友礼法见称于宗族乡里，就成了儒家豪族人物的一个明显的特点。

在两汉的征辟制度下，以仁孝礼让著称于乡里，是入仕的途径。取士与仁孝礼让或者说与德的结合，遂使名教成为豪族屡世必须奉行的圭臬与赖以自豪的门第的标志。豪族往往就是儒门。

再说魏统治者的社会阶级。

魏统治者的社会阶级与晋不同。魏统治者曹氏出身于寒族，且与阉宦有关。曹操的崇尚与政策即由他的阶级出身决定。

《三国志·魏志》卷一《武帝纪》略云：

---

① ［晋］陈寿撰，［宋］裴松之注：《三国志·魏志》卷十四《郭嘉传》，清乾隆四年武英殿校刻本。

② ［唐］房玄龄等：《晋书》卷一《宣帝纪》，中华书局，1974年，第20页。

太祖武皇帝，沛国谯人也。姓曹，讳操，字孟德。……桓帝世，曹腾为中常侍、大长秋，封费亭侯。养子嵩嗣，官至太尉。莫能审其生出本末。（裴注云："吴人作《曹瞒传》及郭颁《世语》并云：嵩，夏侯氏之子，夏侯惇之叔父。太祖于惇为从父兄弟。"）嵩生太祖。太祖少机警，有权数，而任侠放荡，不治行业，故世人未之奇也。

又《三国志·魏志》卷六《袁绍传》裴注引《魏氏春秋》载陈琳檄文略云：

（曹）操赘阉遗丑，本无令德，儇狡锋侠，好乱乐祸……加其细政苛惨，科防互设，缯缴充蹊，坑阱塞路，举手挂网罗，动足蹈机陷。

曹操的祖父曹腾是中常侍，阉宦。父亲曹嵩是曹腾的养子，即所谓"乞丐携养"之类（陈琳檄文）。就曹操的家庭出身来说，是寒族，阉宦阶级。曹操"任侠放荡，不治行业"，"细政苛惨，科防互设"，表明曹氏并不以儒学为务，与豪族的服膺儒教不同。

明白了曹操所代表的阶级是非儒家的寒族，也就可以明白曹操实行的政策。

《三国志·魏志》卷十二《毛玠传》云：

务以俭率人，由是天下之士莫不以廉节自励，虽贵宠之臣，舆服不敢过度。

按曹操为司空、丞相，毛玠为东曹掾，掌选举。毛玠"务以俭率人"，是曹操的政策。《三国志·魏志》卷一《武帝纪》裴注引《魏书》说曹操：

性节俭，不好华丽，后宫衣不锦绣，侍御履不二采，帷帐屏风坏则补纳，茵蓐取温，无有缘饰。

又《三国志·魏志》卷十二《崔琰传》引《世语》还说道：

> （曹）植妻衣绣，太祖登台见之，以违制命还家赐死。

据此可知尚节俭不仅是曹氏的风尚，而且有制度规定。衣绣要处死，即使是曹植的妻子也不能赦免。曹操如此厉行节俭，与他出身于寒族及当时经济的破坏虽有关系，但更重要的是要摧破豪族的奢侈之风。

儒家豪族尚奢侈，曹操尚节俭，只是曹操与儒家豪族对立的一个侧面。曹操要在汉末取刘氏皇位而代之，最为重要的是要摧破儒家豪族的精神堡垒，即汉代传统的儒家思想，然后才可以获得成功。兹录曹操求才三令并略加论释于下。

《三国志·魏志》卷一《武帝纪》云：

> （建安）十五年春，下令曰："自古受命及中兴之君，曷尝不得贤人君子与之共治天下者乎？及其得贤也，曾不出闾巷，岂幸相遇哉？上之人不求之耳。今天下尚未定，此特求贤之急时也。孟公绰为赵、魏老则优，不可以为滕、薛大夫。若必廉士而后可用，则齐桓其何以霸世？今天下得无有被褐怀玉，而钓于渭滨者乎？又得无盗嫂受金，而未遇无知者乎？二三子其佐我明扬仄陋，唯才是举，吾得而用之。"
>
> ············
>
> （建安十九年）十二月……乙未令曰："夫有行之士，未必能进取，进取之士，未必能有行也。陈平岂笃行，苏秦岂守信邪？而陈平定汉业，苏秦济弱燕。由此言之，士有偏短，庸可废乎？有司明思此义，则士无遗滞，官无废业矣。"
>
> ············
>
> （裴注引王沈）《魏书》曰："……（建安二十二年）秋八月，令

曰'昔伊挚、傅说出于贱人，管仲，桓公贼也，皆用之以兴。萧何、曹参，县吏也，韩信、陈平负污辱之名，有见笑之耻，卒能成就王业，声著千载。吴起贪将，杀妻自信，散金求官，母死不归。然在魏，秦人不敢东向，在楚，则三晋不敢南谋。今天下得无有至德之人放在民间，及果勇不顾，临敌力战；若文俗之吏，高才异质，或堪为将守，负污辱之名，见笑之行，或不仁不孝而有治国用兵之术。其各举所知，勿有所遗。'"

曹操三令，大旨以为有德者未必有才，而有才者，或负不仁不孝、贪诈的污名。这是明白宣示儒家豪族自来所遵奉的金科玉律并赖以安身立命的根据，汉征辟制度的标准儒教已经完全破产，不可依据。三令标明了曹操政策之所在——标准是才，不是道德。三令的颁布，是政治社会道德思想上的一个大变革，并非仅止是为了求才于一时。如果深入一步，联系曹操的阶级出身来考察，就可知曹操出身阉宦家庭，而阉宦之人，在儒家经典教义中不能占有政治上的地位，若不对此不两立的儒家教义摧陷廓清，则本身无以立足，更无以与儒家豪族人物如袁绍之辈相竞争。从摧陷廓清儒家豪族的金科玉律来说，此三令可视为曹魏皇室大政方针的宣言。与之同者，便是曹党；与之异者，便是与曹氏为敌的党派。

《三国志·魏志》卷一《武帝纪》在记述了建安十九年（214）十二月乙未曹操所下达的求才令后，还记述了同日下达的一个关于掌管刑法的人选的命令。此令说：

> 夫刑，百姓之命也，而军中典狱者或非其人，而任以三军死生之事，吾甚惧之。其选明达法理者，使持典刑。

接着《魏志》写了"于是置理曹掾属"。按《魏志·武帝纪》说曹操"揽申、商之法术"。《晋书·傅玄传》记傅玄之言，又说"魏武好法术而天下贵刑名"。这说明要摧陷廓清豪族儒教教义的曹操，转而求以法术为治。

所以他重刑。陈琳檄文所说"细政苛惨，科防互设"，反映的是儒家豪族对曹操重法术的看法。好法术可以说是曹操鄙弃儒术的一种必然结果。

曹操为一代之枭杰，他不仅得到了众多有才能的寒族人物的支持，而且得到了部分有才能的豪族士大夫的支持，如荀彧、荀攸。荀彧本从袁绍。袁绍是汉末儒家豪族的代表人物，其凭藉的深厚，远非非儒家的寒族代表人物曹操所可比拟。然而袁绍"繁礼多仪""外宽内忌，用人而疑之，所任唯亲戚子弟"①，荀彧认为袁绍不能有所作为，遂舍袁从曹。他还为曹操引进了不少士大夫阶级的人物。然而，作为一个阶级来说，儒家豪族是与寒族出身的曹氏对立的。官渡一战，曹氏胜，袁氏败，儒家豪族阶级不得不暂时隐忍屈辱。但乘机恢复的想法，未尝一刻抛弃。曹操死后，他们找到了司马懿，支持司马懿向曹氏展开了夺权斗争。袁绍是有后继人的，他的继承人就是司马懿。袁绍的失败只表明儒家豪族暂时受到了挫折。后来，他们通过司马懿父子之手，终于把政权夺回到了自己的手上。

二、司马氏的夺权斗争

东汉末年与曹操合作的儒家豪族人物，在官渡战后五十年间(官渡之战在汉献帝建安五年，即公元200年。司马懿夺取曹爽权力在魏齐王曹芳正始十年，即公元249年)多已死亡，而司马懿年少于曹操二十四岁，又后死三十一年(曹操生于后汉桓帝永寿元年，即公元155年，死于献帝建安二十五年，即公元220年。司马懿生于后汉灵帝光和二年，即公元179年，死于魏齐王曹芳嘉平三年，即公元251年)，乘曹氏子孙孱弱昏庸的时候，以垂死之年，奋起一击，夺取曹爽手中权力。二子司马师、司马昭继承他的遗业，终于颠覆了魏朝，尽复东汉时代儒家豪族阶级统治全盛之局。这是曹操当时所未料及的。

司马氏所以能够夺取到曹氏的政权，有以下几个原因。

---

① [晋]陈寿撰，[宋]裴松之注：《三国志·魏志》卷十四《郭嘉传》，清乾隆四年武英殿校刻本。

一是司马懿的坚忍阴毒，远非汉末同时期儒家迂缓无能之士所能比。如《晋书》卷一《宣帝纪》所云：

> 帝内忌而外宽，猜忌多权变。魏武察帝有雄豪志，闻有狼顾相，欲验之，乃召使前行，令反顾，面正向后，而身不动……帝于是勤于吏职，夜以忘寝，至于刍牧之间，悉皆临履，由是魏武意遂安。及平公孙文懿（渊），大行杀戮。诛曹爽之际，支党皆夷及三族，男女无少长，姑姊妹之适人者皆杀之，既而竟迁魏鼎云。

可见其本性之残忍，手腕之毒辣。《世说新语·尤悔》写到东晋王导、温峤往见明帝，明帝问温峤"前世所以得天下之由"：

> 温未答，顷，王曰："温峤年少未谙，臣为陛下陈之。"王乃具叙宣王创业之始。诛夷名族，宠树同己，及文王（司马昭）之末高贵乡公事。（刘注云：宣王创业诛曹爽、任蒋济之流者是也）明帝闻之，覆面著床曰："若如公言，祚安得长？"

司马懿父子的坚忍阴毒，连子孙也感到羞耻，以至怀疑晋祚能不能长久保持下去。

二是司马氏父子得到了豪族强民的支持。曹操对豪强是抑制的，《三国志·魏志》卷一《武帝纪》记建安九年"九月令曰：'河北罹袁氏之难，其令无出今年租赋！'重豪强兼并之法，百姓喜悦"。裴注引王沈《魏书》云：

> 公令曰："有国有家者，不患寡而患不均，不患贫而患不安。袁氏之治也，使豪强擅恣，亲戚兼并，下民贫弱，代出租赋，衒鬻家财，不足应命。审配宗族，至乃藏匿罪人，为逋逃主。欲望百姓亲附，甲兵强盛，岂可得邪！其收田租亩四升，户出绢二匹、绵二斤而

已，他不得擅兴发。郡国守相明检察之，无令强民有所隐藏，而弱民兼赋也。"

这是曹操在平定河北之后发布的旨在抑制豪族、扶植弱民或寒族的命令。袁绍父子的失败也就是豪族的失败，但只是暂时的失败。他们在找到了司马懿父子之后，都支持司马懿父子与曹氏斗争。《三国志·吴志》卷三《孙皓传》"斩丞相张悌"下裴注引《襄阳记》云：

　　魏伐蜀。吴人问悌曰："司马氏得政以来，大难屡作，智力虽丰，而百姓未服也！今已竭其资力，远征巴蜀，兵劳民疲而不知恤，败于不暇，何以能济？昔夫差伐齐，非不克胜，所以危亡，不忧其本也，况彼之争地乎！"悌曰："不然，曹操虽功盖中夏，威震四海，崇诈仗术，征伐无已，民畏其威，而不怀其德也。丕、叡承之，系以惨虐，内兴宫室，外惧雄豪，东西驰驱，无岁获安。彼之失民，为日久矣。司马懿父子自握其柄，累有大功，除其烦苛而布其平惠，为之谋主而救其疾，民心归之，亦已久矣。故淮南三叛而腹心不扰，曹髦之死，四方不动，摧坚敌如折枯，荡异同如反掌，任贤使能，各尽其心，非智勇兼人，孰能如之？其威武张矣，本根固矣，群情服矣，奸计立矣。今蜀阉宦专朝，国无政令，而玩戎黩武，民劳卒弊，竞于外利，不修守备。彼强弱不同，智算亦胜，因危而伐，殆其克乎！"

张悌说的"民"，指豪族强民。张悌说的"烦苛"，指曹操"重豪强兼并之法"。所以，"民畏其威，而不怀其德"。张悌说的"平惠"，指司马氏承继袁绍，"以宽济宽""使豪强擅恣"。所以，曹氏"失民"，而对司马氏来说，则"民心归之"。自曹爽、夏侯玄及其党羽被杀之后，魏都洛阳已无曹氏势力，所以，"淮南三叛（王凌、毌丘俭、诸葛诞）而腹心不扰"。到淮南三叛先后被司马氏父子平定，地方也无曹氏的势力，所以，司马昭杀高贵乡公曹髦，"四方不动"。

以司马懿父子的坚忍阴毒而又有豪族强民的支持，夺取曹魏政权就具备了极大的可能性。

三是一些寒族出身的官吏，崇尚与曹氏相同，本属曹氏一党，但后来却改变政治立场，站到司马氏一边。而司马氏在夺权问题上，在某些方面，也很需要借助于他们。像杀高贵乡公曹髦，这对于服膺儒教、标榜君臣名分的儒家豪族的代表司马昭来说，是一个棘手的问题。他在这个问题上，得到了非儒家的寒族出身的贾充全力支持。高贵乡公是由贾充出面指使成济杀掉的。贾充是司马氏及豪族的大功臣，他既为司马氏夺取君权扫除了最后一个障碍，又为司马氏保全了儒家名教信徒的美称。贾充是贾逵之子。关于贾逵，《三国志·魏志》卷十五《贾逵传》略云：

> 为豫州刺史。是时天下初复，州郡多不摄。逵曰："州本以御史出监诸郡，以六条诏书察长吏二千石已下，故其状皆言严能鹰扬有督察之才，不言安静宽仁有恺悌之德也。今长吏慢法，盗贼公行，州知而不纠，天下复何取正乎？"兵曹从事受前刺史假，逵到官数月，乃还；考竟其二千石以下阿纵不如法者，皆举奏免之。（文）帝曰"逵真刺史矣"。布告天下，当以豫州为法。……薨……子充嗣……咸熙中为中护军。（裴注引《晋诸公赞》曰："高贵乡公之难，司马文王赖充以免。为晋室元功之臣。"）

可知贾逵为刺史，主张刺史考察长吏二千石以下，应具"严能鹰扬有督察之才"，而不主张刺史考察时有"安静宽仁有恺悌之德"。他奏免过他所考察到的二千石以下"阿纵不如法者"。这是曹操的主张，曹操的政策。

《三国志·魏志》卷二十八《王凌传》裴注引干宝《晋纪》又云：

> 凌到项，见贾逵祠在水侧。凌呼曰："贾梁道！王凌固忠于魏之社稷者，唯尔有神，知之。"其年（嘉平二年）八月，太傅（司马懿）有疾。梦凌、逵为厉，甚恶之，遂薨。

可知贾逵忠于魏朝。王凌为淮南三叛之一，王凌之叛是司马懿平定的。司马懿"梦凌、逵为厉"，是因为这两个人都忠于曹氏，反对司马氏。可是王凌却不知贾逵的儿子贾充将来竟会成为晋室元功之臣，魏室的叛徒。

贾氏出身，在《晋书》卷五十《庾纯传》中有记载。此传云：

> 初，纯以贾充奸佞，与任恺共举充西镇关中，充由是不平。充尝宴朝士，而纯后至。充谓曰："君行常居人前，今何以在后？"纯曰："且有小市井事不了，是以来后。"世言纯之先尝有伍伯者，充之先有市魁者，充、纯以此相讥焉。充自以位隆望重，意殊不平。及纯行酒，充不时饮。纯曰："长者为寿，何敢尔乎？"充曰："父老不归供养，将何言也？"纯因发怒曰："贾充！天下凶凶，由尔一人。"充曰："充辅佐二世，荡平巴蜀，有何罪而天下为之凶凶？"纯曰："高贵乡公何在？"众坐因罢。充左右欲执纯，中护军羊琇、侍中王济佑之，因得出。

可见贾充的先人有做市魁的，出身为寒族，与曹操的出身一致。标榜名教的司马昭假手于他杀了天子，庾纯的"高贵乡公何在"一语，可谓击中了贾充的要害。贾充投靠司马氏，杀魏朝天子，成就了司马氏的夺权大业，在叛徒中具有典型的意义。司马昭父子对他感恩戴德。

投靠司马氏的非儒家出身的寒族，非止贾充一人。像陈骞、石苞，对司马氏的夺权，支持也是有力的。陈骞是陈矫之子。《三国志·魏志》卷二十二《陈矫传》裴注引《世语》略云：

> （魏明）帝忧社稷，问矫："司马公（懿）忠正，可谓社稷之臣乎？"矫曰："朝廷之望，社稷未知也。"

可见陈矫站在曹氏一边，反对司马氏。陈矫的出身，据《陈矫传》引《魏氏春秋》：

　　矫本刘氏子，出嗣舅氏，而婚于本族，徐宣每非之，庭议其阙。太祖（曹操）惜矫才量，欲拥全之，乃下令曰："丧乱以来，风教凋薄，谤议之言难用褒贬，自建安五年已前，一切勿论。其以断前诽议者，以其罪罪之。"

陈矫本姓刘，出嗣舅氏陈姓，因而姓陈。可他却与本族刘姓之女结婚，故为徐宣所非。他出嗣陈氏与曹操之父曹嵩本为夏侯氏之子，出嗣曹腾，有类似之处。他婚于本族，在曹操看来，无足为异。"丧乱以来，风教凋薄"，不仅陈氏、刘氏沾染此风，曹氏、夏侯氏也沾染上了。《三国志·魏志》卷九《夏侯惇传》云：

　　子楙素自封列侯。初，太祖以女妻楙，即清河公主也。

又《三国志·魏志》卷九《夏侯渊传》云：

　　渊妻，太祖内妹。长子衡，尚太祖弟海阳哀侯女。

又《三国志·魏志》卷九《夏侯尚传》云：

　　尚有爱妾嬖幸，宠夺适室。适室，曹氏女也。故文帝遣人绞杀之。

又《三国志·魏志》卷九《夏侯尚传》附子《玄传》云：

　　正始初，曹爽辅政。玄，爽之姑子也。

可见曹氏与夏侯氏也通婚，且习以为常。这实际上是非儒家的寒族不讲礼法的表现，何况曹操的政策又是不以儒家的道德标准取人。

再看陈骞。《晋书》卷三十五《陈骞传》略云：

> 陈骞，临淮东阳人也。父矫，魏司徒。……武帝受禅，（骞）以佐命之勋……封高平郡公……与贾充、石苞、裴秀等俱为心膂，而骞智度过之，充等亦自以为不及也。……弟稚与其子舆忿争，遂说骞子女秽行，骞表徙弟，以此获讥于世。

陈骞在司马炎亡魏成晋上，有佐命之功，政治上完全倒到了司马氏一边。他是西晋最高统治阶层的人物之一，"子女秽行"是西晋统治阶级风俗淫僻的表现，已不能用寒族不讲礼法来解释。贾充的两个女儿也是如此。《晋书》卷三十一《惠贾皇后传》略云：

> 惠贾皇后……父充。……荒淫放恣，与太医令程据等乱彰内外。

又《晋书》卷四十《贾充传》略云：

> 以外孙韩谧为（充子）黎民子，奉充后。……母贾午，充少女也。父韩寿……美姿貌善容止，贾充辟为司空掾……女辄于青璅中窥之，见寿而悦焉……呼寿夕入。……充意知女与寿通……遂以女妻寿。

贾充的长女贾南风是晋惠帝司马衷的皇后，她的"荒淫放恣"，已不是非儒家的寒族不讲礼法的问题，而是西晋豪族世家生活腐朽在最高统治阶层的反映。

石苞。《晋书》卷三十三《石苞传》略云：

> 石苞，字仲容，渤海南皮人也。……县召为吏，给农司马。会谒

者阳翟郭玄信奉使，求人为御，司马以苞及邓艾给之。行十余里，玄信谓二人曰："子后并当至卿相。"苞曰："御隶也，何卿相乎？"……文帝崩，贾充、荀勖议葬礼未定，苞时奔丧，恸哭曰："基业如此，而以人臣终乎？"葬礼乃定。后每与陈骞讽魏帝，以历数已终，天命有在。及禅位，苞有力焉。……（苞子）崇颖悟有才气，而任侠无行检。在荆州劫远使商客，致富不赀。……复拜卫尉，与潘岳谄事贾谧。……财产丰积，室宇宏丽，后房百数，皆曳纨绣，珥金翠，丝竹尽当时之选，庖膳穷水陆之珍。与贵戚王恺、羊琇之徒以奢靡相尚。……（崇被害后）有司簿阅崇水碓三十余区，仓头八百余人，他珍宝货贿田宅称是。

可知石苞也是一个出身寒族，而政治上站在司马氏一方的人物，在亡魏成晋上，与陈骞同有佐命之功。如仅就石苞的出身立论，其子石崇应当崇尚节俭。可是石崇生活的时代同贾充、陈骞的子女一样，是豪族世家掌握政权的西晋时代，他的父亲也是西晋最高统治阶层的人物之一，他已不再属于寒族而属于豪族。他的奢靡，是西晋豪族世家风俗淫僻的极端的表现。性质与何曾的"务在华侈"相同。

以上所说是司马氏的夺权斗争。司马氏所以能从曹氏手中夺得政权，原因不外上面说的三个。

三、西晋政治社会的特征

西晋政权的出现，表明儒家贵族最终战胜了非儒家的寒族。西晋政权是儒家豪族的政权，政治社会道德思想与曹操时期不一样了，与曹操以前的东汉，则有相通之处。西晋统治者标榜儒家名教，中正以"品"取人，品指"行性"，即指儒家用来维系名教秩序的道德标准。而豪族与儒门是同义词，因此选举变成"门选"。门选起着巩固豪族统治的作用，唯才是举的时期过去了。又西晋豪族以奢靡相高，崇尚节俭的时期也过去了。司马晋与曹魏的统治是很不相同的，原因就在统治者社会阶级的不同。

钱（货币）是财富的标志。西晋统治者是奢侈的，但有的也很吝啬。无论奢侈与吝啬，他们有一个共同的特征，就是贪鄙与爱钱。如王戎，《晋书》卷四十三《王戎传》云：

> 性好兴利，广收八方园田水碓，周遍天下。积实聚钱，不知纪极，每自执牙筹昼夜算计，恒若不足，而又俭啬，不自奉养，天下人谓之膏肓之疾。女适裴颜，贷钱数万，久而未还，女后归宁，戎色不悦，女遽还直，然后乃欢。从子将婚，戎遗其一单衣，婚讫，而更责取。家有好李，常出货之，恐人得种，恒钻其核。以此获讥于世。

又如和峤，《晋书》卷四十五《和峤传》云：

> 峤家产丰富，拟于王者，然性至吝，以是获讥于世。杜预以为峤有钱癖。

钱可以通神，有钱就有了一切。西晋统治者爱钱不是个别的现象，而是带有普遍意义的社会问题。《晋书》卷九十四《隐逸传·鲁褒传》略云：

> 元康之后，纲纪大坏，褒伤时之贪鄙，乃隐姓名，而著《钱神论》以刺之。其略云："……亲之如兄，字曰孔方。失之则贫弱，得之则富昌。……京邑衣冠，疲劳讲肆，厌闻清谈，对之睡寐，见我家兄，莫不惊视。……洛中朱衣，当途之士，爱我家兄，皆无已已。……谚曰：钱无耳，可使鬼。凡今之人，惟钱而已。"

洛中朱衣当途之士爱钱何以爱到如此程度？这与他们出身于豪族儒门，新取得政权是有关系的。另外，当时商品货币经济的发展也可以研究。石崇在荆州"劫远使商客，致富不赀"，商客是个很活跃的阶层。

朱衣当途之士都是官吏。做官的目的便是"为身择利"，而官吏的为身择利，遂使西晋的政治和社会风气，败坏到了极点。《晋书》卷五《孝愍帝纪论》所引干宝之言，说到了豪族儒门统治下的西晋政治和社会风气的败坏情况，录之以见：

> 加以朝寡纯德之人，乡乏不二之老，风俗淫僻，耻尚失所，学者以老庄为宗而黜六经，谈者以虚荡为辨而贱名检，行身者以放浊为通而狭节信，进仕者以苟得为贵而鄙居正，当官者以望空为高而笑勤恪。是以刘颂屡言治道，傅咸每纠邪正，皆谓之俗吏，其倚杖虚旷，依阿无心者皆名重海内。若夫文王日昃不暇食，仲山甫夙夜匪懈者，盖共嗤黜以为灰尘矣。由是毁誉乱于善恶之实，情愿奔于货欲之途。选者为人择官，官者为身择利，而执钧当轴之士，身兼官以十数。大极其尊，小录其要，而世族贵戚之子弟，陵迈超越，不拘资次。悠悠风尘，皆奔竞之士，列官千百，无让贤之举。……其妇女，庄栉织纴皆取成于婢仆，未尝知女工丝枲之业，中馈酒食之事也。先时而婚，任情而动，故皆不耻淫洪之过，不拘妒忌之恶，父兄不之罪也，天下莫之非也。……礼法刑政于此大坏，如水斯积而决其堤防，如火斯畜而离其薪燎也。国之将亡，本必先颠，其此之谓乎！故观阮籍之行，而觉礼教崩弛之所由也；察庚纯、贾充之争，而见师尹之多僻；考平吴之功，而知将帅之不让；思郭钦之谋，而窥戎狄有衅；览傅玄、刘毅之言，而得百官之邪；核傅咸之奏、钱神之论，而睹宠赂之彰。民风国势如此，虽以中庸之才，守文之主治之，辛有必见之于祭祀，季札必得之于声乐，范燮必为之请死，贾谊必为之痛哭，又况我惠帝以放荡之德临之哉！

这说明西晋整个官场都已溃烂。西晋的门选制度或者说九品中正制度，使世族贵戚子弟做官得到了保证。而他们做官，目的只在攫取经济利益。他们"情愿奔于货欲之途"，清谈不过是为了猎取"名士"的美名，感兴趣的实际上只有"孔方兄"。弥漫于社会上的，是贪鄙、淫僻之风。在这种风气中，如果有谁要讲治道，要纠邪正，便都被讥为俗吏。惠帝以后的西晋，政治大坏，危机四伏，何况武帝的继承者惠帝又是个被人们看作白痴式的人物。战乱由此发生了。

四、附论吴、蜀

吴、蜀两国统治者的阶级性不同。蜀汉与曹魏固然是死敌，但曹操出身于寒族，以法术为治。刘备虽自云汉朝的宗室，可是渊源既远，又不能记其世代之数，实亦等于寒族。诸葛亮为诸葛丰的后代，是世代相传的法家。以故蜀汉与曹魏施政之道正复相同。蜀汉境内无强宗大族的汉人组织。吴国的情势则大大不然，孙吴政权是由汉末江东地区的强宗大族拥戴的具有战斗力之豪族，即当时不以文化见称的次等士族孙氏，借其武力，以求保全，从而组织起来的政权。故孙吴政治社会的势力完全操在地方豪族之手。以故孙吴与西晋施政之道又有类似之处。

按《三国志·蜀志》卷二《先主传》略云：

> 先主少孤，与母贩履织席为业……事故九江太守同郡卢植。……先主不甚乐读书……好交结豪侠，年少争附之。

刘备与母贩履织席为业，即使真是汉朝宗室，也跌落为寒族了。而好交结豪侠与曹操的任侠放荡也有相同处。

真正出身于汉朝宗室的，是最初做益州牧的刘焉。《三国志·蜀志》卷一《刘焉传》说他"少仕州郡，以宗室拜中郎。后以师祝公（司徒祝恬）丧去官，居阳城山，积学教授。举贤良方正，辟司徒府"。刘焉与当时的儒家豪族是一个阶级，刘备与刘焉不同。刘焉少仕州郡，刘备则少与母贩履织席；刘焉积学教授，刘备则不甚乐读书。这种不同，也说明刘备不能是宗室而只能是寒族中的人物。

关于诸葛亮，《三国志·蜀志》卷二《先主传》裴注引《诸葛亮集》载先主遗诏敕后主略云：

> 闻丞相为写申、韩、管子、六韬一通已毕。

这与曹操"揽申、商之法术，该韩、白之奇策"[1]正相类似。

又《三国志·蜀志》卷五《诸葛亮传》张飞卒后领司隶校尉条裴注引《蜀记》所载郭冲条亮五事，其一事略云：

> 亮刑法峻急，刻剥百姓，自君子、小人咸怀怨叹。法正谏曰："……愿缓刑弛禁，以慰其望。"亮答曰："……刘璋闇弱，自焉以来，有累世之恩，文法羁縻，互相承奉，德政不举，威刑不肃，蜀土人，每专权自恣，君臣之道，渐以陵替。宠之以位，位极则残；顺之以恩，恩竭则慢。所以致弊，实由于此。吾今威之以法，法行则知恩，限之以爵，爵加则知荣，荣恩并济，上下有节。为治之要，于斯而著。"

刘焉、刘璋遵行儒家教义，对益州的统治，类似袁绍对冀州、司马氏对西晋的统治。他们"德政不举，威刑不肃"，官吏因而"专权自恣"。诸葛亮认为只有"威之以法""限之以爵"，才能改变这种情况。所以，在他治下，"刑法峻急"。这与曹操以法术为治也是相似的。

因此，我们可以说魏、蜀两国施政之道相同。

再看孙吴。按《三国志·吴志》卷一《孙坚传》裴注引《吴书》略云：

---

[1] [晋]陈寿撰，[宋]裴松之注：《三国志·魏志》卷一《武帝纪》，清乾隆四年武英殿校刻本。

坚世仕吴，家于富春。……母怀妊坚，梦肠出绕吴昌门，寤而惧之，以告邻母。邻母曰："安知非吉征也。"

可知孙氏为江东地区不以文化见称的次等士族。孙坚十七，与父共乘船至钱唐，遇海盗胡玉等，孙坚认为海盗可击，即"操刀上岸，以手东西指麾，若分部人兵以罗遮贼状"。胡玉等抛弃财物散走，孙坚斩得一人以还。会稽许昌起兵于句章，自称阳明皇帝，众达万人。孙坚以吴郡司马召募精勇，得千余人，与州郡一起，攻破许昌[①]。由此又可知孙氏虽不以文化见称，但有武力。

又《世说新语·赏誉》云：

吴四姓旧目云：张文，朱武，陆忠，顾厚。（刘注引《吴录·士林》曰："吴郡有顾、陆、朱、张，为四姓。三国之间，四姓盛焉。"）

《六臣注文选》卷二十八《乐府下》陆机《吴趋行》云：

属城咸有士，吴邑最为多。八族未足侈（注引张勃《吴录》，八族：陈、桓、吕、窦、公孙、司马、徐、傅），四姓实名家。

《三国志·吴志》卷十六《陆凯传》云：

先帝外仗顾、陆、朱、张，内近胡综、薛综，是以庶绩雍熙，邦内清肃。

概言之，江东有文化的名家顾、陆、朱、张等姓和不以文化见称的次等士

---

① 参见[晋]陈寿撰，[宋]裴松之注：《三国志·吴志》卷一《孙坚传》，清乾隆四年武英殿校刻本。

族孙氏的结合，便形成孙吴政权。

《抱朴子·外篇》卷三十四《吴失篇》写了孙吴晚世的政治社会情况。孙吴晚世之失是从初年发展而来，基础是或者说导因于江东强宗大族或豪族的统治。其言略云：

> 吴之晚世，尤剧之病，贤者不用，滓秽充序，纪纲弛紊，吞舟多漏。贡举以厚货者在前，官人以党强者为右，匪富匪势，穷年无冀。……秉维之佐，牧民之吏，非母后之亲，则阿谀之人也。……车服则光可以鉴，丰屋则群乌爰止。……势利倾于邦君，储积富乎公室。……僮仆成军，闭门为市，牛羊掩原隰，田池布千里。……虽造宾不沐嘉旨之俟，饥士不蒙升合之救，而金玉满堂，妓妾溢房，商贩千艘，腐谷万庾，园囿拟上林，馆第僭太极，梁肉余于犬马，积珍陷于帑藏。……屡为奔北之辱将，而不失前锋之显号；不别菽麦之同异，而忝叨顾问之近任。

所云孙吴"纪纲弛紊，吞舟多漏，贡举以厚货者在前，官人以党强者为右"，与魏、蜀的施政之道不同，而与西晋的施政之道近似。所云孙吴豪族"牛羊掩原隰，田池布千里""金玉满堂，妓妾溢房"，与曹魏的尚节俭不同，而与西晋豪族"广收园田水碓，周遍天下"，奢侈之费，盛于天灾。究其原因，便在孙吴统治者的社会阶级与魏、蜀不同，而与西晋相同。

蜀、吴社会阶级的不同，影响到两国灭亡以后的历史。由于蜀汉境内无强宗大族的汉人组织，故地方反抗力量薄弱，洛阳征服者易于统治。晋武帝谓之为"蜀人服化，无携贰之心"。西晋战乱发生之后，在蜀汉境内能够恢复独立的，也不是蜀汉旧境的汉人，而是自汉中北徙，因乱南返的巴賨。吴则不然，西晋灭吴之后，吴境强宗大族势力并未因之消灭。因为未消灭，所以能反抗洛阳的统治。洛阳政府采取笼络吴地统治阶级的绥靖政策，然而未收大效而中州已乱。

综上所述，可知魏晋统治者分属于两个不同的阶级。魏统治者的社会阶级为寒族，非儒家。与之相同的是蜀国统治者的社会阶级。晋统治者的社会阶级为服膺儒教的豪族，与之相同的是东汉、孙吴统治者的社会阶级。另有袁绍政权。东汉、袁绍政权、孙吴政权、西晋统治者的社会阶级是相承的。魏、蜀的出现与灭亡，反映了豪族儒门统治的动摇与稳定。社会阶级的不同，决定了魏、蜀与东汉、袁绍政权、孙吴政权、西晋不同的政治特征。从利弊来看，魏与蜀国的政治胜过东汉、袁绍政权、孙吴政权、西晋的政治。

第二篇　罢州郡武备与封建制度

一、从州郡领兵到罢州郡兵

州郡领兵与罢兵，在魏末晋初，与封建制度的实行与否，关系密切。《三国志·魏志》卷十五《司马朗传》记述了州郡领兵的由来，其言云：

> 朗以为天下土崩之势，由秦灭五等之制，而郡国无蒐狩习战之备故也。今虽五等未可复行，可令州郡并置兵，外备四夷，内威不轨，于策为长。又以为宜复井田，往者以民各有累世之业，难中夺之，是以至今。今承大乱之后，民人分散，土业无主，皆为公田，宜及此时复之。议虽未施行，然州郡领兵，朗本意也。

可见魏末晋初之所以实行州郡领兵，是因为五等之制未复。后来，晋武帝分封诸王，州郡领兵的制度便失去了依据。只是因为孙吴未平，才暂时保留。

罢州郡武备与行封建制度，是西晋政治上的两件大事，影响至巨。这里先说罢州郡武备。

《世说新语·识鉴》刘注：

　　涛居魏晋之间，无所标明，尝与尚书卢钦言及用兵本意。武帝曰："山少傅名言也。"（引《名士传》）

　　咸宁中，吴既平，上将为桃林、华山之事，息役弭兵，示天下以大安。于是州郡悉去兵，大郡置武吏百人，小郡五十人。时京师犹讲武，山涛因论孙吴用兵本意。涛为人常简默，盖以为国者不可以忘战，故及之。……（又）曰：永宁之后，诸王构祸，狡虏欻起，皆如涛言。（引《竹林七贤论》）

　　《名士传》谓山涛与卢钦言及用兵本意，在做少傅时。武帝称之为"山少傅名言"。《竹林七贤论》则谓平吴、罢州郡兵以后，京师（洛阳）犹讲武，山涛因而论及孙吴用兵本意。他以为：为国者不可以忘战，现在把州郡兵都罢除了，一旦发生战乱，就不好收拾。惠帝永宁以后，八王之乱等战祸果然接踵而至，应了山涛的话。这里有一个山涛的话说于何时的问题。

　　《名士传》和《竹林七贤论》所记的事相似，但时间不同。《名士传》所记是平吴前的事。《晋书》卷三《武帝纪》记讲武、平吴与山涛卒年略云：

　　　　（泰始）九年……十一月丁酉，临宣武观，大阅诸军，甲辰乃罢。
　　　　（泰始）十年……十一月……庚午，帝临宣武观，大阅诸军。
　　　　咸宁元年……十一月癸亥，大阅于宣武观，至于己巳。
　　　　（咸宁）三年……十一月丙戌，帝临宣武观，大阅，至于壬辰。
　　　　太康元年……三月壬申，孙皓降。
　　　　（太康）四年正月……戊午，司徒山涛薨。

　　又《晋书》卷四十三《山涛传》记山涛任少傅及转迁时间略云：

　　　　咸宁初，转太子少傅，加散骑常侍；除尚书仆射，加侍中，领吏部。……太康初，迁右仆射，加光禄大夫，侍中，掌选如故。

泰始、咸宁年间，晋武帝的讲武，正是为了太康元年（280）对孙吴的用兵。而孙吴平定以后，晋武帝以为天下为一，诸州无事，于是罢州郡兵，以示天下大安。《武帝纪》在太康元年平吴后，未再记载阅兵讲武之事。山涛虽死于太康四年（283），即平吴后三年，然而山涛所论"用兵本意"，被武帝称之为"山少傅名言"（见上引《名士传》），而山涛任少傅，据《山涛传》，是在咸宁初。到太康元年平吴之前，他已不是少傅，而是右仆射了。如果山涛的话是在平吴、罢兵以后说的，武帝就应说是"山仆射名言"，而不会说是"山少傅名言"。

尤有进者，据《名士传》，山涛是"与尚书卢钦言及用兵本意"（注意"用"字前无"孙吴"二字）。而《晋书》卷四十四《卢钦传》记卢钦为尚书及卒年云：

入为尚书仆射……咸宁四年卒。

咸宁四年为公元278年，平吴前二年。这年卢钦既死，自不可能在平吴、罢州郡兵之后，与山涛言及用兵本意。《山涛传》记平吴后卢钦仍然存在，显然错了。

山涛以咸宁初为少傅，卢钦卒于咸宁四年，武帝谓山涛与卢钦所论用兵本意，为"山少傅名言"。将这数者综合起来看，可知《名士传》所记山涛之论，是在平吴之前咸宁年间所说。

《竹林七贤论》则谓山涛的话，为平吴、罢州郡兵以后所说，"用兵本意"之前，有"孙吴"二字。论中未提及卢钦，亦未提及武帝所云"山少傅名言"。《晋书》卷四十三《山涛传》将《名士传》和《竹林七贤论》所记合而为一，既置山涛之论于罢州郡兵后，又谓此论系与卢钦所谈。其言云：

　　吴平之后，帝诏天下罢军役，示海内大安，州郡悉去兵，大郡置武吏百人，小郡五十人。帝尝讲武于宣武场，涛时有疾，诏乘步辇从。因与卢钦论用兵之本，以为不宜去州郡武备，其论甚精。于时咸以涛不学孙吴，而暗与之合。帝称之曰："天下名言也。"而不能用。及永宁之后，屡有变难，寇贼焱起，郡国皆以无备不能制，天下遂以大乱，如涛言焉。

这显然错了。《卢钦传》记卢钦死于咸宁四年（278），而此传却说吴平之后，卢钦犹存；《名士传》记武帝的话为"山少傅名言"，而此传记武帝的话，却易为"天下名言"。矛盾显而易见。

《资治通鉴》卷第八十一《晋纪》在武帝太康元年（280）末记载此事，采用的是《竹林七贤论》的说法。其言云：

　　诏曰：昔自汉末，四海分崩，刺史内亲民事，外领兵马。今天下为一，当韬戢干戈，刺史分职，皆如汉氏故事。悉去州郡兵，大郡置武吏百人，小郡五十人。（此诏全文见刘昭《续汉书百官志注》引）……仆射山涛亦言"不宜去州郡武备"。（胡注引《考异》曰：《涛传》云"与卢钦论之"。按钦，咸宁四年三月已卒）帝不听。及永宁以后，盗贼群起，州郡无备，不能禽制，天下遂大乱，如涛所言。

司马光是谨慎的，没有用《晋书·山涛传》的记述。但《名士传》所记，无可否认。山涛应讲过两次，第一次在平吴前，即在咸宁初年为少傅之时。因为有见于晋武帝阅军讲武，不忘平吴，故与卢钦言及"为国者不可以忘战"。此话符合武帝讲武本意，所以，武帝称之为"山少傅名言"。平吴之后，武帝罢去了州郡兵，因为京师还在讲武，山涛借此又论及"孙吴用兵本意"。意为当年讲武，目的在用兵于孙吴。孙吴虽平，不能以为天下就此大安。为国者始终不可以忘战，州郡武备不宜罢除。然而，武帝这次不听了。武帝不听是有原因的，他已经封了许多王国，王国是有武备的。

罢州郡兵不是全罢。《晋书》卷五十七《陶璜传》略云：

> 吴既平，普减州郡兵，璜上言曰："……臣（在交州）所统之卒，本七千余人。南土温湿，多有气毒，加累年征讨，死亡减耗，其见在者二千四百二十人。……未宜约损，以示单虚。"……从之。

陶璜为交州牧，他上言州兵"未宜约损"，提及的州，除交州外，尚有广州及宁州的兴古。这些州的州兵是未罢除的。其中兵员人数值得注意，陶璜所率交州兵原为七千余人，现存才二千四百余人。这仅及封国中次国的军队人数。

二、分封诸王

在平吴之前，晋武帝已经把分封制度付之实行。

《三国志·魏志》卷四《陈留王奂传》云：

> 咸熙元年（264）……五月庚申，相国晋王（司马炎）奏复五等爵。

司马朗说的"今虽五等未可复"，现在恢复了，这是魏末司马炎做晋王时候的事。

与"复五等爵"有关的人物是裴秀。《晋书》卷三十五《裴秀传》略云：

> 裴秀，字秀彦，河东闻喜人也。祖茂，汉尚书令。父潜，魏尚书令。……渡辽将军毌丘俭尝荐秀于大将军曹爽，曰："……（秀）孝友著于乡党，高声闻于远近……"魏咸熙初，厘革宪司，时荀颛定礼

仪，贾充正法律，而秀改官制焉。秀议五等之爵，自骑督已上六百余人皆封。……武帝既即王位，拜尚书令、右光禄大夫，与御史大夫王沈、卫将军贾充俱开府，加给事中。……秀儒学洽闻，且留心政事，当禅代之际，总纳言之要，其所裁当，礼无违者。

据此可知裴秀是"复五等爵"的设计者与主持者。在他的提议下，"自骑督已上六百余人皆封"。

裴氏是河东郡的世家大族。裴秀之父魏尚书令裴潜，在《三国志·魏志》中有传（卷二十三）。此传裴注引《魏略》说到裴秀之祖裴茂，其言云：

潜世为著姓，父茂，仕灵帝时，历县令、郡守、尚书。建安初，以奉使率导关中诸将讨李催有功，封列侯。潜少不修细行，由此为父所不礼。

《魏略》继续说到后来裴潜：

折节仕进，虽多所更历，清省恪然。……其家教上下相奉，事有似于石奋。其履检校度，自魏兴少能及者。

裴秀主持"复五等爵"，与他的阶级出身——世族，与他的"家教上下相奉"，都很协调。他可说是晋武帝周围主张恢复封建制度的人物的代表。

《裴秀传》说到司马炎封晋王，裴秀为尚书令、右光禄大夫，"与御史大夫王沈、卫将军贾充俱开府"。这说明裴秀、王沈、贾充是司马炎手下三个最得力的人物。贾充事迹在前篇《魏晋统治者的社会阶级（附论吴、蜀）》中已经述及。关于王沈，据《晋书》卷三十九《王沈传》云：

王沈，字处道，太原晋阳人也。祖柔，汉匈奴中郎将。父机，魏东郡太守。沈少孤，养于从叔司空昶，事昶如父，奉继母、寡嫂，以孝义称。好书，善属文。……时魏高贵乡公好学有文才，引沈及裴秀数于东堂讲讌属文，号沈为"文籍先生"，秀为"儒林丈人"。及高贵乡公将攻文帝（司马昭），召沈及王业告之，沈、业驰白帝，以功封安平侯，邑二千户。沈既不忠于主，甚为众论所非。……沈以才望，显名当世，是以创业之事，羊祜、荀勖、裴秀、贾充等，皆与沈谘谋焉。

太原王氏为东汉形成的世家大族之一，与琅邪王氏齐名。王沈少以孝义著称，在朝为官，与裴秀同以文才为高贵乡公所赏识。然而，在政治上，他与裴秀都站在司马氏一边。高贵乡公要杀司马昭，把计谋告诉了他和王业，他和王业竟走告司马昭。西晋创业，杀高贵乡公是关键性的一着，此着王沈、贾充立了大功。

《晋书》卷四十《贾充传》云：

> 泰始中人为充等谣曰："贾、裴、王，乱纪纲；王、裴、贾，济天下。"言亡魏而成晋也。

贾充、裴秀、王沈是"亡魏而成晋"的主要人物。但是对西晋来说，这三人的功绩并不相同。裴秀的功绩主要在复五等爵上。《晋书》卷十四《地理志上》具体记载了裴秀建立的"五等之制"，其言云：

> 晋文帝为晋王，命裴秀等建立五等之制，惟安平郡公孚邑万户，制度如魏诸王。其余县公邑千八百户，地方七十五里；大国侯邑千六百户，地方七十里；次国侯邑千四百户，地方六十五里；大国伯邑千二百户，地方六十里；次国伯邑千户，地方五十五里；大国子邑八百户，地方五十里；次国子邑六百户，地方四十五里；男邑四百户，地方四十里。

裴秀所建五等之制，邑万户的只有安平郡公司马孚一人。他虽然是公，制度如魏诸王，即以郡（安平）为国。其余的公称"县公"，即以县为国。侯以下所谓"侯邑""伯邑""子邑""男邑"，地方、户数又在县公以下了。

五等之制是在魏元帝咸熙元年（264）恢复，第二年，司马炎废魏元帝，自己做了皇帝，改元泰始。此年分封诸王。《晋书·地理志上》续云：

> 武帝泰始元年，封诸王，以郡为国。邑二万户为大国，置上中下三军，兵五千人；邑万户为次国，置上军下军，兵三千人；五千户为小国，置一军，兵千五百人。王不之国，官于京师。罢五等之制。公、侯邑万户以上为大国，五千户以上为次国，不满五千户为小国。

泰始元年（265）的封王，改变了上年以"五等之制"为内容的封建制度，所谓"罢五等之制"是也。新制封国实际只有王、公、侯三等，伯、子、男在支庶以土推恩受封中，才可见到。新制所封主要是同姓王，异姓不能封王而只能封郡公、郡侯。而旧制是骑督以上皆封。新制规定了大、中、小王国的军队数额，郡公制度如小国王。新制是"以郡为国"。亦有县王，制度如郡侯。这在《晋书》卷二十四《职官志》中写得较详。其言云：

> 有司奏，从诸王公更制户邑，皆中尉领兵。其平原、汝南、琅邪、扶风、齐为大国，梁、赵、乐安、燕、安平、义阳为次国，其余为小国，皆制所近县益满万户。又为郡公制度如小国王，亦中尉领兵。郡侯如不满五千户王，置一军一千一百人，亦中尉领之。于时，唯特增鲁国公户邑，追进封故司空博陵公王沈为郡公，钜平侯羊祜为南城郡侯。又南宫王承、随王万各于泰始中封为县王，邑千户，至是改正县王增邑为三千户，制度如郡侯，亦置一军。自此非皇子不得为王，而诸王之支庶皆皇家之近属至亲，亦各以土推恩受封。其大国、次国始封王之支子为公，承封王之支子为侯，继承封王之支子为伯。小国五

千户巳上，始封王之支子为子，不满五千户始封王之支子及始封公侯之支子皆为男，非此皆不得封。……伯、子、男以下各有差而不置军。

新制就以郡为国来说，与东汉郡国制下所谓"国"并无区别。但新制规定了王、公、侯国的领兵制度，以王国而论，大国兵五千人，次国兵三千人，小国也有一千五百人。郡公领兵如小国，一千五百人。郡侯兵一千一百人。县王领兵如郡侯，一千一百人。而陶璜为交州牧，有兵为二千四百二十人。两相比较，封国的军队是不少的。

太康元年（280）平吴后，晋武帝罢去州郡兵，而封国的军队仍存。晋所封王国，大国有五，次国有六，加上小国，国数虽然远不及郡县为多，但州郡兵既已罢除，各封国的军队就是一支支不小的力量。泰始元年（265）初封诸王时，"王不之国"。咸宁三年（277），因卫将军杨珧与中书监荀勖之言，才派遣诸王到自己的封国中去。不去的"大国置守土百人，次国八十人，小国六十人"[1]。

太康十年（289），刘颂上疏谈到国容、军容的问题。《晋书》卷四十六《刘颂传》略云：

> 除淮南相……颂在郡上疏曰："……今诸王裂土，皆兼于古之诸侯，而君贱其爵，臣耻其位，莫有安志，其故何也？法同郡县，无成国之制故也。……今虽一国周环近将千里，然力实寡，不足以奉国典。……宜令诸王国容少而军容多。然于古典所应有者悉立其制，然非急所须，渐而备之，不得顿设也。"（案《通鉴》系刘颂上疏事于太康十年末）

刘颂认为晋武帝的分封"法同郡县，无成国之制"，国虽大到"周环近将千里"，而"臣耻其位，莫有安志"。他所谓"无成国之制"，指军事实力

---

[1] ［唐］房玄龄等：《晋书》卷二十四《职官志》，中华书局，1974年，第745页。

寡弱。他以为如果要使封王都能安其志，守其国，便"宜令诸王国容少而军容多"，增加诸王的军事实力。又以为"渐而备之，不得顿设"。刘颂的话，反映了西晋统治阶级的一种逐步恢复古代封国制度（刘颂所谓"古典""古之诸侯"）的思想。

自分封制实行，州郡兵罢除后，在地方上，只有封国有军队，而州郡只有武吏。封国的军队虽然因为袭封的规定，不是固定不变的，但都能"以一军为常"①。八王之乱，诸王所凭藉的，就是他们的"国兵"。如《晋书》卷五十九《长沙王乂传》略云：

> （楚王）玮既诛，乂以同母，贬为常山王。……三王之举义也，乂率国兵应之。

此为率国兵参加叛乱。《晋书》卷五十九《东海王越传》云：

> 以东海国上军将军何伦为右卫将军，王景为左卫将军，领国兵数百人宿卫。

此为用国兵为皇帝（怀帝）的宿卫兵。

州郡由皇帝控制，封国属于诸王。八王之乱之所以能持续发酵至西晋灭亡，就是因为皇帝控制的州郡无武备，而诸王控制的封国则有军队。山涛死前，封建制度已经实行。他说为国者不可以忘战，州郡不宜去兵，是看到了诸王一旦发动战争，朝廷将无法控制。

---

① ［唐］房玄龄等：《晋书》卷二十四《职官志》，中华书局，1974年，第745页。

第三篇　清谈误国（附"格义"）

　　清谈的兴起，大抵由于东汉末年党锢诸名士遭到政治暴力的摧残与压迫，一变其具体评议朝廷人物任用的当否，即所谓清议，而为抽象玄理的讨论。启自郭泰，成于阮籍。他们都是避祸远嫌，消极不与其时政治当局合作的人物。

　　东汉清议的要旨为人伦鉴识，即指实人物的品题。郭泰与之不同。《后汉书》卷六十八《郭太①传》云：

　　　　林宗（郭泰）虽善人伦，而不为危言覈论，故宦官擅政而不能伤也，及党事起，知名之士多被其害，惟林宗及汝南袁闳得免焉。

又《世说新语·政事》"何骠骑作会稽"条注引《泰别传》略云：

　　　　泰字林宗，有人伦鉴识。……自著书一卷，论取士之本。未行，遭乱亡失。

又《抱朴子·外篇》卷四十六《正郭篇》云：

---

①范晔父名泰，故改为此。见《后汉书》卷六十八，中华书局，1965年，第2225页。

> 林宗周旋清谈闾阎，无救于世道之陵迟。

郭泰为党人之一，"有人伦鉴识"，可是"不为危言覈论"，而"周旋清谈闾阎"。即不具体评议中朝人物，而只是抽象研讨人伦鉴识的理论。故清谈之风实由郭泰启之。郭泰之所以被容于宦官，原因也在这里。

然而，郭泰只是一个开端。魏晋两朝清谈又不是同一面貌，同一内容。魏晋清谈可分前后两期。魏末西晋时代为清谈的前期。此时期的清谈为当日政治上的实际问题，与其时士大夫的出处进退关系至为密切。换言之，此时期的清谈，是士大夫借以表示本人态度及辩护自身立场的东西。东晋一朝为清谈后期。清谈至东晋只为口中或纸上的玄言，已失去政治上的实际性质，仅只作为名士身份的装饰品。

前期清谈因为是与清谈者本人生活最有关的问题，即当日政治党系的表现，故值得研究。这有"四本论"和"竹林七贤"两个大问题。

《世说新语·文学》云：

> 钟会撰《四本论》始毕，甚欲嵇公（嵇康）一见，置怀中，既定，畏其难，怀不敢出，于户外遥掷，便回急走。

刘注云：

> 《魏志》曰：会论才性同异，传于世。四本者，言才性同，才性异，才性合，才性离也。尚书傅嘏论同，中书令李丰论异，侍郎钟会论合，屯骑校尉王广论离。文多不载。

《世说新语》此条刘注为前期清谈的重要资料。按第一篇《魏晋统治者之社会阶级（附论吴、蜀）》说过，曹操求才三令，大旨以为有德者未必有才，有才者或负不仁不孝贪诈的污名，即未必有德。性者，仁孝道德也。曹操求才三令讲的实际就是才性异、才性离的问题。三令为曹魏皇室大政方针之宣言，与之同者即是曹党，反之即是与曹氏为敌的党派。有关四本论的四个人，傅嘏、钟会论同与合，李丰、王广论异与离。就其党系而言，后二人为曹党，前二人则属于与曹氏为敌的党派。何以见得？

《三国志·魏志》卷二十一《傅嘏传》略云：

> 曹爽秉政，何晏为吏部尚书。嘏谓爽弟羲曰："何平叔外静而内铦巧，好利，不念务本。吾恐必先惑子兄弟，仁人将远，而朝政废矣。"晏等遂与嘏不平，因微事以免嘏官。起家拜荥阳太守，不行。太傅司马宣王（懿）请为从事中郎。曹爽诛，为河南尹，迁尚书。……正元二年春，毋丘俭、文钦作乱。或以司马景王（师）不宜自行，可遣太尉孚往，惟嘏及王肃劝之。景王遂行。以嘏守尚书仆射，俱东。俭、钦破败，嘏有谋焉。及景王薨，嘏与司马文王（昭）径还洛阳，文王遂以辅政。……以功进封阳乡侯。

据此可知傅嘏为司马氏的死党。东汉士大夫以仁孝道德（性）为本、为体，推广至于治国用兵之术（才）为末、为用。总而言之，本末必兼备，体用必合一。傅嘏所谓"才性同"，正是东汉士大夫的主张，也是司马氏的主张。他的主张与曹操三令旨意完全不同。原因即在他所属的党派是与曹氏为敌的司马氏一党。

《三国志·魏志》卷二十八《钟会传》略云：

> 毋丘俭作乱，大将军司马景王东征，会从，典知密事，卫将军司马文王为大军后继。景王薨于许昌，文王总统六军，会谋谟帷幄。时中诏敕尚书傅嘏，以东南新定，权留卫将军屯许昌，为内外之援，令嘏率诸军还。会与嘏谋，使嘏表上，辄与卫将军俱发，还到雒水南屯住。于是朝廷拜文王为大将军，辅政。会迁黄门侍郎，封东武亭侯，邑三百户。……及（诸葛）诞反，车驾住项，文王至寿春，会复从行。……寿春之破，会谋居多。亲待日隆，时人谓之子房。……以中

郎在大将军府管记室事，为腹心之任。

据此又可知钟会也是司马氏的死党。他论"才性合"，与傅嘏论"才性同"一样，服从于司马氏一党的需要。他们的分别只是德（体）才（用）的同一与合一之分。

李丰、王广不同。《世说新语·贤媛》"王公渊娶诸葛诞女"条刘注引《魏氏春秋》云：

> 王广，字公渊，王凌子也。有风量才学，名重当世，与傅嘏等论才性同异，行于世。

《三国志·魏志》卷二十八《王凌传》云：

> （凌子）广有志尚学行，（凌败并死）死时年四十余。

王凌为淮南三叛之一，司马懿东征王凌，王广与父俱死，其为曹氏之党，自不待言。他所论"才性离"，与曹操三令的主旨正同。

《三国志·魏志》卷九《夏侯玄传》略云：

> 中书令李丰虽宿为大将军司马景王（师）所亲待，然私心在（夏侯）玄。遂结皇后父光禄大夫张缉，谋欲以玄辅政。……嘉平六年二月，当拜贵人，丰等欲因御临轩，诸门有陛兵，诛大将军。……大将军微闻其谋，请丰相见。丰不知而往，即杀之。

据此又可知李丰也是曹氏之党，后为司马师所杀。其论"才性异"，与曹操三令主旨亦同。只不过"才性离"是相对于钟会的"才性合"而言，"才性异"，则是相对于傅嘏的"才性同"而言。

再说"竹林七贤"。

"竹林七贤"是先有"七贤"而后有"竹林"。"七贤"所取为《论语》"作者七人"的事数,意义与东汉末年"三君""八俊"等名称相同,即为标榜之义。西晋末年,僧徒比附内典、外书的"格义"风气盛行。东晋之初,乃取天竺"竹林"之名,加于"七贤"之上,成为"竹林七贤"。东晋中叶以后,江左名士孙盛、袁宏、戴逵等遂著之于书(《魏氏春秋》《竹林名士传》《竹林七贤论》)。东晋有"兖州八伯,盖拟古之八俊"[①]。兖州为地名,"竹林"则非地名,亦非真有什么"竹林"。

《世说新语·伤逝》"王濬冲为尚书令"条云:

> 王濬冲(王戎)为尚书令,著公服,乘轺车经黄公酒垆下过,顾谓后车客:"吾昔与嵇叔夜(嵇康)、阮嗣宗(阮籍)共酣饮于此垆,竹林之游亦预其末。自嵇生天,阮公亡以来,便为时所羁绁。今日视此虽近,邈若山河。"

刘注引《竹林七贤论》曰:

> 俗传若此,颍川庾爰之尝以问其伯文康,文康云:"中朝所不闻,江左忽有此论,皆好事者为之也。"

据此可知王戎与嵇康、阮籍饮于黄公酒垆,共作"竹林之游",都是东晋好事者捏造出来的。"竹林"并无其处。

《世说新语·文学》"袁彦伯作《名士传》成"条又云:

> 袁彦伯(袁宏)作《名士传》成(刘注:宏以夏侯太初、何平叔、王辅嗣为正始名士,阮嗣宗、嵇叔夜、山巨源、向子期、刘伯伦、阮仲容、王濬仲为竹林名士,裴叔则、乐彦辅、王夷甫、庾子

---

① [唐]房玄龄等:《晋书》卷四十九《羊曼传》,中华书局,1974年,第1382—1383页。

嵩、王安期、阮千里、卫叔宝、谢幼舆为中朝名士),见谢公(谢安),公笑曰:"我尝与诸人道江北事,特作狡狯耳,彦伯遂以著书。"

据此又可知所谓正始、竹林、中朝名士,即袁宏著之于书的,是从谢安处听来。而谢安自己却说他与诸人"道江北事,特作狡狯",初不料袁宏著之于书。

河北民间以"竹林七贤"之说,附会地方名胜。如《水经注》卷九《清水篇》"清水出河内修武县之北黑山"句下注云:

> 又迳七贤祠东,左右筠篁列植,冬夏不变贞萋。魏步兵校尉陈留阮籍,中散大夫谯国嵇康,晋司徒河内山涛,司徒琅邪王戎,黄门郎河内向秀,建威参军沛国刘伶,始平太守阮咸等同居山阳,结自得之游,时人号之为"竹林七贤"也,向子期所谓山阳旧居也。后人立庙于其处。

又云:

> 郭缘生《述征记》所云,白鹿山东南二十五里,有嵇公故居,以居时有遗竹焉,盖谓此也。

所谓山阳故居"筠篁列植",嵇康故居"有遗竹",都是因为不明白"竹林七贤"名称的由来所作的附会。

"竹林七贤"以嵇康、阮籍、山涛为领袖,向秀、刘伶次之,王戎、阮咸为附属。王戎从弟衍本不预七贤之数,但也是气类相同的人物,可以合并讨论。

《晋书》卷四十九《阮籍传》附《瞻传》云:

> 见司徒王戎,戎问曰:"圣人贵名教,老庄明自然,其旨同异?"

瞻曰："将无同。"戎咨嗟良久，即命辟之。世人谓之"三语掾"。

《世说新语·文学》亦载此事，但作王衍与阮修问对之词。其实问者之为王戎或王衍，答者之为阮瞻或阮修，并不重要，重要的只是老庄自然与周孔名教相同之说一点。"三语掾"之三语中，"将无"二语是助词，三语实仅"同"之一语。老庄自然与周孔名教相同之说为当时清谈主旨之所在，故王戎举之以问阮瞻。阮瞻的回答与王戎之意符合，故深得王戎的赏识。

关于周孔名教，据《老子》云：

> 朴散则为器，圣人用之则为官长。

又云：

> 始制有名。

王弼注云：

> 始制谓朴散始为官长之时也。始制官长，不可不立名分，以定尊卑，故始制有名也。

《庄子·天下篇》云：

> 春秋以道名分。

据此可知名教或以名为教，依魏晋人的解释，即以官长君臣之义为教。这是入世求仕的人所宜奉行的东西。主张遵行名教，入世求仕，与主张崇尚自然，避世不仕，适相违反。名教与自然明明是不同的东西，何以王戎、阮瞻要说相同呢？这要了解魏末以来的政治状况及嵇康等人的主张与遭遇。

在魏末晋初主张自然与名教互异的士大夫中，其崇尚名教一派的首领，如王祥、何曾、荀颛等三大孝，即辅佐司马氏夺取曹魏政权而做到三公的人。其眷怀魏室，不与司马氏合作的人，皆标榜老庄之学，以自然为宗。当时人物对名教与自然主张的不同，即是自身政治立场的不同。

"七贤"之中，应推嵇康为第一人。嵇康的妻子是曹操曾孙之女[①]。在政治上，嵇康积极反抗司马氏；在思想上，嵇康是主张自然的最激烈的领袖。

《三国志·魏志》卷二十一《王粲传》裴注引嵇喜撰《嵇康传》略云：

> 少有俊才，旷迈不群，高亮任性，不修名誉，宽简有大量。学不师授，博洽多闻，长而好老庄之业。恬静无欲，性好服食，常采御上药。善属文论，弹琴咏诗，自足于怀抱之中。以为神仙者，禀之自然，非积学所致。……超然独达，遂放世事，纵意于尘埃之表。撰录上古以来圣贤、隐逸、遁心、遗名者，集为传赞，自混沌至于管宁，凡百一十有九人，盖求之于宇宙之内，而发之乎千载之外者矣。故世人莫得而名焉。

裴注又引《魏氏春秋》略云：

> 康寓居河内之山阳县……与陈留阮籍、河内山涛、河南向秀、籍兄子咸、琅邪王戎、沛人刘伶相与友善，游于竹林，号为"七贤"。……大将军尝欲辟康。康既有绝世之言，又从子不善，避之河东，或云"避世"。及山涛为选曹郎，举康自代，康答书拒绝，因自说不堪流俗，而非薄汤、武。大将军闻而怒焉。初，康与东平吕昭子巽弟安亲善。会巽淫安妻徐氏，而诬安不孝，囚之。安引康为证，康

---

①［晋］陈寿撰，［宋］裴松之注：《三国志·魏志》卷二十《沛穆王林传》，清乾隆四年武英殿校刻本。

义不负心，保明其事。安亦至烈，有济世志力。钟会劝大将军因此除之，遂杀安及康。

据此可知嵇康在当时是一个被号为主张老庄之自然（即避世），违反周孔之名教，不孝不仕的人。司马氏杀嵇康，加在他身上的罪名，正是不仕不孝，违反名教。俞正燮《癸巳存稿·书文选幽愤诗后》说："乍观之，一似司马氏以名教杀康也者，其实不然也。"①司马氏实以名教杀嵇康，俞氏于此未能完全了解。

嵇康被杀后，其余主张自然的名士如向秀，据《世说新语·言语》（参《晋书》卷四十九《向秀传》）云：

嵇中散既被诛，向子期举郡计入洛，（司马）文王引进，问曰："闻君有箕山之志，何以在此？"对曰："巢、许狷介之士，不足多慕。"王大咨嗟。

刘注引《向秀别传》略云：

（秀）少为同郡山涛所知，又与谯国嵇康、东平吕安友善，并有拔俗之韵，其进止无不同，而造事营生业亦不异。常与嵇康偶锻于洛邑，与吕安灌园于山阳，不虑家之有无，外物不足怫其心，弱冠著《儒道论》。……后康被诛，秀遂失图，乃应岁举到京师，诣大将军司马文王。文王问曰："闻君有箕山之志，何能自屈？"秀曰："常谓彼人不达尧意，本非所慕也。"一坐皆说。随次转至黄门侍郎、散骑常侍。

可知向秀在嵇康被杀后，完全改节失图，弃老庄之自然，遵周孔之名教。

---

① ［清］俞正燮：《癸巳存稿》卷七《书文选幽愤诗后》，清连筠簃丛书本。

至若阮籍，则不似嵇康积极反晋，而出之以消极的态度，虚与司马氏委蛇，遂得苟全性命。据《三国志·魏志》卷二十一《王粲传》（《参《晋书》卷四十九《阮籍传》）云：

> 籍才藻艳逸，而倜傥放荡，行己寡欲，以庄周为模则。官至步兵校尉。

裴注引《魏氏春秋》略云：

> 籍旷达不羁，不拘礼俗。性至孝，居丧虽不率常检，而毁几至灭性。……后为尚书郎、曹爽参军，以疾归田里。岁余，爽诛，太傅及大将军乃以为从事中郎。后朝论以其名高，欲显崇之。籍以世多故，禄仕而已。闻步兵校尉缺，厨多美酒，营人善酿酒，求为校尉，遂纵酒昏酣，遗落世事。……籍口不论人过，而自然高迈，故为礼法之士何曾等深所仇疾。大将军司马文王常保持之，卒以寿终。

关于何曾的仇疾与司马昭的保持阮籍，据《世说新语·任诞》云：

> 阮籍遭母丧，在晋文王坐进酒肉，司隶何曾亦在坐，曰："明公方以孝治天下，而阮籍以重丧，显于公坐饮酒食肉，宜流之海外，以正风教。"文王曰："嗣宗（阮籍）毁顿如此，君不能共忧之，何谓？且有疾而饮酒食肉，固丧礼也。"籍饮啖不辍，神色自若。

又《三国志·魏志》卷十八《李通传》裴注引王隐《晋书》所载李秉《家诫》略云：

> （司马文王）曰："天下之至慎，其惟阮嗣宗乎！每与之言，言及玄远，而未曾评论时事，臧否人物，真可谓至慎矣。"

可知阮籍虽不及嵇康的始终不屈身于司马氏，然而所为不过"禄仕"而已，依旧保持了他的放荡不羁的行为，所以符合老庄自然之旨，故主张名教、身为司马氏佐命元勋的人，如何曾之流，必欲杀之而后快。

自然之旨既在养生遂性，则阮籍的苟全性命，仍是自然而非名教。而他言必玄远，不评论时事，不臧否人物，被司马昭称为"天下之至慎"，则不独用此以免杀身之祸，并且将东汉末年党锢名士具体指斥政治、表示天下是非的言论，一变而为完全抽象玄理的研究，遂开西晋以降清谈的风气。然则，所谓清谈，实始于郭泰，成于阮籍。

刘伶。《世说新语·任诞》云：

> 刘伶恒纵酒放达，或脱衣裸形在屋中。

则刘伶亦不过有托而逃，借此表示不与司马氏合作而已。这与阮籍的苟全性命，同是老庄自然之旨。乐广以为"名教中自有乐地"，非笑此类行为[①]，足证当时刘伶的放纵，出于他主张的自然之说。

阮咸。《晋书》卷四十九《阮籍传》附《咸传》略云：

> 咸任达不拘，与叔父籍为竹林之游，当世礼法者讥其所为。……居母丧，纵情越礼，素幸姑之婢。姑当归于夫家，初云留婢，既而自从去。时方有客，咸闻之，遽借客马追婢，既及，与婢累骑而还。（参《世说新语·任诞》"阮仲容先幸姑家鲜卑婢"条）

考《世说新语·任诞》"阮仲容步兵居道南"条刘注引《竹林七贤论》云：

> 诸阮前世皆儒学，善居室，唯咸一家尚道弃事，好酒而贫。

---

① [南朝宋]刘义庆撰，[南朝梁]刘孝标注：《世说新语·德行》，四部丛刊景明袁氏嘉趣堂本。

所谓"儒学",即遵行名教之意;所谓"尚道",即崇尚自然之意。阮咸"尚道弃事""纵情越礼,素幸姑之婢",足证阮咸也是主张自然之说的人物。

据上引史料,可见自然与名教不同,本不能合一。魏末名士其初原为主张自然、高隐避世的人,至少对于司马氏的创业,不是积极赞助。然其中如山涛,王氏戎、衍兄弟,又自不同。像山涛,原是司马氏的姻戚[①]。其人虽曾"好老庄,与嵇康善"[②],但后来终于依附司马氏,佐成亡魏成晋之业。王戎、王衍既与晋室开国元勋王祥为同族,王戎父王浑、王衍父王乂又都是司马氏的党羽,家世遗传与环境熏习都足以使他们站到司马氏一边,致身通显。而他们早年本崇尚自然,栖隐不仕,后忽变节,立人之朝,位至宰执,势必不能不利用已有的旧说或发明一种新说,以辩护其立场。这就是名教与自然相同之说的由来。此说意谓自然为体,名教为用,自然为名教之本。如袁宏《后汉纪》卷二十六所云:

> 夫君臣父子,名教之本也。然则名教之作何为者也?盖准天地之性,求之自然之理,拟议以制其名,因循以弘其教,辩物成器,以通天下之务者也。是以高下莫尚于天地,故贵贱拟斯以辩物;尊卑莫大于父子,故君臣象兹以成器。天地无穷之道,父子不易之体,夫以无穷之天地,不易之父子。故尊卑永固而不逾,名教大定而不乱,置之六合,充塞宇宙,自今及古,其名不去者也。未有违失天地之性,而可以序定人伦;失乎自然之理,而可以彰明治体者也。(献帝初平二年述蔡邕宗庙之议)

既然名教原是取法自然而设,则不独须贵名教,亦当兼明自然。有了此说,如山涛、王戎、王衍之辈,自可兼尊显的达官与清高的名士于一身,既享朝端的富贵,仍存林下的风流,而无所惭忌。这是历史上名利并收的

---

① 参见[唐]房玄龄等:《晋书》卷四十三《山涛传》,中华书局,1974年,第1223页。

② [南朝宋]刘义庆撰,[南朝梁]刘孝标注:《世说新语·政事》,四部丛刊景明袁氏嘉趣堂本。

最显著的例子。由此可知名教与自然相同之说之所以成为清谈的核心，原有其政治上的实际功用。

如果是林泉隐逸清谈玄理，则纵使无益于国计民生，也不致误国。清谈误国，正因在朝廷执政即负有最大责任的达官，崇尚虚无，口谈玄远，不屑综理世务之故。《世说新语·轻诋》"桓公入洛"条云：

> 桓公入洛，过淮泗，践北境，与诸僚属登平乘楼，眺瞩中原，慨然曰："遂使神州陆沉，百年丘墟，王夷甫（王衍）诸人不得不任其责。"袁虎率尔对曰："运自有废兴，岂必诸人之过？"

袁虎不知桓温所以说王衍等人要负神州陆沉的责任，是因为王衍等那些负有最大责任的达官，崇尚虚无，不以国事为务。同书同类同条刘注引《八王故事》云：

> 夷甫虽居台司，不以事物自婴，当世化之，羞言名教，自台郎以下，皆雅崇拱默，以遗事为高。四海尚宁，而识者知其将乱。

同书同类同条刘注引《晋阳秋》云：

> 夷甫将为石勒所杀，谓人曰："吾等若不祖尚浮虚，不至于此。"

《晋书》卷四十三《王戎传》附《王衍传》略云：

> 衍自说少不豫事，欲求自免，因劝（石）勒称尊号。勒怒曰："君名盖四海，身居重任，少壮登朝，至于白首，何得言不豫世事邪？破坏天下，正是君罪。"……使人夜排墙填杀之。

王衍与王戎一样，是主张名教与自然"将无同"的人物。刘注引《八王故事》等书说他"羞言名教""祖尚浮虚"，是说他主张自然为名教之本。王衍少壮登朝，至于白首，位居台司，而存林下风流。"不以事物自婴"，并由此博得四海美名。在他的影响下，自台郎以降，也都"雅崇拱默，以遗事为高"。这就必然要误国。王衍在临死之前所说"吾等若不祖尚浮虚，不至于此"，表示他自己也觉察到了这个问题。

王衍死于宁平，宁平之难，死者数十万，西晋仅有的力量完全丧失，终至灭亡。《元和郡县图志》卷七《河南道三》"亳州真源县"条云：

> 宁平故城在县西南五十五里，汉县地。晋永嘉五年，东海王越自阳城率甲士四万死于项，秘不发丧，石勒兵追之，及宁平城，焚越尸于此，数万众敛手受害，尸积如山，王夷甫亦遇害。

《晋书》卷五十九《东海王越传》略云：

> 永嘉五年薨于项，秘不发丧，以襄阳王范为大将军，统其众，还葬东海。石勒追及于苦县宁平城，将军钱端出兵距勒，战死，军溃。勒命焚越柩曰："此人乱天下，吾为天下报之。"故烧其骨以告天地。于是数十万众，勒以骑围而射之，相践如山，王公士庶死者十余万。王弥弟璋焚其余众，并食之。

清谈误国是西晋灭亡的原因之一。那时候的西晋官场是，一面侈谈名教与自然"将无同"，一面穷极奢侈享受，名士与高官合为一体，而变乱就在这种风气中孕育。此风不到西晋最后灭亡，不能终止。

附"格义"

《高僧传》卷四《晋高邑竺法雅传》云：

> 竺法雅，河间人。凝正有器度，少善外学，长通佛义，衣冠仕子

咸附谘禀。时依雅门徒，并世典有功，未善佛理。雅乃与康法朗等以经中事数拟配外书，为生解之例，谓之"格义"。及毗浮昙相等亦辩"格义"，以训门徒。雅风采洒落，善于枢机，外典、佛经，递互讲说，与道安、法汰每披释凑疑，共尽经要。

"格义"的正确解释，应如《晋高邑竺法雅传》所言。但《晋高邑竺法雅传》中"以经中事数拟配外书，为生解之例"，数语尚不甚易解。考《世说新语·文学》云："殷中军被废，徙东阳，大读佛经，皆精解，唯至事数处不解。遇见一道人，问所签，便释然。"刘孝标注云：

事数谓若五阴，十二入，四谛，十二因缘，五根，五力，七觉之声。

又《出三藏记集》卷九《四阿鋡暮抄序》（案此序当是道安所作）云：

又有悬数悬事，皆访其人，为注其下。

"事数"自应依刘孝标之说。而所谓"生解"者，六朝经典注疏中有"子注"之名，疑与之有关。因为"生"与"子"，"解"与"注"，都是可以互训的字。所谓"子注"是取别本义同文异之文，列入小注之中，与大字正文互相配拟。这叫作"以子从母""事类相对"。这样的本子叫"合本"。格义的比较，是以内典与外书相配拟；合本的比较，是以同本异译的经典相参校。二者不同，但形式颇有近似之处，所以说"以经中事数拟配外书，为生解（子注）之例"。例者，格义的形式如同合本子注之例也。

格义影响深远，不可忽视。《晋高邑竺法雅传》说到法雅"外典佛经（内典），递互讲说。与道安、法汰每披释凑疑，共尽经要"①。《高僧传》

①［南朝梁］释慧皎撰，汤用彤校注，汤一玄整理：《高僧传》卷四《晋高邑竺法雅传》，中华书局，1992年，第152—153页。

卷五《释僧光传》记述了道安与僧光的一席对话和讲道弘化：

> 安曰："先旧格义，于理多违。"光曰："且当分析《逍遥》，何容
> 是非先达。"安曰："弘赞理教，宜令允惬。法鼓竞鸣，何先何后？"
> 光乃与安、汰（法汰）等南游晋平，讲道弘化。

道安、法汰是性空本无义的创造者，其先实与格义有关。《法雅》《僧光》
二传所说"外典佛经，递互讲说""且当分析《逍遥》，何容是非先达"，
都是明证。以外典如《庄子·逍遥游》与佛经互相配拟，递互讲说，非格
义谓何？

又《高僧传》卷六《义解门·晋庐山释慧远传》记慧远讲"实相义"
与《丧服经》云：

> 年二十四，便就讲说。尝有客听讲，难"实相义"，往复移时，
> 弥增疑昧。远乃引《庄子》义为连类，于是惑者晓然。是后安公特听
> 慧远不废俗书。……远内通佛理，外善群书。……时远讲《丧服经》，
> 雷次宗、宗炳等并执卷承旨。次宗后别著义疏，首称雷氏，宗炳因寄
> 书嘲之曰："昔与足下共于释和尚间面受此义，今便题卷首称雷氏
> 乎？"其化兼道俗，斯类非一。

慧远内通佛理，外善群书，化兼道俗。他讲"实相义"，引《庄子》义为
连类，也正是受到格义的影响。

又《颜氏家训·归心篇》云：

> 内外两教，本为一体。渐极为异（案内外两教渐极为异之旨，可
> 参道宣《广弘明集》卷二十所载谢灵运《辩宗论》），深浅不同。内
> 典初门，设五种禁，外典仁、义、礼、智、信，皆与之符。仁者，不
> 杀之禁也。义者，不盗之禁也。礼者，不邪之禁也。智者，不淫之禁

也。信者，不妄之禁也。

颜之推"以经中事数（五戒）拟配外书（五常）"，虽然时代较晚，然而却是格义的遗风。

又《魏书》卷一百一十四《释老志》云：

> 故其始修心则依佛、法、僧，谓之"三归"，若君子之"三畏"也。又有五戒，去杀、盗、淫、妄言、饮酒，大意与仁、义、礼、智、信同，名为异耳。

魏收所云也是当日格义之说，可与颜之推之言互相印证。

以天竺之"竹林"加于外典《论语》"作者七人"之上而成"竹林七贤"，亦格义的影响所致。晋孙绰制《道贤论》，又以天竺七僧比方竹林七贤，以法护匹山涛（《高僧传》卷一《昙摩罗刹传》），白法祖匹嵇康（《高僧传》卷一《帛远传》），法乘匹王戎（《高僧传》卷四《法乘传》），竺道潜匹刘伶（《高僧传》卷四《竺道潜传》），支遁匹向秀（《高僧传》卷四《支遁传》），于法兰匹阮籍（《高僧传》卷四《于法兰传》），于道邃匹阮咸（《高僧传》卷四《于道邃传》。此条严可均《全晋文》失载）乃以内教的七道，拟配外学的七贤。这是格义的支流。

自北宋以后，援儒入释的理学，皆格义之流。华严宗如圭峰大师宗密的疏《盂兰盆经》，以阐扬行孝之义；作《原人论》而兼采儒道二家之说，恐又格义的变相。然则格义之为物，其名虽罕见于旧籍，其实则盛行于后世。它是我民族与他民族两种不同思想的初次混合品，在我国哲学史上尤不可不作记述。

第四篇　西晋末年的天师道活动

一、赵王伦废立

西晋八王之乱的中心人物为赵王司马伦。赵王伦的谋主为孙秀，大将为张林。此三人都是天师道（五斗米道）中人。

《晋书》卷五十九《赵王伦传》略云：

> 伦、秀并惑巫鬼，听妖邪之说。秀使牙门赵奉诈为宣帝神语，命伦早入西宫。又言宣帝于北芒为赵王佐助。于是别立宣帝庙于芒山，谓逆谋可成。

又云：

> 使杨珍昼夜诣宣帝别庙祈请，辄言宣帝谢陛下（指赵王伦），某日当破贼。拜道士胡沃为太平将军，以招福祐。秀家日为淫祀，作厌胜之文，使巫祝选择战日。又令近亲于嵩山著羽衣，诈称仙人王乔，作神仙书，述伦祚长久以惑众。

案陶弘景《真诰》卷十六《阐幽微》第二谓"晋宣帝（司马懿）为西明公

宾友"，则在天师道诸鬼官中位置颇高。赵王伦"别立宣帝庙于芒山"，是以鬼道仪轨祀之，不同于太庙祖宗的常祭。宫崇所上于吉神书名《太平清领书》[1]，今赵王伦拜道士胡沃为将军，以"太平"为称号，战阵则乞灵于巫鬼，行事如此，除为天师道之信徒，别无其他解释。

又《晋书》卷一百《孙恩传》云：

> 孙恩，字灵秀，琅邪人，孙秀之族也。世奉五斗米道。

《赵王伦传》谓孙秀与赵王伦"并惑巫鬼，听妖邪之说"；且谓孙秀"家日为淫祀，作厌胜之文"，已可证其为天师道信徒。《孙恩传》又说孙恩为孙秀之族，"世奉五斗米道"，以"世奉五斗米道"之语推之，孙秀自当与孙恩同奉一教。

《孙恩传》谓孙氏为琅邪人，赵王伦、孙秀之奉天师道，与琅邪这个地区颇有关系。《后汉书》卷三十下《襄楷传》略云：

> 初，顺帝时，琅邪宫崇诣阙，上其师于吉于曲阳泉水上所得神书百七十卷，皆缥白素朱介青首朱目，号《太平清领书》。其言以阴阳五行为家，而多巫觋杂语。有司奏崇所上妖妄不经，乃收藏之。后张角颇有其书焉。

章怀太子注以地名有三曲阳，而定此曲阳为东海之曲阳。其说云：

> 海州有曲阳城，北有羽潭水。……而于吉、宫崇并琅邪人，盖东海曲阳（在今江苏省东海县西南）是也。

《三国志·吴志》卷一《孙策传》注引《江表传》略云：

---

[1] 参见[宋]范晔撰，[唐]李贤等注：《后汉书》卷三十下《襄楷传》，中华书局，1965年，第1084页。

时有道士琅邪于吉，先寓居东方，往来吴会，立精舍，烧香，读道书，制作符水以治病，吴会人多事之，策尝于郡城门楼上集会诸将宾客，吉……趋度门下。诸将宾客三分之二下楼迎拜之，掌宾者禁呵不能止。

按《江表传》所言与时代不合，虽未可尽信，而天师道起自东方，传于吴会，似为史实，不尽是诬妄。徐州的琅邪为于吉、宫崇的本土，实天师道的发源地。而《晋书·赵王伦传》云：

赵王伦，字子彝，宣帝第九子也……武帝受禅，封琅邪郡王。……及之国，行东中郎将、宣威将军。咸宁中，改封于赵。

《世说新语·贤媛》注引傅畅《晋诸公赞》云：

孙秀字俊忠，琅邪人。初赵王伦封琅邪，秀给为近职小吏。伦数使秀作书疏，文才称伦意。伦封赵，秀徙户为赵人，用为侍郎，信任之。

又《世说新语·仇隙》注引王隐《晋书》云：

岳父文德为琅邪太守。（《晋书》卷五十五《潘岳传》云："父芘，琅邪内史。"）孙秀为小吏给使。岳数蹴蹋秀，而不以人遇之也。

赵王伦始封琅邪，又曾之国，则感受琅邪天师道环境风习的传染，自不足异。孙秀为琅邪土著，他信奉天师道由于地域关系，更不待言。

然则，可知赵王伦废惠帝而自立，与天师道的传播，渐染及于皇族，关系十分密切。

二、东莱刘伯根、王弥起兵

《晋书》卷一百《王弥传》略云：

> 王弥，东莱人也。家世二千石。祖颀，魏玄菟太守。武帝时，至汝南太守。弥有才干，博涉书记。少游侠京师，隐者董仲道见而谓之曰："君豺声豹视，好乱乐祸，若天下骚扰，不作士大夫矣。"惠帝末，妖贼刘伯根起于东莱之惤县，弥率家僮从之，伯根以为长史。伯根死，聚徒海渚……会天下大乱，进逼洛阳，京邑大震，宫城门昼闭，司徒王衍等率百官距守。弥屯七里涧，王师进击，大破之。弥谓其党刘灵曰："晋兵尚强，归无所厝，刘元海昔为质子，我与之周旋京师，深有分契。今称汉王，将归之可乎？"灵然之，乃渡河归元海……弥后与（刘）曜寇襄城，遂逼京师。时京邑大饥，人相食，百姓流亡，公卿奔河阴，曜、弥等遂陷宫城，至太极前殿，纵兵大掠，幽帝于端门，逼辱羊皇后，杀皇太子诠，发掘陵墓，焚烧宫庙，城府荡尽，百官及男女遇害者三万余人，遂迁帝于平阳。

刘伯根被称为"妖贼"，起兵于东莱之惤县。王弥为东莱人。东莱属于东方滨海地区，为天师道传播之地。王弥有党曰刘灵，钟嵘《诗品上》"宋临川太守谢灵运"条云：

> 钱唐杜明师夜梦东南有人来入其馆，是夕即灵运生于会稽。旬日而谢玄亡。其家以子孙难得，送灵运于杜治养之，十五方还都，故名客儿。（原注治音稚，奉道之家靖室也）

此条不独可以解释谢灵运名为客儿之故，兼可以说明以"灵"字为名之故。钱塘杜氏为天师道世家，谢灵运寄养其靖室以求护佑，宜即从其信仰以命名。刘灵为东莱妖贼刘伯根之党，以"灵"字命名，必天师道的信徒无疑。

由此可以断定刘伯根、王弥的起兵，又是西晋末年天师道徒的一次变乱。

三、张昌起兵

《晋书》卷一百《张昌传》略云：

> 张昌，本义阳蛮也……易姓名为李辰……造妖言云："当有圣人出。"山都县吏丘沈遇于江夏，昌名之为圣人，盛车服出迎之，立为天子，置百官，沈易姓名为刘尼，称汉后，以昌为相国……于石岩中作宫殿。……江沔间一时焱起，竖牙旗鸣鼓角以应昌，旬月之间，众至三万。皆以绛科头，撊之以毛。江夏、义阳士庶莫不从之。……新野王歆上言："妖贼张昌、刘尼妄称神圣，犬羊万计，绛头毛面，挑刀走戟，其锋不可当。"……昌别率石冰东破江、扬二州，伪置守长，当时五州之境皆畏逼从逆。又遣其将陈贞、陈兰、张甫等攻长沙、湘东、零陵诸郡。昌虽跨带五州，树立牧守，皆盗桀小人，而无禁制，但以劫掠为务，人情渐离。……（刘）弘遣司马陶侃……等率众讨昌……昌乃沉窜于下儁山。明年（永兴元年）秋，乃擒之。

按《三国志·吴志》卷一《孙策传》"策阴欲袭许迎汉帝"句裴注引《江表传》略云：

> 策曰：昔南阳张津为交州刺史，舍前圣典训，废汉家法律，常著绛帕头，鼓琴烧香，读邪俗道书，云以助化。……今此子（于吉）已在鬼箓……即摧斩之。

可知南阳本有天师道徒活动。张津"常著绛帕头",表明著绛帕头是天师道徒的标识。义阳郡为"太康中置"①,属县新野、穰、邓、蔡阳、随、棘阳、平氏、朝阳等,均为从汉南阳郡分出。山都在汉属南阳郡,在晋隶属襄阳郡。《张昌传》称张昌为义阳蛮,称丘沈(刘尼)为山都县吏,可知他们本来都是南阳郡人。部众"皆以绛科头,撌之以毛"("绛头毛面"),被称为"妖贼",而"常著绛帕头",本是南阳天师道信徒张津的宗教标志。据此,则"妖贼张昌、刘尼"及其部众,可以断定都是天师道的信徒。张昌起兵,也是西晋末年天师道徒的一次变乱。

四、李特起兵

《晋书》卷一百二十《李特载记》略云:

> 汉末张鲁居汉中,以鬼道教百姓,賨人敬信巫觋,多往奉之。值天下大乱,自巴西之宕渠迁于汉中。……魏武帝克汉中,特祖(虎)将五百余家归之。魏武帝拜为将军,迁于略阳,北土复号之为巴氐。特父慕为东羌猎将。……元康中,氐齐万年反,关西扰乱,频岁大饥,百姓乃流移就谷,相与入汉川者数万家。特随流人将入于蜀。……初,流人既至汉中,上书求寄食巴蜀,朝议不许,遣侍御史李苾持节慰劳,且监察之,不令入剑阁。苾至汉中,受流人货赂,反为表曰:"流人十万余口,非汉中一郡所能振赡,东下荆州,水湍迅险,又无舟船,蜀有仓储,人复丰稔,宜令就食。"朝廷从之。由是散在益、梁,不可禁止。

《李特载记》明言賨人迁于汉中,全部信奉张鲁的天师道。在迁居汉中信仰天师道的賨人中,包括了李特之祖李虎所率的五百余家賨人。曹操克汉中,

---

① [唐]房玄龄等:《晋书》卷十五《地理志下》,中华书局,1974年,第455页。

李虎率此五百余家賨人归附曹操，曹操将他们迁往略阳。自李虎至李特三代是天师道世家。晋惠帝元康中，氐人齐万年起兵，关西扰乱，李特随流人入蜀，从而在益州掀起暴动。

李氏本賨人，天师道信徒，因此在益州得到了天师道信徒范长生的支持。而范长生支持李氏，又可证明李氏为天师道的信仰者，李氏与范氏的结合，是宗教的结合。《晋书》卷一百二十《李流载记》记范长生资给李流军粮云：

> （李）雄渡江，害汶山太守陈图，遂入郫城，流移营据之。三蜀百姓并保险结坞，城邑皆空。流野无所略，士众饥困。涪陵人范长生率千余家依青城山，（罗）尚参军涪陵徐舆求为汶山太守，欲要结长生等，与尚犄角讨流。尚不许，舆怨之。求使江西，遂降于流，说长生等使资给流军粮。长生从之，故流军复振。

其时李特已死，流人士众饥困，岌岌可危。只是因为得到了范长生资给的粮食，流人才得以复振，在李流、李雄等率领下继续斗争。

《晋书》卷一百二十一《李雄载记》记范长生与李雄关系又云：

> 雄以西山范长生岩居穴处，求道养志，欲迎立为君而臣之，长生固辞。……范长生自山西乘素舆诣成都，雄迎之于门，执版延坐，拜丞相，尊曰"范贤"。长生劝雄称尊号，雄于是僭即帝位……加范长生为"天地太师"，封西山侯，复其部曲，不豫军征，租税一入其家。

李流（李特之弟）病死，流人士众由李特第三子李雄率领，攻下成都。李雄与范长生相推为君主，虽然，皇帝是李雄当了，范长生却受到李雄的极大尊崇，他不仅是丞相，而且被尊为"范贤"，加"天地太师"。范长生有部曲千余家，都可以免役免税。这种关系可以用二人都是天师道信徒来解释，何况范长生又帮过李氏的大忙。

范长生有子范贲。《晋书》卷五十八《周访传》附子《抚传》略云：

> （抚）永和初，桓温征蜀……以功迁平西将军。隗文、邓定等复反，立范贤子贲为帝。初贤为李雄国师，以左道惑百姓，人多事之。贲遂有众一万。抚与龙骧将军朱焘击破斩之。

《周抚传》所谓"左道"，即天师道或五斗米道。范贲被拥戴，与其父在成国天师道教中的地位极为尊崇有关。

由此可见，李特起兵也是天师道信徒的一次起兵。由此次起兵建立起来的成国，可以说是由流人中天师道信徒李氏与益州本地天师道信徒范氏共同建立起来的政权。范长生以成国的国师，传布天师道，人多事之，则天师道也可以说是成国的国教。

第五篇　徙戎问题

《晋书》卷九十七《北狄传·匈奴传》略云：

> 郭钦上疏曰："……魏初人寡，西北诸郡皆为戎居……宜及平吴之威，谋臣猛将之略，出北地、西河、安定，复上郡，实冯翊，于平阳已北诸县募取死罪，徙三河三魏见士四万家以充之。"

按《资治通鉴》卷第八十一太康元年（280）末载郭钦此疏，不载"徙三河三魏见士四万家"之语，可能是不太了解其意义，遂与"出北地"等句一并省去。又《文选》卷四十九干令升《晋纪总论》"思郭钦之谋而悟戎狄之有衅"句，李善注亦未及"见士四万家"之语，且置冯翊、平阳之句于不可解，当有脱误。

郭钦的话讲了三个问题，一是魏初人寡，所以西北诸郡皆为戎居；二是宜乘平吴之威，出北地、西河等郡之戎；三是于平阳以北诸县募取犯了死罪的人并迁徙三河三魏现有士家四万户，以充实北地、西河等郡。三河指司州河南、河内、河东三郡。三魏，据《后汉书·郡国志二》"冀州魏郡"条注引《魏志》："建安十七年，割河内之荡阴、朝歌、林虑，东郡之卫国、顿丘、东武阳、发干，巨鹿之廮陶、曲阳、南和、广平、任城，赵国之襄国、邯郸、易阳，以益魏都。十八年，分置东、西都尉。"从而有了三魏。郭钦之言未被晋武帝采纳，《通鉴》太康元年胡注云："为后诸胡乱华张本。"

郭钦讲的第一个问题"西北诸郡皆为戎居",即戎狄的内徙问题,自汉已然。这有政策的、天灾的、战争的原因。关于北狄,《晋书·匈奴传》略云:

> 前汉末,匈奴大乱,五单于争立,而呼韩邪单于失其国,携率部落,入臣于汉。汉嘉其意,割并州北界以安之。于是匈奴五千余落入居朔方诸郡,与汉人杂处。……其部落随所居郡县,使宰牧之,与编户大同,而不输贡赋。多历年所,户口渐滋,弥漫北朔,转难禁制。……建安中,魏武帝始分其众为五部。……其左部都尉所统可万余落,居于太原故兹氏县;右部都尉可六千余落,居祁县;南部都尉可三千余落,居蒲子县;北部都尉可四千余落,居新兴县;中部都尉可六千余落,居太陵县。(晋)武帝践阼后,塞外匈奴大水,塞泥、黑难等二万余落归化,帝复纳之,使居河西故宜阳城下。后复与晋人杂居,由是平阳、西河、太原、新兴、上党、乐平诸郡靡不有焉。

据此可知北狄入居诸郡,西汉至建安前为一个时期,本居并州北界,其后弥漫北朔;建安中是一个时期,曹操分其众为左、右、南、北、中五部,兹氏、祁县、蒲子、新兴、太陵都有北狄;晋武帝是一个时期,塞外匈奴二万余落因水灾入居河西故宜阳城下。由此平阳、西河、太原、新兴、上党、乐平等郡无不有北狄。汉允许他们入居并州北界,魏武帝分其众为五部,晋武帝接纳塞外因水灾来归的新匈奴人,都有政策上的考虑。

西戎主要指羌人与氐人。羌人在东汉已经进入北地、冯翊等郡,氐人的徙动亦可上溯汉朝。《三国志·魏志》卷三十注引《魏略·西戎传》云:

> 自汉开益州,置武都郡,排其种人,分窜山谷间,或在福禄,或在汧、陇左右。

至建安中，曹操又曾将氐人五万余落，徙出武都郡。《三国志·魏志》卷十五《张既传》略云：

> 太祖将拔汉中守，恐刘备北取武都氐以逼关中，问既。既曰："可劝使北出就谷以避贼，前至者厚其宠赏，则先者知利，后必慕之。"太祖从其策，乃自到汉中引出诸军，令既之武都，徙氐五万余落出居扶风、天水界。

江统《徙戎论》亦云：

> 魏武皇帝令将军夏侯妙才（夏侯渊）讨叛氐阿贵、千万等。后因拔弃汉中，遂徙武都之种于秦川。①

由此扶风等地也有了氐人。

曹操迁徙氐人，是他的徙民政策的一部分。汉末战争频繁，为了不以民资敌，或者如江统所说，为了"弱寇强国"，曹操曾多次徙民。《三国志·魏志》卷十四《蒋济传》略云：

> 太祖问济曰："昔孤与袁本初对官渡，徙燕、白马民，民不得走，贼亦不敢钞，今欲徙淮南民何如？"济对曰："是时兵弱贼强，不徙必失之。……（今）民无他志，然百姓怀土，实不乐徙，惧必不安。"太祖不从，而江淮间十余万众皆惊走吴。后济使诣邺，太祖迎见大笑曰："本但欲使避贼，乃更驱尽之。"

曹操同袁绍打仗，曾徙燕、白马民。同孙权打仗，曾徙淮南民，但是，徙的结果与徙燕、白马民不一样。后来同张鲁打仗，攻取汉中，曹操又曾徙

---

① ［唐］房玄龄等：《晋书》卷五十六《江统传》，中华书局，1974 年，第 1531 页。

民。《魏志·张既传》云：

> （张）鲁降，既说太祖拔汉中民数万户以实长安及三辅。……是
> 时太祖徙民以充河北，陇西、天水、南安民相恐动，扰扰不安。既假
> 三郡人为将吏者休课，使治屋宅，作水碓，民心遂安。

这次徙民，目的与徙燕、白马、淮南民，不以民资敌有所不同。据《张既
传》，或者是"以实长安及三辅"，或者是"以充河北"。不以民资敌，是
战争的需要；"以实""以充"则是因为"魏初人寡"，需要充实。徙民以
充实人少的地方，既然是曹魏的政策，那么，戎狄自动进入人少的地方，
如郭钦所云西北诸郡，自然也就不会受到干扰。魏晋南北朝的大变动，即
由人口迁徙问题引起。人口的徙动，为魏晋南北朝三百年来之大事。汉开
其端，曹魏进入了一个发展时期。

郭钦说的第二个问题宜将北地、西河等郡戎狄徙出，魏末邓艾已经做
过。《三国志·魏志》卷二十八《邓艾传》略云：

> （艾）又陈羌胡与民同处者，宜以渐出之，使居民表，崇廉耻之
> 教，塞奸宄之路。大将军司马景王（司马师）新辅政，多纳用焉。

邓艾可以说是第一个建议徙戎的人。但他所谓"出之"，是"使居民表"，
不是把他们迁回去。邓艾还曾"使鲜卑数万散居人间"。傅玄说是"本邓
艾苟欲取一时之利，不虑后患"造成[1]。这与曹操迁徙氐人的政策有相同
之处。在徙戎问题上，至邓艾，发生了变化。即不单是徙入，而开始主张
徙出了。目的在"塞奸宄之路"。

郭钦说的第三个问题"徙三河三魏见士四万家以充之"，曹魏也是做
过的。《三国志·魏志》卷二十五《辛毗传》略云：

---

[1] ［唐］房玄龄等：《晋书》卷四十七《傅玄传》，中华书局，1974年，第1322页。

（文）帝欲徙冀州士家（《通鉴》作"士卒家"）十万户实河南。……毗曰："今徙既失民心，又无以食也。"帝遂徙其半。

可知魏文帝时，从冀州（治魏郡邺县）被徙至河南（三河之一）一地的士家，即有五万户之多。魏文帝的目的在充实河南之地。徙士家以充实某地，是曹操徙民以充实长安、三辅、河北等地的一个发展。从此士家加入了人口徙动的行列。

晋时三河之有兵家，可以从《晋书》王尼等传看出。列举如下。

《晋书》卷四十九《王尼传》略云：

王尼，字孝孙，城阳（属兖州济阴郡）人也，或云河内（三河之一）人。本兵家子，寓居洛阳（河南尹治所）。……初为护军府军士，胡母辅之与琅邪王澄、北地傅畅、中山刘舆、颍川荀邃、河东裴遐迭属河南功曹甄述及洛阳令曹摅请解之……因免为兵。

同书卷九十六《列女传·王浑妻钟氏传》略云：

王浑妻钟氏，字琰，颍川人。……琰女亦有才淑，为求贤夫。时有兵家子甚俊，（琰子）济欲妻之，白琰，琰曰："要令我见之。"济令此兵与群小杂处，琰自帏中察之，既而谓济曰："绯衣者非汝所拔乎？"济曰："是。"琰曰："此人才足拔萃，然地寒寿促，不足展其器用，不可与婚。"遂止。其人数年果亡。

据此可知三河如河内、河南乃至洛阳都有兵家。兵家地寒，但如王尼之例，若免兵籍，仍可仕进。可能这是王济欲以妹妻兵家子的原因。但兵家子要免除兵的身份，为"制旨所及"①。能被解免的，只是极个别的人。要迁徙他们，不像迁徙普通人那样困难。（如《魏志·张既传》所云：曹操"徙民以充河北，陇西、天水、南安民相恐动"）故郭钦提出在将戎狄之人徙出西北诸郡以后，再将三河、三魏士家徙入西北诸郡以充实之。

郭钦的意见，有历史作根据。他虽不是第一个提出迁出戎狄建议的人，但徙戎问题到郭钦，即到晋武帝平吴之初，已成为一个突出的问题了。主张徙戎的人也多了起来，如傅玄和《徙戎论》的作者江统均主张徙出戎狄。然而戎狄的内迁，到晋武帝称帝之时还在继续。这是一个历史的现象，或者说一种历史的趋势，现在要把戎狄迁出去，反其道而行之，几乎无此可能。武帝之所以未采纳郭钦的意见，原因在此。

稍后于郭钦的江统，写了一篇《徙戎论》。在此论中，江统谈到了把关中氐、羌及并州诸胡迁回他们的本域旧土问题。他的论点可以代表当时人们对于内地戎狄的看法。《晋书》卷五十六《江统传》略云：

> 统深惟四夷乱华，宜杜其萌，乃作《徙戎论》。其辞曰："……当今之宜，宜及兵威方盛，众事未罢，徙冯翊、北地、新平、安定界内诸羌，著先零、罕幵、析支之地；徙扶风、始平、京兆之氐，出还陇右，著阴平、武都之地。廪其道路之粮，令足自致，各附本种，反其旧土，使属国、抚夷就安集之……且关中之人百余万口，率其少多，戎狄居半……并州之胡，本实匈奴桀恶之寇也……中平中，以黄巾贼起，发调其兵，部众不从而杀羌渠，由是于弥扶罗求助于汉，以讨其贼。仍值世丧乱，遂乘衅而作，卤掠赵魏，寇至河南。建安中，又使右贤王去卑诱质呼厨泉，听其部落散居六郡。咸熙之际，以一部太强，分为三率。泰始之初，又增为四。于是刘猛内叛，连结外虏。近者郝散之变，发于谷远。今五部之众，户至数万，人口之盛，过于西戎。然其天性骁勇，弓马便利，倍于氐羌。若有不虞风尘之虑，则并

---

① ［唐］房玄龄等：《晋书》卷四十九《王尼传》，中华书局，1974年，第1381页。

州之域可为寒心……夫为邦者，患不在贫而在不均，忧不在寡而在不安。以四海之广，士庶之富，岂须夷虏在内，然后取足哉！此等皆可申谕发遣，还其本域，慰彼羁旅怀土之思，释我华夏纤介之忧。惠此中国，以绥四方，德施永世，于计为长。"（惠）帝不能用，未及十年，而夷狄乱华，时服其深识。

江统认为内地戎狄既多，难免风尘之警。他的忧虑与郭钦、傅玄是相同的。他提出了一个设想，即令氐羌"各附本种，反其旧土"，并申谕发遣并州诸胡，"还其本域"。可朝廷未采纳。江统以为戎狄之所以久居内地，是因为统治者需要"夷虏在内，然后取足"。其实戎狄内迁，有政策、战争、天灾等各方面的原因，有它的历史必然性。迁居内地的戎狄，与汉人错居，接受汉化，为日已久。再要强迫他们回到本土上去，与汉人隔绝，这种相反方向的大变动，反而会促成变乱。取足夷虏，只是招致"戎狄乱华"的原因之一。直接引起"戎狄乱华"的，还是由罢州郡武备、封建诸王而酿成的八王之乱。

第六篇　五胡种族问题

一、五胡次序

《晋书》卷一百十四《苻坚载记下》云：

> （姚）苌求传国玺于坚曰："苌次膺符历，可以为惠。"坚瞋目叱之曰："小羌乃敢干逼天子，岂以传国玺授汝羌也！图纬符命，何所依据？五胡次序，无汝羌名。违天不祥，其能久乎？玺已送晋，不可得也。"

《资治通鉴》卷第一百六晋孝武帝太元十年（385）八月条"五胡次序无汝羌名"句胡注云：

> 胡，羯，鲜卑，氐，羌，五胡之次序也。无汝羌名，谓谶文耳。姚苌自谓次应历数，坚故以谶文为言。

《通鉴》胡注是对的。姚苌自谓次应历数，这就出现了一个"五胡次序"的问题。就建国先后而言，是一胡（匈奴），二羯，三鲜卑，四氐，五羌。这五种胡人，在《晋书》卷一百三《刘曜载记》中曾经提及。其言云：

（刘曜）置单于台于渭城，拜大单于，置左右贤王已下，皆以胡、羯、鲜卑、氐、羌豪杰为之。

所谓胡、羯、鲜卑、氐、羌就是"五胡"。但在刘曜的时候，还无"五胡"的名称。"五胡"名称最早出自苻坚之口，"次序"也是苻坚讲的。

"十六国"又非全是五胡所建。如成国为賨人所建，北燕、西凉为汉人所建。五胡所建国家，也非都列入十六国之中，如鲜卑人建立的西燕。十六国之名来源于崔鸿的《十六国春秋》。他所记十六国有他自己的标准。《魏书》卷六十七《崔光传》附《崔鸿传》略云：

鸿乃撰为《十六国春秋》。……表曰："……自晋永宁以后，虽所在称兵，竞自尊树，而能建邦命氏，成为战国者，十有六家。善恶兴灭之形，用兵乖会之势，亦足以垂之将来，昭明劝戒。但诸史残缺，体例不全，编录纷谬，繁略失所。宜审正不同，定为一书。"

可见崔鸿所记十六国，是取其"能建邦命氏，成为战国者"，非必与五胡联系。

五胡种族问题，须讨论的是羯、鲜卑与氐人三族，还有卢水胡。至于匈奴和羌族，种族来源甚明，可置勿论。

二、羯族

关于羯族的来源，《魏书》卷九十五《羯胡石勒传》有一种说法。其言云：

羯胡石勒，字世龙，小字匐勒（《晋书·石勒载记》仅作"匐"，无"勒"字）。其先匈奴别部（《晋书·石勒载记》作"其先匈奴别部羌渠之胄"），分散居于上党武乡羯室，因号羯胡。祖邪弈于，父周曷朱，一字乞翼加，并为部落小帅。

根据《魏书》的说法，羯胡是匈奴的别部，之所以被称为"羯胡"，是因为"分散居于上党武乡羯室"。这是不正确的，是倒果为因。殊不知羯室之所以被称为"羯室"，是因为此地有羯人居住。

关于石勒姓名之由来，《晋书》卷一百四《石勒载记》有一种说法。其言略云：

> 邬人郭敬、阳曲宁驱以为信然，并加资赡，勒亦感其恩，为之力耕。……会建威将军阎粹说并州刺史、东瀛公腾执诸胡于山东卖充军实。腾使将军郭阳、张隆虏群胡将诣冀州，两胡一枷，勒时年二十余，亦在其中……卖与茌平人师懽为奴……每耕作于野。……懽家邻于马牧，与牧率魏郡汲桑往来……桑始命勒以石为姓，勒为名焉。

汲桑是否真为石勒定姓命名？如果石勒之名真是汲桑所命，那么，又何以以石为其姓？这个问题在《石勒载记》中没有记述。

按羯人的形状特殊，《晋书》卷一百六《石季龙载记上》略云：

> 太子詹事孙珍问侍中崔约曰："吾患目疾，何方疗之？"约素狎珍，戏之曰："溺中则愈。"珍曰："目何可溺？"约曰："卿目睕睕，正耐溺中。"珍恨之，以白（石）宣。宣诸子中最胡状，目深，闻之大怒，诛约父子。

崔约一句戏言，为自己连同儿子招来杀身之祸。从崔约所云可以得知羯人目深，这是羯人种族特征之一。

又同书卷一百七《石季龙载记下》略云：

（冉闵）班令内外，赵人斩一胡，首送凤阳门者，文官进位三等，武职悉拜牙门。一日之中，斩首数万。闵躬率赵人诛诸胡羯，无贵贱、男女、少长皆斩之，死者二十余万，尸诸城外，悉为野犬豺狼所食。屯据四方者，所在承闵书诛之。于时高鼻多须至有滥死者半。

这是羯族人遭到了一次极大的灾难。从"高鼻多须至有滥死者半"的话，可知羯人除"深目"外，尚有"高鼻""多须"两个种族特征。

这是中亚人的种族特征。

考《新唐书》卷二百二十一下《西域传》"康国"条略云：

君姓温，本月氏人，始居祁连北昭武城，为突厥（当作匈奴，参《唐会要》卷九十九"康国"条）所破，稍南依葱岭，即有其地。枝庶分王，曰安，曰曹，曰石，曰米，曰何，曰火寻，曰戊地，曰史。世谓九姓，皆氏昭武。……（安国）募勇健者为柘羯，柘羯者，犹中国言战士也。石或曰柘支，曰柘折，曰赭时。汉大宛北鄙也。

又《大唐西域记》卷一"飒秣建国（即康国）"条云：

兵马强盛，多是赭羯。赭羯之人，其性勇烈，视死如归，战无前敌。

据此柘羯即赭羯，为战士之意。安国有赭褐，康国亦有赭羯，昭武九姓战士都可谓之赭羯。九姓为月氏人，赭羯亦为月氏人。而月氏"人皆深目高鼻，多须髯"①，与入居中国的羯人特征相同。羯人实即赭羯之人，亦即月氏人。

又赭时为石国之意，石国为康国枝庶之一，康国即康居，音转为羌

---

① ［唐］魏征等：《隋书》卷八十三《康国传》，中华书局，1973年，第1849页。

渠。《晋书·北狄传》载入塞匈奴十九种中有"羌渠"种，即康居种。康国枝庶也就是"羌渠之胄"。石国王室以石为姓（《隋书》卷八十三《石国传》："其王姓石。"），出于羌渠之胄的羯人石勒，无疑本出于石国。《魏书》所谓"羯室"，实即"赭时（石）"的异译。石勒之所以姓石，原因在这里。

至于石勒之所以名"勒"，是因为原来的小字为"匐勒"，"勒"为"匐勒"之省。

三、氐族

氐族自成为一个种族，既不与汉人同，亦不与羌人同。但深受羌、汉影响，特别是汉人的影响。《三国志·魏志》卷三十《外夷传》裴注引《魏略·西戎传》云：

> 其（氐）俗语不与中国同，及羌杂胡同。各自有姓，姓如中国之姓矣，其衣服尚青绛。俗能织布，善田种，畜养豕牛马驴骡。其妇人嫁时着衽露，其缘饰之制有似羌，衽露有似中国袍。皆编发。多知中国语，由与中国错居故也。其自还种落间，则自氐语。其嫁娶有似于羌。

又《三国志·魏志》卷九《夏侯渊传》略云：

> 还击武都氐羌下辩，收氐谷十余万斛。

由此可知氐人虽姓如中国之姓，多知中国语，某些习俗且与羌人相似，但氐人有自己的语言（"氐语"），有自己的习俗（如"编发"），有自己的农业、畜牧业与纺织业。夏侯渊在下辩收氐谷达十余万斛，是氐人农业发达的一个证明。

氏人究竟是何种族呢？《晋书》卷一百十四《苻坚载记下》云：

> 初坚强盛之时，国有童谣云："河水清复清，苻诏死新城。"坚闻而恶之，每征伐，戒军候云："地有名新者，避之。"

苻坚为什么恶闻"苻诏死新城"的童谣，并要避开名"新"的地方呢？《新唐书》卷二百二十二上《南蛮传·南诏传》云：

> 夷语王为诏。其先渠帅有六，自号六诏。曰蒙嶲诏、越析诏、浪穹诏、邆睒诏、施浪诏、蒙舍诏。

然则，"诏"为南诏语，为"王"的意思。苻诏即苻王，指的是苻坚。苻坚听到"苻诏死新城"，感到害怕，可以证明氏人与南诏的语言同出一源。

白马氏（武都氏）在《后汉书》卷八十六《南蛮西南夷传》中，被列为西南夷之一，而南诏"自言哀牢之后"，也是西南夷。氏族"能织布，善田种"，"编发"，而《后汉书》中，"能耕田"，"辫发"，是西南夷的共同特征。哀牢夷还是织布的好手。哀牢有"白叠花布""兰干细布"等。从语言、生产、习俗来看，氏族与西南夷族南诏之先六诏，实同出一源。

四、鲜卑（释黄须鲜卑奴与白虏）

鲜卑在东汉檀石槐之时，有东、中、西三部。《三国志·魏志》卷三十《鲜卑传评》下，裴注引《魏书》略云：

> 檀石槐既立，乃为庭于高柳北三百余里弹污山啜仇水上，东西部大人皆归焉，兵马甚盛。南钞汉边，北拒丁令，东却夫余，西击乌孙，尽据匈奴故地。东西万二千余里，南北七千余里。……分其地为中、东、西三部。从右北平以东至辽，辽接夫余、貊为东部，二十余

邑，其大人曰弥加、阙机、素利、槐头。从右北平以西至上谷为中部，十余邑，其大人曰柯最、阙居、慕容等，为大帅。从上谷以西至燉煌，西接乌孙为西部，二十余邑，其大人曰置鞬、落罗、日律、推演、宴荔游等，皆为大帅，而制属檀石槐。

在这三部的大人中，慕容，据《魏书》卷一百十三《官氏志》云：

> 东方宇文、慕容氏，即宣帝时东部。

此宣帝指北魏追谥的宣皇帝拓跋推寅，当时为东部。檀石槐时成为中部，那是因为徙居关系。推寅，据《魏书》卷一《序记》云：

> 宣皇帝讳推寅立。南迁大泽，方千余里，厥土昏冥沮洳。谋更南徙，未行而崩。

下历景皇帝拓跋利、元皇帝拓跋俟、和皇帝拓跋肆、定皇帝拓跋机、僖皇帝拓跋盖、威皇帝拓跋侩六代。到献皇帝拓跋邻时，采取徙居政策，据《魏书》卷一《序记》云：

> 献皇帝讳邻立。时有神人言于国曰："此土荒遐，未足以建都邑，宜复徙居。"帝时年衰老，乃以位授子。圣武皇帝讳诘汾。献帝命南移，山谷高深，九难八阻，于是欲止。有神兽，其形似马，其声类牛，先行导引，历年乃出。始居匈奴之故地。其迁徙策略，多出宣、献二帝，故人并号曰"推寅"，盖俗云"钻研"之义。

以时间推之，檀石槐时期的西部大人推演当即被追谥为献皇帝的拓跋邻，而非宣皇帝拓跋推寅。《通鉴》卷第七十七魏元帝景元二年（261）胡注以为为宣帝推寅，有误。演从寅声，寅、演为异译。

与慕容有关的有阿柴虏吐谷浑，据《宋书》卷九十六《鲜卑吐谷浑传》略云：

> 阿柴虏吐谷浑，辽东鲜卑也。父弈洛韩，有二子，长曰吐谷浑，少曰若洛廆。若洛廆别为慕容氏……（浑）拥马西行……（廆）遣旧父老及长史乙那楼追浑，令还。浑曰："……诸君试拥马令东，马若还东，我当相随去。"楼喜，拜曰："处可寒。"虏言"处可寒"，宋言"尔官家"也。……于是遂西附阴山。遭晋乱，遂得上陇。

可知吐谷浑本辽东鲜卑，与慕容廆为兄弟。后与慕容廆分离西迁。遇晋乱，遂得上陇之地。

与西部鲜卑拓跋氏有关的有河西鲜卑秃发氏，据《晋书》卷一百二十六《秃发乌孤载记》云：

> 秃发乌孤，河西鲜卑人也。其先与后魏同出，八世祖匹孤率其部自塞北迁于河西。

《魏书》卷四十一《源贺传》略云：

> 源贺，自署河西王秃发傉檀之子也。傉檀为乞伏炽磐所灭，贺自乐都来奔……世祖……谓贺曰："卿与朕源同，因事分姓，今可为源氏。"

又《新唐书》卷七十五上《宰相世系表》源氏条云：

> 源氏出自后魏圣武帝诘汾长子、匹孤七世孙秃发傉檀。

诘汾即号为"推寅"的献帝邻之子。可知河西鲜卑秃发氏本拓跋氏。秃发为拓跋的异译。

西部鲜卑中又有陇西鲜卑乞伏氏。乞伏氏来历传说与拓跋氏有类似之处。《晋书》卷一百二十五《乞伏国仁载记》略云：

> 乞伏国仁，陇西鲜卑人也。在昔有如弗斯、出连、叱卢三部，自漠北南出大阴山，遇一巨虫于路，状若神龟，大如陵阜。乃杀马而祭之，祝曰："若善神也，便开路；恶神也，遂塞不通。"俄而不见，乃有一小儿在焉。时又有乞伏部有老父无子者，请养为子，众咸许之。

这与拓跋氏献帝邻命其子圣武帝诘汾南移，路遇神兽的传说非常相似。要可知拓跋、乞伏都有南迁的历史，同属于西部鲜卑。

鲜卑的种族是很复杂的，尤其是西部鲜卑。《三国志·魏志》卷三十《鲜卑传》裴注引《魏书》云：

> 匈奴及北单于遁逃后，余种十余万落，诣辽东杂处，皆自号鲜卑兵。

同书同卷末裴注引《魏略·西戎传》又云：

> 赀虏，本匈奴也。匈奴名奴婢为赀。始（汉光武帝）建武时，匈奴衰，分去，其奴婢亡匿在金城、武威、酒泉北，黑水、西河东西，畜牧逐水草，抄盗凉州，郡落稍多，有数万，不与东部鲜卑同也。其种非一，有大胡，有丁令，或颇有羌杂处，由本匈奴婢故也。

由此可知辽东鲜卑有匈奴余种十余万落之多，西部鲜卑杂有大胡、丁令、西羌等，本匈奴统治下的鲜卑及其杂类。鲜卑一词包含胡人的种类不知有多少。

在胡人种族问题上，存在着两个需要注意的现象。一是血统关系的变化。胡人部落组织以血统为要素，然因时代的推移，经济、社会阶层的转变，血统决非单纯。在一切胡人部落中有本部，本部中又有同姓。部落地位的高低，主要依据强弱、亲疏与兼并的先后来区别。在各部中居于主要地位的部落，为主要部落。与主要部落关系愈疏远的部落，地位也就愈低。不过，地位低的部落因为亲幸或技巧关系，也可以提高地位，甚至被看作主部人，而不是一直保持它的低层部落性不动。这不论血统有无不同，如北魏宗室十姓中的胡氏（纥骨氏改）、叔孙氏（乙旃氏改），即出高车（丁令）族。

二是地区关系的成立。一个种族在某地居住过，后来就把某地居民一律说是某族人。魏晋之时，今内蒙古、河北、辽宁一带因为有乌桓人居住过，便称呼这一带居民为乌桓人。匈奴以后，东至辽河流域，西接乌孙，因为有鲜卑人居住过，便称呼这一广阔地带的居民为鲜卑人。这与俄人因为契丹人曾居河北，而称呼河北居民为契丹人，是一样的，固不问其地有无别的民族。

由此可以解释"黄须鲜卑奴"和"白虏"的问题。《晋书》卷六《明帝纪》云：

（王）敦正昼寝，梦日环其城，惊起曰："此必黄须鲜卑奴来也。"帝母荀氏，燕代人。帝状类外氏，须黄，敦故谓帝云。（此出刘敬叔《异苑》）

《晋书》卷一百十四《苻坚载记下》又云：

谣曰："长鞘马鞭击左股，太岁南行当复虏。"秦人呼鲜卑为白虏。

据此，则须黄、肤白为鲜卑人特征。按前引《魏略·西戎传》谓西部鲜卑

（赀虏）"其种非一，有大胡，有丁令，或颇有羌杂处"①。关于丁令，《新唐书》卷二百十七下《回鹘传下》附《黠戛斯传》略云：

> 黠戛斯，古坚昆国也，地当伊吾之西，焉耆北，白山之旁。……其种杂丁零，乃匈奴西鄙也。匈奴封汉降将李陵为右贤王，卫律为丁零王。后郅支单于破坚昆。于时东距单于廷七千里，南车师五千里。郅支留都之，故后世得其地者，讹为"结骨"，稍号"纥骨"，亦曰"纥扢斯"云。……人皆长大、赤发、皙面、绿瞳，以黑发为不祥，黑瞳者必曰陵苗裔也。

在这段话中，有几个问题可以注意。一，所谓"匈奴西鄙"即西部鲜卑所在地，"种杂丁零"与西部鲜卑"其种非一"，与丁令相同。二，《宋书》卷九十五《索虏传》称"索头虏姓托跋（拓跋）氏，其先汉将李陵之后也。陵降匈奴，有数百千种，各立名号，索头亦其一也"。又《南齐书》卷五十七《魏虏传》称"魏虏，匈奴种也，姓托跋氏。……初，匈奴女名托跋，妻李陵，胡俗以母名为姓，故虏为李陵之后"。这与《新唐书·黠戛斯传》说的"匈奴封汉降将李陵为右贤王"相符。右者匈奴西部也。要知西部鲜卑种族之杂，拓跋其一而已。三，黠戛斯即"结骨"或"纥骨"。而纥骨氏，据《魏书》卷一百十一三《官氏志》：

> 献帝（即圣武帝诘汾之父邻）以兄为纥骨氏，后改为胡氏。……七族之兴，自此始也。……凡与帝室（拓跋氏）为十姓，百世不通婚。太和以前，国之丧葬祠礼，非十族不得与也。

可知纥骨氏为北魏最高统治层七族、十姓之一。《隋书》卷八十四《铁勒传》记铁勒有纥骨部。《魏书》卷一百三《高车传》记高车"初号为狄历，

①［晋］陈寿撰，［宋］裴松之注：《三国志·魏志》卷三十《东夷传附倭传》，清乾隆四年武英殿校刻本。

北方以为敕勒，诸夏以为高车、丁零"。则纥骨氏本为高车（丁零、铁勒）族。而黠戛斯为纥骨，黠戛斯也就是高车族。四，黠戛斯人"赤发，皙面，绿瞳"。这个特征也即是纥骨的种族特征。纥骨既是北魏七族、十姓之一，又是献帝邻之兄，与拓跋本部人无异。则纥骨（黠戛斯）人的种族特征赤发、皙面、绿瞳，被视为西部鲜卑人的特征，便是很自然的了。"赤发"是"黄须鲜卑奴"的由来，"皙面（肤白）"是"秦人呼鲜卑为白虏"的由来。之所以称为"奴"与"虏"，是因为西部鲜卑本匈奴奴婢——赀虏。

晋明帝之母为燕代人，燕代正当拓跋部人之地。明帝须黄，状类外氏。其母极有可能是鲜卑人。

又《三国志·魏志》卷十九《任城威王彰传》略云：

> 太祖喜，持彰须曰："黄须儿竟大奇也。"（裴注引《魏略》曰："刘备栖于山头使刘封下挑战，太祖骂曰：'……待呼我黄须来。'……彰须黄，故以呼之。"）

《三国志·魏志》卷二十《武文世王公传》云：

> 武皇帝二十五男，卞皇后生文皇帝、任城威王彰、陈思王植、萧怀王熊。

《三国志·魏志》卷五《武宣卞皇后传》略云：

> 武宣卞皇后，琅邪开阳人，文帝母也。本倡家，年二十，太祖于谯纳后为妾。

按晋明帝之父元帝司马睿，本琅邪王。明帝之母荀氏来自燕代，因而生下"黄须鲜卑奴"明帝司马绍。而《卞皇后传》称卞氏为"琅邪开阳人"，

"本倡家"。则卞氏亦有可能是自燕代流落到琅邪的鲜卑人，后来又流落到谯县，为曹操所纳。曹彰须黄，当是鲜卑血统遗传在曹彰身上的显现。卞氏、荀氏都曾在琅邪居住，这不是偶然的，看来琅邪的鲜卑人不少。

"白虏"本为秦人对鲜卑的贬称，此鲜卑应指西部鲜卑，因为西部鲜卑种杂丁令。然而，符坚又称慕容冲为"白虏"，则"白虏"一词成了对鲜卑人的泛指，固不论其为西部或东部。鲜卑所据地区广大，种类本极复杂，不是所有的被称为鲜卑的人都有面白须黄的特征。然而，因为有面白须黄的种类被称为鲜卑人，"白虏"也就成了对所有号称鲜卑的人的骂名了。东、西部鲜卑种族的区别也不是绝对的，匈奴遗种十余万落"诣辽东杂处，皆自号鲜卑兵"，造成了东部鲜卑的复杂性；而本是辽东鲜卑，与慕容廆为兄弟的吐谷浑，西迁陇右，又变成西部鲜卑。总之，血统、地区都在变化，而所谓某族人，往往不是依据血统，而是依据地区。一个地区居住着很多种族的人，其中有一个是主要的，这个地区所有的种族，便以此主要种族的名称为自己的名称了。鲜卑即是如此。

五、卢水胡

《晋书》卷一百二十九《沮渠蒙逊载记》云：

沮渠蒙逊，临松卢水胡人也。其先世为匈奴左沮渠，遂以官为氏焉。

又《魏书》卷四下《世祖纪下》云：

太平真君……六年九月，卢水胡盖吴聚众反于杏城。

《南齐书》卷五十七《魏虏传》云：

初，佛狸讨羯胡于长安（按此羯胡指盖吴言，详见《魏书》卷一百十四《释老志》），杀道人且尽。

又《魏书》卷二《太祖纪》天兴元年（398）四月云：

　　鄘城屠各董羌、杏城卢水郝奴……各率其种内附。

按《宋书》卷九十八《氐胡传》称大且渠蒙逊"世居卢水为酋豪"。且渠即沮渠。沮渠蒙逊既是张掖临松人，又世代居住于卢水，则卢水当流经张掖之境。沮渠蒙逊之所以被称为卢水胡人，是因为他在卢水流域住过。住在这一带的胡人都被称为卢水胡人，固不止沮渠蒙逊一人，也不止沮渠蒙逊所属的一个种族。这又可见地区关系的重要。

《读史方舆纪要》卷六十三有沮渠川，谓在张掖"镇东南"，又谓"沮渠蒙逊世居张掖临松卢水，即此川矣。后人因谓之沮渠川"。《水经注》卷二"湟水"注引《十三州志》谓"西平、张掖之间"，为"大月氏之别，小月氏之国"。西平郡在张掖东南，而沮渠川（卢水）亦在张掖东南，即在西平、张掖之间。据此，沮渠蒙逊当出自小月氏。盖吴是羯人，郝奴之郝是乌桓姓。此二人之被称为卢水胡，当与进入卢水地区有关。卢水胡并非就在卢水不动，他们是有迁徙的。《魏书》卷三十《尉拨传》说尉拨"出为杏城镇将，在任九年，大收民和，山民一千余家、上郡徒各、卢水胡八百余落，尽附为民"。可知徙居杏城一带的卢水胡很多。郝奴、盖吴虽非小月氏之种，但既在杏城卢水胡人居地，便都被称为卢水胡人了。其本来种族反而不显。

以地区分，进一步就是以接受某一地区内某一主要民族的文化分，这点到下篇及讲北齐时再详谈。

第七篇　胡族的汉化及胡汉分治

魏晋时期，进入中原的各族，在文化上、社会经济上都在汉化，虽然深浅不同，也不是整齐划一，但表明了一种倾向，胡族与胡族之间的融合，将让位于胡汉之间的融合；以地域区分民族，将让位于以文化区分民族。

一、胡族的汉化

在文化方面，胡族上层的文化都很高。先看匈奴。

刘渊（元海）。《晋书》卷一百一《刘元海载记》略云：

> 刘氏虽分居五部，然皆家居晋阳汾涧之滨。……（元海）幼好学，师事上党崔游，习《毛诗》《京氏易》《马氏尚书》，尤好《春秋左氏传》、孙吴兵法，略皆诵之。《史》《汉》、诸子无不综览。……咸熙中为侍子，在洛阳。

刘和。同书同卷《刘元海载记》附子《和传》略云：

> （刘和）好学凤成，习《毛诗》《左氏春秋》《郑氏易》。

刘宣。同书同卷《刘元海载记》附《刘宣传》略云：

> （刘宣）好学修絜，师事乐安孙炎，沉精积思，不舍昼夜。好
> 《毛诗》《左氏传》。炎每叹之曰："宣若遇汉武，当逾于金日磾也。"
> 学成而返，不出门间，盖数年。每读《汉书》，至《萧何》《邓禹传》，
> 未曾不反复咏之曰："大丈夫若遭二祖，终不令两公独擅美于前
> 矣。"……（晋）武帝……以宣为右部都尉。

刘聪。同书卷一百二《刘聪载记》略云：

> 刘聪，字玄门，一名载，元海第四子也。……幼而聪悟好学，博
> 士朱纪大奇之。年十四，究通经史，兼综百家之言，孙吴兵法靡不诵
> 之。工草、隶，善属文，著《述怀诗》百余篇，赋颂五十余篇。

上举刘渊、刘和、刘宣、刘聪有一个共同的特点：都好学，都喜读经
史。刘渊、刘宣且曾拜汉人崔游、孙炎为师。刘聪不仅善书法，而且善诗
文，所作《述怀诗》达百余篇之多。由此可见这些人汉文化程度之高。刘
渊以他的汉文化程度，在起兵之后，冒充汉后，以相号召。《晋书》卷一
百一《刘元海载记》略云：

> （元海）下令曰："……曹操父子凶逆相寻，故孝愍委弃万国，昭
> 烈播越岷蜀，冀否终有泰，旋轸旧京，何图天未悔祸，后帝窘辱？自
> 社稷沦丧，宗庙之不血食四十年于兹矣。……孤今猥为群公所推，绍
> 修三祖之业……以大耻未雪，社稷无主……勉从群议。乃赦其境内，
> 年号元熙，追尊刘禅为孝怀皇帝，立汉高祖以下三祖五宗神主而
> 祭之。"

《资治通鉴》卷第八十五晋惠帝永兴元年（304）十月条胡注云：

> 渊以汉高祖、世祖、昭烈为三祖，太宗、世宗、中宗、显宗、肃
> 宗为五宗。

这是以汉朝宗室自居，以恢复汉朝自命了。刘渊并不姓刘，《晋书·刘元海载记》记其冒姓刘氏的原由云：

> 初汉高祖以宗女为公主，以妻冒顿，约为兄弟，故其子孙遂冒姓
> 刘氏。……吾又汉氏之甥，约为兄弟，兄亡弟绍，不亦可乎？

"兄亡弟绍"，"成汉高之业"，这是刘渊综览《史》《汉》想出来的"复呼韩邪"之业的策略。

羯族。

石勒。《晋书》卷一百五《石勒载记下》云：

> 勒雅好文学，虽在军旅，常令儒生读史书而听之，每以其意论古
> 帝王善恶，朝贤儒士听者莫不归美焉。尝使人读《汉书》，闻郦食其
> 劝立六国后，大惊曰："此法当失。何得遂成天下？"至留侯谏，乃
> 曰："赖有此耳。"

石弘。同书同卷《石勒载记下》附《石弘传》略云：

> 弘字大雅，勒之第二子也。……受经于杜嘏，诵律于续咸。勒
> 曰："今世非承平，不可专以文业教也。"于是使刘征、任播授以兵
> 书，王阳教之击刺。

羯族汉文化水平较之匈奴要低一些，石勒的汉文化水平较之其子石弘又要低一些，但可见羯族上层也正在接受汉化。

鲜卑慕容氏。

慕容皝。《晋书》卷一百九《慕容皝载记》略云：

> 慕容皝，字元真，廆第三子也。……尚经学，善天文。

慕容儁。同书卷一百十《慕容儁载记》略云：

> 慕容儁，字宣英，皝之第二子也。……博观图书，有文武干略。

慕容宝。同书卷一百二十四《慕容宝传》略云：

> 慕容宝，字道祐，垂之第四子也。……及为太子，砥砺自修，敦崇儒学，工谈论，善属文。

慕容德。同书卷一百二十七《慕容德载记》略云：

> 慕容德，字玄明，皝之少子也。……博观群书，性清慎，多才艺。

鲜卑慕容氏三代人，慕容皝就是前燕的奠基者，慕容儁是前燕的建立者，慕容德是南燕的建立者，慕容宝是后燕建立者慕容垂的太子。他们都能博览群书，有很高的汉文化水平。他们建立的国家，比匈奴、羯人所建国家，汉化色彩更浓。

氐族。

苻坚。《晋书》卷一百十三《苻坚载记上》略云：

> 苻坚，字永固，一名文玉，雄之子也。……八岁请师就家学，（祖）洪曰："汝戎狄异类，世知饮酒，今乃求学邪？"欣而许

之。……性至孝，博学多才艺，有经济大志，要结英豪，以图纬世之宜。

苻融。同书卷一百十四《苻坚载记下》附《苻融传》略云：

> 坚之季弟也……融聪辩明慧，下笔成章，至于谈玄论道，虽道安无以出之。耳闻则诵，过目不忘，时人拟之王粲。尝著《浮图赋》，壮丽清赡，世咸珍之。未有升高不赋，临丧不诔，朱肜、赵整等推其妙速。旅力雄勇，骑射击刺，百夫之敌也。

苻朗。同书同卷《苻坚载记下》附《苻朗传》略云：

> 坚之从兄子也……耽玩经籍，手不释卷，每谈虚语玄，不觉日之将夕……既至扬州，风流迈于一时，超然自得，志陵万物，所与晤言，不过一二人而已。骠骑长史王忱，江东之隽秀，闻而诣之，朗称疾不见……王国宝谮而杀之。……临刑，志色自若，为诗曰："……如何箕山夫，奄焉处东市！旷此百年期，远同嵇叔子。命也归自天，委化任冥纪。"著《苻子》数十篇行于世，亦《老》《庄》之流也。

苻登。同书卷一百十五《苻登载记》略云：

> 登，字文高，坚之族孙也。……长而折节谨厚，颇览书传。

氐人不仅学儒，而且学玄，有的有经济大志，有的风流迈于一时，汉文化水准之高，在五胡中，鲜能与比。前秦政策较之前燕又有发展。这与氐人汉文化水平之高有密切的关系。

羌族。

姚襄。《晋书》卷一百十六《姚襄载记》略云：

襄少有高名，雄武冠世，好学博通，雅善谈论。

姚兴。同书卷一百十七《姚兴载记上》略云：

姚兴，字子略，苌之长子也。……与其中舍人梁喜、洗马范勖等讲论经籍，不以兵难废业。

姚泓。同书卷一百十九《姚泓载记》略云：

姚泓，字元子，兴之长子也。博学善谈论，尤好诗咏。

将晋时羌人与东汉解仇结盟时代的羌人比较，就知晋时羌人有很大的进步。羌人上层如姚襄、姚兴、姚泓，汉文化水平可与氐人苻氏相伯仲。后秦姚兴重视文化事业且过于前秦。

卢水胡。

沮渠蒙逊。《晋书》卷一百二十九《沮渠蒙逊载记》略云：

（沮渠）蒙逊博涉群史，颇晓天文。

沮渠蒙逊是北凉的建立者，他也是一个汉化程度很深的胡人。

胡族的汉化不仅表现在文化上，而且表现在社会组织和经济生活上。《十六国春秋》"部（部落）""户（编户）"二字是否用原来的字，不敢妄言。不过先称部，后称户；塞外称部，中原称户；羯称部，鲜卑称户；同为鲜卑，慕容称户，阿柴虏一支称部；同一部落，地近大都邑者称户，远者称部；则大抵可信。由部落变成编户，是胡族社会组织上的一个进化。之所以有这个进化，是与汉人接近，接受汉化的结果。但汉化有深浅，胡族由部落进为编户不是划一的。汉化深的进为编户，汉化浅的则仍保持部落制，如阿柴虏。但文化高的也仍可能保持部落组织，不为编户。羯人如此，西方希伯来人也是如此。《晋书·石勒载记上》有"部落小率""部大"，表明羯人社会组织是没有解散的力量很强的部落。部落未解散，不等于没有文化，只是与汉人关系不可能密切，民族间的纷争也由此发生。

五胡中，鲜卑部落解散较早。《魏书》卷八十三上《外戚传·贺讷传》谓索头部灭后燕，解散诸部。其实部落的解散，不始于北魏，前燕已经做了。《晋书》卷一百十一《慕容暐载记》言及"诸军营户，三分共贯"；悉罢军封，"出户二十余万""见户""户兼二寇"；都是称户，不是称部。鲜卑人善于守城，如中山、邺、信都、广固，都能久守。《魏书》卷二《太祖纪》记魏军攻打后燕中山、邺、信都三城，自皇始元年（396）十月起，到二年正月，才打下信都；十月，才打下中山；而打下邺城，要到天兴元年（398）正月慕容德出走后。《晋书》卷一百二十八《慕容超载记》记东晋刘裕打南燕的都城广固，也从义熙五年（409）打到六年（二月），才打下来。这与胡人不能守城的通则不合。之所以能够久守，是因为鲜卑慕容氏部落已经解散，汉化程度甚高的缘故。又赫连勃勃"以叱干阿利领将作大匠，发岭北夷夏十万人，于朔方水北、黑水之南营起都城"[1]统万，与匈奴人不大筑城，也不相合。要知赫连勃勃是南匈奴与鲜卑人的杂种，父刘卫辰为匈奴人，母则为鲜卑人，他筑城有鲜卑的关系。叱干即薛干，叱干阿利也是鲜卑人。鲜卑部落解散，能守城、筑城，都是汉化的反映。

氐、羌亦称户。《晋书》卷一百十三《苻坚载记上》记苻坚"欲分三原、九嵕、武都、汧、雍十五万户于诸方要镇"。同书卷一百十六《姚苌载记》记"北地、新平、安定羌、胡降者十余万户"；"南羌窦姝率户五千来降"。同书卷一百十七《姚兴载记上》记姚兴"徙阴密三万户于长安"。氐、羌社会组织显然也由部落进化成了编户。

部落解散，昔日的氏族主人，以本氏族的人为徒附，进行耕种，变成

---

[1] ［唐］房玄龄等：《晋书》卷一百三十《赫连勃勃载记》，中华书局，1974年，第3205页。

大贵族，与土地发生密切的关系。一个氏族也就是一个宗族，族长也就是宗主。北魏的宗主督护制由此而来。

二、胡汉分治

胡汉的融合是一个漫长的历史过程。胡族的汉化先后不同，一个胡族即使汉化程度很深，也很难完全消除与汉人之间的隔阂，消除华夷或夷夏之防。《晋书》卷四十四《卢钦传》附《谌传》云：

> 值中原丧乱，（谌）与清河崔悦、颍川荀绰、河东裴宪、北地傅畅，并沦陷非所，虽俱显于石氏，恒以为辱。谌每谓诸子曰："吾身没之后，但称晋司空从事中郎尔。"

卢谌等对后赵石氏的态度，代表了中原汉族士大夫对胡族的态度。他们认为晋才是正统，在羯族建立的后赵做官是耻辱。

又同书卷一百八《慕容廆载记》附《高瞻传》略云：

> 高瞻，字子前，渤海蓚人也。……随（崔）毖如辽东……及毖奔败，瞻随众降于廆，廆署为将军，瞻称疾不起。廆敬其姿器，数临候之，抚其心曰："君之疾在此，不在余也。……君中州大族，冠冕之余……奈何以华夷之异，有怀介然？且大禹出于西羌，文王生于东夷，但问志略何如耳，岂以殊俗，不可降心乎?!"瞻仍辞疾笃，廆深不平之，瞻……遂以忧死。

慕容鲜卑汉化较早，中州冠冕如高瞻，犹"以华夷之异，有怀介然"。可见华夷界限消除之难。

又《北史》卷二十一《崔宏传》略云：

> 始宏因符氏乱，欲避地江南，为张愿所获，本图不遂，乃作诗以
> 自伤，而不行于时，盖惧罪也。（子）浩诛，中书侍郎高允受敕收浩
> 家书，始见此诗。允知其意，允孙绰录于允集。

崔宏在北魏初"通署三十六曹，如令仆统事，深为太祖（道武帝拓跋珪）
所任"。可是，本愿仍在晋朝。他在北魏，是"身在曹营心在汉"。这可代
表在胡族国家中做官的汉族士大夫阶级人物的心理。

至于胡族统治者对待汉人，要看到他们虽然也用一些汉族士大夫做
官，但是夷夏之防严重存在，特别是一些汉化较晚的国家，防范尤严。这
集中表现在实行胡汉分治上。

胡族统治者实行胡汉分治，是一个历史现象。这种现象应该说最早出
现于匈奴族建立的汉国（前赵）中。直到清朝，尚有其遗迹。按《晋书》
卷一百二《刘聪载记》略云：

> 置左右司隶，各领户二十余万，万户置一内史，凡内史四十三。
> 单于左右辅，各主六夷十万落，万落置一都尉。

同书卷一百三《刘曜载记》云：

> 置单于台于渭城，拜大单于。置左右贤王巳下，皆以胡、羯、鲜
> 卑、氐、羌豪杰为之。

如果说胡人与胡人之分为一小分别，则胡人与汉人之分为一大分别。
汉国（前赵）以单于台管领胡人，单于台下有左右单于辅，单于辅分主六
夷部落；以皇帝管领汉人，皇帝之下有左右司隶，分主汉人编户。刘聪、
刘曜等皆兼单于、皇帝于一身。胡与汉、部落与编户为两个不同的系统，
二系统分开治理。一般说，胡族部落系统用于打仗，汉族编户系统用于耕
织。这就叫胡汉分治。

单于台均置于京邑，刘聪单于台在平阳，刘曜单于台在长安。就人数看，占统治地位的胡族如汉国的匈奴，本部人并不多，但为主力，力量很强。胡人统治中国，全凭武力。单于台所在即本族主部所在。主部所在，即武力所在。五胡之间，常有奇怪的结果产生，即很强的部落，如果一战而溃，局面便难收拾。如刘曜与石勒的洛阳之战，刘曜一败，长安便跟着失守。这说明长安单于台的匈奴主力部落，被刘曜带到了洛阳，在洛阳被石勒一举击溃之后，刘曜就再无余力维护他的国家前赵了。如果被消灭的不是长安单于台的主力而只是洛阳的军队，那长安便不致失陷，前赵也不致灭亡。

单于台的设置，改变了《晋书》卷九十七《匈奴传》所说的"其部落随所居郡县，使宰牧之，与编户大同，而不输贡赋"的情况。这是以往汉族统治者管理胡人的办法。现在在胡族统治之下，部落从郡县移到了京邑，"使宰牧之"变成以单于台主之；"与编户大同，而不输贡赋"，变成与汉族编户分为两个系统，为胡族统治者当兵打仗。

刘聪所设管领汉人编户四十余万的左右司隶和四十三个内史，都在平阳。这是汉国的一个特殊的现象。左右司隶所管四十余万户，是从各地强迫迁徙到平阳来的。在胡汉分治上，通常的情况是：六夷部落因为要用于作战，往往被集中于京邑单于台下，特别是要充当禁军的本部人，更非集中于京邑不可；汉族编户则因为要用于耕织，不能像六夷那样集中到京邑来。即使要迁往京邑，也只能是少数，大多数只能仍旧散布在州郡中。对他们的统治，用皇帝的名义。

我们再看羯族石氏建立的后赵。《晋书》卷一百四《石勒载记上》略云：

> 勒增置宣文、宣教、崇儒、崇训十余小学于襄国四门，简将佐豪右子弟百余人以教之，且备击柝之卫。

又同书卷一百七《石季龙载记下》略云：

（冉闵）宣令内外，六夷敢称兵杖者，斩之。胡人或斩关或逾城而出者不可胜数。……令城内曰："与官同心者住，不同心者各任所之。"敕城门不复相禁。于是赵人百里内悉入城，胡羯去者填门。……闵躬率赵人诛诸胡羯，无贵贱、男女、少长皆斩之，死者二十余万，尸诸城外，悉为野犬豺狼所食。

按石勒称皇帝，又以大单于镇抚六夷。"加张宾大执法，专总朝政"，又"署石季龙为单于元辅、都督禁卫诸军"，专总六夷。"号胡（羯）为国人"，以示不同于汉族和其他胡族①。这仍旧是胡汉分治。羯人被集中于襄国单于台下，主要担任禁卫。冉闵之乱，襄国羯人去者、死者不可胜数，可知襄国羯人之多。而冉闵之乱，使后赵石氏一蹶而不能复振，羯人也集中于襄国，既被冉闵不问贵贱男女少长悉数杀死，从此再无力量恢复。

单于台所属禁卫军分守京邑四门或四个方向，成为四军、四帅。石勒增置宣文、宣教等十余小学于襄国四门，所选拔的子弟既受业于四门小学，又备"击柝之卫"。这些子弟其实都是羯族将佐子弟。四、八为军队组织。《晋书》卷一百十三《苻坚载记上》："分四帅子弟三千户以配苻丕镇邺。"同书卷一百十七《姚兴载记上》："分大营户为四，置四军以领之。"《魏书》卷一百十三《官氏志》："天兴元年……（置）八部大夫于皇城四方、四维，面置一人，以拟八座，谓之八国。"这里所谓四、八，都指守卫四个或八个方向的军队。后周八柱国，清朝八旗，道理相同。

《魏书·官氏志》有护军，北魏的护军如同地方太守，故《官氏志》有"太安三年五月，以诸部护军各为太守"之言。在此以前，护军与郡县似为两个系统，护军所管为地方部落军队，故谓之"诸部护军"；守令所管为地方行政。北魏地方似为军民分治，实即胡汉分治。北魏护军与清朝驻于各省的都统相似。北朝大致是胡人与军人混合，汉人与农民混合。战

① 参见［唐］房玄龄等：《晋书》卷一百五《石勒载记下》，中华书局，1974年，第2735页。

斗属胡人、准胡人（冯跋、高欢为胡化汉人），农桑则属汉人。军事、经济之分，亦即民族之分。北方胡汉杂糅，但并不是无系统可寻。

胡汉分治，说明了胡汉融合之不易。一个胡族与汉族融合，须待这个胡族接受汉文化，并被视为汉人、杂汉之后。

第八篇 晋代人口的流动及其影响（附坞）

一、人口流动的三个方向
——东北、西北与南方

晋代自八王之乱以来，战乱相寻，天灾迭萌，人民除了不能走或不愿走的以外（此种人产生的影响与流民一般大），都外逃以避难。胡族统治者为了控制人口，也凭借武力，强迫徙民。由此出现了北方人口大流动的现象。两晋南北朝三百年来的大变动，可以说就是由人口的大流动、大迁徙问题引起。

自八王之乱爆发，人口便已开始流动。《晋书》卷一百二十《李特载记》所记：

> 元康中，氐齐万年反，关西扰乱，频岁大饥，百姓乃流移就谷，相与入汉川者数万家。……由是散在益、梁，不可禁止。

这支进入益、梁并在益州起兵的关西流民队伍，迁徙时间即在元康元年（291）八王之乱爆发之后，永兴元年（304）匈奴刘渊起兵之前。

北方人民的大规模流动，是从刘渊起兵开始的。特别是在晋怀帝永嘉七年（313）洛阳陷落之后。本节所要叙述的是永嘉之乱以来北方人民的流动。

从全国范围来看，当时北方人民避难流徙的方向有三：东北、西北、南方。流向东北的一支，托庇于鲜卑慕容政权之下。流向西北的一支，归依于凉州张轨的领域。流向南方的一支，侨寄于孙吴的故壤。影响所及，不独前燕、前凉及东晋的建国中兴与此北方的流民有关，后来南北朝的士族亦承其系统。

按《晋书》卷一百八《慕容廆载记》有云：

> 元康四年，乃移居之（大棘城），教以农桑，法制同于上国。……百姓失业流亡归附者日月相继。……建武初，元帝承制……拜廆假节为散骑常侍、都督辽左杂夷流人诸军事。……流亡士庶多襁负归之。廆乃立郡以统流人，冀州人为冀阳郡，豫州人为成周郡，青州人为营丘郡，并州人为唐国郡。

由此可见流向东北慕容氏治下的人民，在阶级上有士族，有庶民；在籍贯上，有冀、豫、青、并等州人。慕容廆分别为之立郡以统之，并从中选拔自己所需要的辅佐。

载记称慕容廆"推举贤才，委以庶政，以河东裴嶷、代郡鲁昌、北平阳耽为谋主，北海逢羡、广平游邃、北平西方虔、渤海封抽、西河宋奭、河东裴开为股肱，渤海封弈、平原宋该、安定皇甫岌、兰陵缪恺以文章才俊任居枢要，会稽朱左车、太山胡毋翼、鲁国孔纂以旧德清重引为宾友，平原刘赞儒学该通，引为东庠祭酒，其世子皝率国胄束脩受业焉。廆览政之暇，亲临听之，于是路有颂声，礼让兴矣"[1]。慕容廆从流人中大批起用中州士人为谋主、股肱，对前燕的建国与推行魏晋屯田旧法（见《晋书》卷一百九《慕容皝载记》），对东北地区的开发，起了重要的作用。前燕部落解散早，比前、后赵进步，也与此有关。前燕立郡以统流人与东晋侨置郡县以居流人相同。

---

① [唐]房玄龄等：《晋书》卷一百八《慕容廆载记》，中华书局，1974年，第2806页。

又《晋书》卷八十六《张轨传》有云：

> 秘书监缪世征、少府挚虞夜观星象，相与言曰："天下方乱，避难之国，唯凉土耳。张凉州德量不恒，殆其人乎？"……及京都陷……中州避难来者日月相继。分武威置武兴郡以居之。

那些逃到凉州来的中州人士，对五凉政权的建立，河西胡族的汉化与经济文化的发展，都起了重要的作用。像南凉，在秃发乌孤之时，"梁昶、韩疋、张昶、郭韶，中州之才令；金树、薛翘、赵振、王忠、赵晁、苏霸，秦雍之世门，皆内居显位，外宰郡县"①。在秃发傉檀时，又曾起用"中州令族"裴敏、马辅，"秦陇冠冕"辛晁、彭敏。秃发利鹿孤"从史暠之言，建学而延胄子"②。秃发傉檀与后秦韦宗"论六国从横之规，三家战争之略，远言天命废兴，近陈人事成败，机变无穷，辞致清辩"③。汉文化水平之高，竟使韦宗有"命世大才、经纶名教者，不必华宗夏士"④之叹。从南凉之例可以窥见晋时中州流人对河西凉州地区影响之巨。这个地区的胡族本较落后，进化之所以快，一个重要的原因便是与中州流人的结合。

至于北人南来避难，约略可以分为两条路线，一至长江上游，一至长江下游。路线固有不同，在避难的人群中，其社会阶级亦各互异。南来的上层阶级为晋的皇室及洛阳的公卿士大夫，而在流向东北与西北的人群中，鲜能看到这个阶级中的人物。中层阶级亦为北方士族，但其政治社会

---

① [唐]房玄龄等：《晋书》卷一百二十六《秃发乌孤载记》，中华书局，1974年，第3143页。

② [唐]房玄龄等：《晋书》卷一百二十六《秃发傉檀载记》，中华书局，1974年，第3158页。

③ [唐]房玄龄等：《晋书》卷一百二十六《秃发傉檀载记》，中华书局，1974年，第3151页。

④ [唐]房玄龄等：《晋书》卷一百二十六《秃发傉檀载记》，中华书局，1974年，第3151页。

文化地位不及聚集于洛阳的士大夫集团,除少数人如徐澄之、臧琨等外(见《晋书》卷九十一《儒林传·徐邈传》),大抵不以学术见长,而以武勇善战著称。下层阶级为长江以北地方低等士族及一般庶民,以地位卑下及实力薄弱,不易南来避难,人数较前二者为特少。下面先说避难至长江下游的流人。

上层阶级。《晋书》卷六十五《王导传》云:

> 俄而洛京倾覆,中州士女避乱江左者十六七,导劝帝(元帝)收其贤人君子,与之图事。

《资治通鉴》卷第八十七晋怀帝永嘉五年(311)云:

> 时海内大乱,独江东差安,中国士民避乱者多南渡江。镇东司马王导说琅邪王睿收其贤俊,与之共事。睿从之,辟掾属百余人,时人谓之"百六掾"。以前颍川太守勃海刁协为军谘祭酒,前东海太守王承、广陵相下壶为从事中郎,江宁令诸葛恢、历阳参军陈国陈颋为行参军,前太傅掾庾亮为西曹掾。

从"十六七"之言,可知中州士女逃向江南之多。东晋是在北方士族和江东名宗相结合的基础上建立起来的,而"百六掾"则是东晋政权的奠基石。

中州士族逃命江左,"寄人国土",喘息稍定,自不能不作"求田问舍"之计。其地点值得注意。《晋书》卷八十《王羲之传》略云:

> (王)述后检察会稽郡,辩其刑政,主者疲于简对。羲之深耻之,遂称病去郡,于父母墓前自誓。……羲之既去官,与东土人士尽山水之游。……与吏部郎谢万书曰:"……顷东游还,修植桑果。……并行田视地利,颐养闲暇。"

《宋书》卷六十七《谢灵运传》略云：

> 灵运因父祖之资，生业甚厚。奴僮既众，义故门生数百。凿山浚湖，功役无已。寻山陟岭，必造幽峻，岩障千重，莫不备尽。登蹑常著木屐，上山则去前齿，下山去其后齿。尝自始宁南山伐木开径，直至临海，从者数百人。临海太守王琇惊骇，谓为山贼，徐知是灵运乃安。……在会稽亦多徒众，惊动县邑。

据此可知北来上层社会阶级虽在首都建康作政治活动，然而殖产兴利，进行经济的开发，则在会稽、临海之间的地域。故此一带区域也是北来上层社会阶级居住之地。上层阶级的领袖王、谢诸家，之所以需要到会稽、临海之间来求田问舍，是因为新都近旁既无空虚之地，京口晋陵一带又为北来次等士族所占有，至若吴郡、义兴、吴兴等郡，都是吴人势力强盛的地方，不可插入。故惟有渡过钱塘江，至吴人士族力量较弱的会稽郡，转而东进，求经济之发展。

中层阶级或次等士族。此等人多来自江淮以北，人数较当时避难南来的上下两层社会阶级为多，但在政治文化上不占高等地位。他们既不能亦不必居住在长江南岸新立的首都建康及其近旁，又不便或不易插入江左文化士族所聚居的吴郡治所及其近旁。而为了保全自己，他们却不得不择一距新邦首都不甚远，且又在长江南岸较为安全的地方居住下来。地广人稀的京口晋陵近旁一带，恰中其选。

据《元和郡县图志》卷二十五《江南道一》"润州丹阳县"条云：

> 新丰湖在县东北三十里，晋元帝大兴四年，晋陵内史张闿所立。旧晋陵地广人稀，且少陂渠，田多恶秽。闿创湖，成溉灌之利。初以劳役免官，后追纪其功，超为大司农。

《宋书》卷三十五《州郡一》"南徐州刺史"条略云：

晋永嘉大乱，幽、冀、青、并、兖州及徐州之淮北流民，相率过淮，亦有过江在晋陵郡界者。晋成帝咸和四年，司空郗鉴又徙流民之在淮南者于晋陵诸县，其徙过江南及留在江北者，并立侨郡县以司牧之。……故南徐州备有徐、兖、幽、冀、青、并、扬七州郡邑。……户七万二千四百七十二，口四十二万六百四十。……晋陵太守……领县六，户一万五千三百八十二，口八万一百一十三。

《元和郡县图志》明言"旧晋陵地广人稀"，这正是江淮以北次等士族理想的避难处所。张闿于大兴四年（321）在晋陵修起新丰湖，给了江淮以北的流人在这一地域创建家园以便利的条件。后来这个区域发展繁盛起来，所依赖的正是此种流民的力量。

居住在晋陵郡的流民为当时具有战斗力的集团。换言之，即江左北人的武力集团。后来击败苻坚及创建宋、齐、梁三朝霸业的，都是此集团的子孙。这可从以下史料得到证明。

《世说新语·捷悟》"郗司空在北府，桓宣武恶其居兵权"条刘注引《南徐州记》云：

徐州人多劲悍，号精兵，故桓温常曰："京口酒可饮，箕可用，兵可使。"

《晋书》卷八十四《刘牢之传》略云：

刘牢之，字道坚，彭城人也。曾祖羲，以善射事武帝，历北地、雁门太守。父建，有武干，为征虏将军。世以壮勇称。牢之面紫赤色，须目惊人，而沉毅多计画。太元初，谢玄北镇广陵，时苻坚方盛，玄多募劲勇，牢之与东海何谦、琅邪诸葛侃、乐安高衡、东平刘轨、西河田洛及晋陵孙无终等以骁猛应选。玄以牢之为参军，领精锐为前锋，百战百胜，号为"北府兵"，敌人畏之。

刘牢之等都是住在京口（北府）的江淮以北的流民或其子孙。谢玄建立的"北府兵"，便是由此种流民组成。刘牢之等是主要将领。淝水之战，击败苻坚，北府兵功勋卓著。

又《宋书》卷一《武帝纪》略云：

> 高祖武皇帝讳裕，字德舆，小名寄奴，彭城县绥里人。……（曾祖）混始过江，居晋陵郡丹徒县之京口里。……（高祖）乃与（东海何）无忌同船共还，建兴复之计。于是与弟道规、沛郡刘毅、平昌孟昶、任城魏咏之、高平檀凭之、琅邪诸葛长民、太原王元德、陇西辛扈兴、东莞童厚之，并同义谋。

《魏书》卷九十八《岛夷萧道成传》略云：

> 岛夷萧道成，字绍伯，晋陵武进楚也。

同书同卷《岛夷萧衍传》略云：

> 岛夷萧衍，字叔达，亦晋陵武进楚也。

然则，宋、齐、梁三朝的建立者都是住在晋陵郡的江淮以北流民的子孙。宋武帝刘裕是北府兵的将领，以打倒桓玄起家。他所依靠的力量正是北府兵。齐高帝萧道成和梁武帝萧衍原籍为东海郡兰陵县，萧道成的高祖萧整始"过江居晋陵武进县之东城里。寓居江左者，皆侨置本土，加以南名，于是为南兰陵兰陵人"[1]。萧衍为南兰陵中都里人，其父萧顺之为萧道成

---

[1] ［梁］萧子显：《南齐书》卷一《高帝纪上》，中华书局，1972年，第1页。

的族弟。刘裕、萧道成、萧衍的先后称帝，表示晋朝由中州一流文化士族所独占的皇权，到南朝转入了次等士族即拥有武力的淮北流民集团之手。

下层阶级。此等人大抵分散杂居于吴人势力较大的地域。他们人数既少，政治社会文化地位又很低下，不能成为强有力的集团，不敢与当地吴人相抗衡。其后逐渐同化于土著的吴人。即与吴人通婚姻，口语为吴语。此等人可以陈朝皇室及王敬则家为代表。陈霸先先娶吴兴钱氏女，续娶吴兴章氏即钮氏女①。王敬则与士庶相接皆吴语②。陈霸先的先世，虽不知在西晋末年为何地人，但避难南来，定居吴兴郡长城县，则是清楚的。王敬则的籍贯，据《南史》卷四十五《王敬则传》，本为临淮射阳，后侨居晋陵南沙县。然则，陈霸先、王敬则同为自北而南避难过江的伧楚。由于社会阶级的低下，杂居于吴人势力较大的地区，遂同化于吴人。他们的势力至南齐以后始渐抬头。

以上说的是南来北人至长江下游的路线及其居住区域，下面再说南来北人至长江上游的路线及其居住区域。

《梁书》卷十《萧颖达传》略云：

> 兄颖胄，齐建武末亦为西中郎外兵参军，俱在西府。……东昏遣辅国将军刘山阳为巴西太守，道过荆州。密敕颖胄袭雍州。时高祖已为备矣，仍遣颖胄亲人王天虎以书疑之，山阳至，果不敢入城。颖胄计无所出，夜遣钱塘人朱景思呼西中郎城局参军席阐文、谘议参军柳忱闭斋定议。阐文曰："萧雍州（萧衍）蓄养士马，非复一日，江陵素畏襄阳人，人众又不敌，取之必不可制。"（参《梁书》卷一《武帝纪上》。武帝谓之"荆州本畏襄阳人"）

按此传最可注意之点为席阐文所谓"江陵素畏襄阳人"一语。此点不独涉及梁武帝的霸业，即前此之桓玄、刘毅、沈攸之，后此之梁元帝、萧詧诸

---

① 参见[唐]李延寿：《南史》卷十二《陈武宣章皇后传》，中华书局，1975年，第343页。
② 参见[梁]萧子显：《南齐书》卷二十六《王敬则传》，中华书局，1972年，第484页。

人的兴亡成败，均与之有关。若欲明了此中关键，必先考察居住在襄阳及江陵的南来北人为何等社会阶级。

首先可以注意的是原来居住在南阳及新野的上层士族，其政治社会地位逊于洛阳胜流如王导等辈，他们向南移动自不必或不能移居江左新邦首都建康，而可迁至当日长江上游都会江陵、南郡近旁一带。这不仅是因为江陵一地距胡族势力较远，比较安全，而且是因为江陵为当日长江上游的政治中心，为占有政治上地位的人群所乐居。兹举例言之。

《周书》卷四十一《庾信传·哀江南赋》云：

> 我之掌庾承周，以世功而为族；经邦佐汉，用论道而当官。禀嵩、华之玉石，润河、洛之波澜。居负洛而重世，邑临河而晏安。逮永嘉之艰虞，始中原之乏主。民枕倚于墙壁，路交横于豺虎。值五马之南奔，逢三星之东聚。彼凌江而建国，此播迁于吾祖。分南阳而赐田，裂东岳而胙土。诛茅宋玉之宅，穿径临江之府。

《隋书》卷七十八《艺术传·庾季才传》略云：

> 庾季才，字叔奕，新野人也。八世祖滔，随晋元帝过江，官至散骑常侍，封遂昌侯，因家于南郡江陵县。祖诜，梁处士，与宗人易（庾信之祖）齐名。

据此可知文化士族庾氏原本"负洛"而居，始迁南阳新野县，因而为南阳新野人，继迁南郡江陵县。

又《梁书》卷十九《宗夬传》略云：

> 宗夬，字明扬，南阳涅阳人也，世居江陵。祖景，宋时征太子庶子，不就，有高名。父繁，西中郎谘议参军。夬少勤学，有局干。弱冠，举郢州秀才。……齐司徒竟陵王集学士于西邸，并见图画，夬亦

预焉。永明中，与魏和亲，敕夬与尚书殿中郎任昉同接魏使，皆时
选也。

据此可知文化士族宗氏为自南阳涅阳县迁居到江陵。

又《南齐书》卷五十四《刘虬传》（参《南史》卷五十《刘虬传》）
略云：

> 刘虬，字灵预，南阳涅阳人也。旧族，徙居江陵。……建元初，
> 豫章王为荆州，教辟虬为别驾，与同郡宗测、新野庾易并遣书礼
> 请。……永明三年，刺史庐陵王子卿表虬及同郡宗测、宗尚之、庾
> 易、刘昭五人，请加蒲车束帛之命。诏征为通直郎，不就。

据此可知文化士族刘虬之先亦自南阳涅阳县徙居江陵。

又《世说新语·栖逸》（参《晋书》卷九十四《隐逸传·刘驎之传》）
略云：

> 南阳刘驎之高率善史传，隐于阳岐。……荆州刺史桓冲……征为
> 长史。（刘注引邓粲《晋纪》曰：“驎之字子骥，南阳安众人。”）

同书《任诞》云：

> 桓车骑在荆州，张玄为侍中，使至江陵，路经阳岐村。（刘注云：
> “村临江，去荆州二百里。”）俄见一人持半小笼生鱼，径来造船，
> 云：“有鱼欲寄作脍。”张乃维舟而纳之，问其姓字，称是刘遗民。
> （刘注引《中兴书》曰：“刘驎之，一字遗民。”）

吴士鉴《晋书·刘驎之传斠注》引洪亮吉《东晋疆域志》云：

石首有阳岐。

据此可知文化士族晋人刘骥之籍本南阳安众县，后南迁石首之阳岐村，临江而居。

上述北人南来之上层文化士族，其先本居南阳一带，后徙江陵近旁地域，至江左政权后期渐次著称。梁元帝迁都江陵，为此集团最盛的时代。然而西魏灭梁，此种士族与遭遇侯景之乱，自建康逃到江陵之士族同为俘虏，随征服者北迁。北方上层士族南渡之局遂因此告一结束。

其次为迁至襄阳（雍州刺史治所）的原来住在南阳新野地区的次等士族及雍、秦流民。永嘉之乱以来，居于南阳及新野地域的次等士族与上等士族同时南徙，但次等士族多止于襄阳一带。其后"胡亡氐乱，雍、秦流民多南出樊沔"，东晋孝武帝遂于襄阳侨立雍州，并立侨郡县以居流人。宋文帝元嘉二十六年（449），"割荆州之襄阳、南阳、新野、顺阳、随五郡为雍州，而侨郡县犹寄寓在诸郡界"[1]。宋孝武帝大明中，"又分实土郡县以为侨郡县境"[2]。这里先说居住于雍州的北方次等士族。

《宋书》卷八十三《宗越传》云：

> 宗越，南阳叶人也。本河南人，晋乱，徙南阳宛县，又土断属叶。本为南阳次门，安北将军赵伦之镇襄阳，襄阳多杂姓，伦之使长史范颖之条次氏族，辨其高卑，颖之点越为役门。出身补郡吏。

《梁书》卷九《曹景宗传》略云：

> 曹景宗，字子震，新野人也。父欣之，为宋将，位至征虏将军、徐州刺史。景宗幼善骑射。

---

① ［梁］沈约：《宋书》卷三十七《州郡三·雍州》，中华书局，1974年，第1135页。
② ［梁］沈约：《宋书》卷三十七《州郡三·雍州》，中华书局，1974年，第1135页。

同书卷十《蔡道恭传》(《南史》卷五十五《蔡道恭传》同)略云：

> 蔡道恭，字怀俭，南阳冠军人也。父那，宋益州刺史。……（道恭）累有战功。

按上述诸人本为北方中层社会阶级，即《宗越传》所谓"次门"者是。他们都有武力，居于襄阳雍州一带，与长江下游居住京口晋陵一带的南来北人之有武力者正同。除了这种人，还要注意流寓于侨雍州的雍、秦流民，他们也有武力，因而在雍州形成了一个武力集团。这个集团的形成当在"胡亡氐乱"之后，时间晚于东部京口晋陵地区的北府兵集团。

关于寄寓襄阳雍州地区的雍、秦流民，在南朝史料中不难窥见其情况。《梁书》卷十《杨公则传》(《南史》卷五十五《杨公则传》同)略云：

> 杨公则，字君翼，天水西县人也。父仲怀，宋泰始初为豫州刺史殷琰将……战死于横塘……公则殡毕，徒步负丧归乡里。（按《宋书》卷三十七《州郡三》"雍州刺史"条下有南天水太守及西县令，杨公则的乡里当即指此。）

同书卷十二《席阐文传》(《南史》卷五十五《席阐文传》同)略云：

> 席阐文，安定临泾人也。……齐初，为雍州刺史萧赤斧中兵参军，由是与其子颖胄善。（按《宋书》卷三十七《州郡三》"秦州刺史"条有安定太守。又云："晋孝武复立，寄治襄阳。"席阐文既为雍州刺史府参军，疑其家也是因为晋孝武帝时"胡亡氐乱"而南迁襄阳的。）

同书卷十七《马仙琕传》(《南史》卷二十六《袁湛传》附《马仙琕传》

同）略云：

> 马仙琕，字灵馥，扶风郿人也。父伯鸾，宋冠军司马。仙琕少以果敢闻。（按《宋书》卷三十七《州郡三》"雍州刺史"条下有扶风太守、郿县令。）

同书卷十八《康绚传》（《南史》卷五十五《康绚传》同）略云：

> 康绚，字长明，华山蓝田人也。其先出自康居。初，汉置都护，尽臣西域，康居亦遣侍子待诏于河西，因留为黔首，其后即以康为姓。晋时陇右乱，康氏迁于蓝田。绚曾祖因为符坚太子詹事，生穆，穆为姚苌河南尹。宋永初中，穆举乡族三千余家，入襄阳之岘南，宋为置华山郡蓝田县，寄居于襄阳，以穆为秦、梁二州刺史，未拜，卒。绚世父元隆，父元抚，并为流人所推，相继为华山太守。绚少倜傥有志气，齐文帝为雍州刺史，所辟皆取名家，绚特以才力召为西曹书佐。永明三年，除奉朝请。文帝在东宫，以旧恩引为直。后以母忧去职，服阕，除振威将军、华山太守。推诚抚循，荒余悦服。迁前军将军，复为华山太守。永元元年，义兵起，绚举郡以应。

按上述杨公则、席阐文、马仙琕、康绚等人，都是居于侨雍州的雍、秦流民。他们迁居襄阳一带，当在"胡亡氏乱"以后。他们都有武力，因为南迁较晚，其战斗力的衰退也较居住在长江下游京口晋陵一带的武人为迟。他们的社会阶级地位与南阳、新野地区的次等士族相当，即同属于中层社会阶级。

上述足可说明襄阳存在着一个由中层社会阶级组成的强大的武力集团。如果说宋武帝刘裕的兴起靠了京口北府集团的武力，则梁武帝萧衍的兴起，却靠了襄阳集团的武力。北府兵至宋以后，战斗力衰退，有力量的是襄阳的武力集团。不过，到梁朝晚期，此集团的武力也不足用了，故梁武帝不得已而改用北来降将。至陈霸先则又别用南方土著的豪族，此为江左三百年政治社会上的大变动。

以上东北、西北、南渡三线，南渡的最多，流向东北的次之，流向西北的又次之。流民亦非一往而不返，有回徙的。不徙有事发生，徙则有大事发生，南北朝无一大事不与徙有关。

二、北方胡族统治者的徙民与人民的屯聚问题（坞壁及桃花源）

永嘉之乱以来，胡族统治者往往将其武力所到地域的各族居民，迁往政治中心地带，以便控制并役使。而当这个胡族政权发生混乱，失去控制力，或者灭亡的时候，被迁徙的人民又往往回迁。这一往一返，影响极大。

匈奴刘聪之时，其将刘曜曾驱掠长安"士女八万余口退还平阳"。次陷三渚，又曾迁"二万余户于平阳县"。刘聪所设的左右司隶，"各领户二十余万"；单于左右辅，"各主六夷十万落"①。其中绝大多数都是从其兵力所及地区驱掠而来的汉族编户与六夷部落。司隶部人曾有二十万户因为平阳饥饿与石赵的招诱，出奔冀州。（以上见《晋书》卷一百二《刘聪载记》）

把各族被征服的人民迁往政治中心地带，匈奴刘聪已开其端。到后赵石虎时，徙民的规模增大。特别值得注意的是将关中之人东迁出关，被迁徙的有各族各个阶级的人们。这出于氐人苻洪和羌人姚弋仲的建议。《晋书》卷一百十二《苻洪载记》云：

（石）季龙（石虎）灭石生，洪说季龙宜徙关中豪杰及羌戎内实京师，季龙从之，以洪为龙骧将军、流人都督，处于枋头。

①［唐］房玄龄等：《晋书》卷一百二《刘聪载记》，中华书局，1974年，第2662、2665页。

同书卷一百十六《姚弋仲载记》略云：

> 石季龙克上邽，弋仲说之曰："……宜徙陇上豪强，虚其心腹，以实畿甸。"……（后）季龙执权，思弋仲之言，遂徙秦、雍豪杰于关东，弋仲率部众数万迁于清河。

又同书卷一百六《石季龙载记上》云：

> 镇远王擢表雍、秦二州望族自东徙已来，遂在戍役之例，既衣冠华胄，宜蒙优免，从之。自是皇甫、胡、梁、韦、杜、牛、辛等十有七姓蠲其兵贯，一同旧族，随才铨叙，思欲分还桑梓者听之。其非此等，不得为例。

由此可见被迁往关东的有雍秦汉、氐、羌各族各阶层的人民。迁徙目的在"虚其心腹，以实畿甸"。而所谓"以实畿甸"，或"内实京师"，其实是利在控制他们，一律作为"戍役"使用。他们都有"兵贯"。后来被免掉兵贯的只有雍、秦二州的望族皇甫、胡等十七姓。

石虎不仅曾将关西地区的人户迁往关东，而且曾将南方人民迁往北方。《晋书》卷七《成帝纪》所载汉水以东被徙人户即有七千余家之多。其言云：

> （咸康五年）九月，石季龙将夔安、李农陷沔南，张貉陷邾城，因寇江夏、义阳，征虏将军毛宝、西阳太守樊俊、义阳太守郑进并死之。夔安等进围石城，竟陵太守李阳距战，破之，斩首五千余级。安乃退。遂略汉东，拥七千余家迁于幽、冀。

后赵徙民究竟有多少？《晋书·石季龙载记》附《石闵传》记石虎末年，后赵大乱，"青、雍、幽、荆州徙户及诸氐、羌、胡、蛮数百余万，各还本土"，可见被徙的各地、各族人户之众。

数百万人离乡背井，被迁往关东，是一次大迁徙。数百万人因乱回迁本土，又是一次大迁徙。《石闵传》记载当时回迁人户"道路交错，互相杀掠，且饥疫死亡，其能达者十有二三。诸夏纷乱，无复农者"。

有脉络可寻的，是氐人和羌人的回迁。关于氐人，《晋书》卷一百十二《苻洪载记》云：

> 洪将死，谓（子）健曰："所以未入关者，言中州可指时而定，今见困竖子，中原非汝兄弟所能办，关中形胜，吾亡后便可鼓行而西。"言终而死。

同书同卷《苻健载记》略云：

> 尽众西行，起浮桥于盟津以济，遣其弟雄率步骑五千入潼关，兄子菁自轵关入河东。……既济焚桥，自统大众继雄而进。……三辅略定，健引兵至长安……入而都之。

按苻洪"有众十余万"（《苻洪载记》）。从他临死前所说的话中可以看出，他本想争得中州，不料为麻秋所鸩。他以为中原非苻健兄弟所能办，要他们率部回关中创业。苻健在苻洪死后，"尽众西行"，夺取了长安，建立了前秦。这个国家是在氐人的回徙中建立的，之所以能够建立，是因为石虎时期所实行的迁徙关中豪杰及羌戎，"虚其腹心，以实畿甸"的政策，已使关中无有力量能与苻健的十余万众相抗衡。

羌人。羌人有部众"数万"（《姚弋仲载记》）处于清河。羌人的回徙，晚于氐人。后赵乱，姚襄一度率部南攻，后来在将佐劝说下，才北归。《晋书》卷一百十六《姚襄载记》略云：

> 襄将佐部众皆北人，咸劝襄北还。襄方轨北引……乃据许昌，将

如河东以图关右，自许遂攻洛阳，逾月不克。……桓温自江陵伐襄，战于伊水北，为温所败。……襄寻徙北屈，将图关中，进屯杏城，遣其从兄辅国姚兰略地鄜城，使其兄益及将军王钦卢招集北地戎夏，归附者五万余户。……襄率众西引……战于三原，襄败，为（苻）坚所杀。（及襄死，苌率诸弟降于苻生）

姚襄入关，关中已为氐人所占。姚襄拥有的力量不及氐人苻氏，较量的结果是羌人的失败，姚襄被杀，羌人在姚苌率领下降于苻生。

东北的慕容鲜卑于此时进入中原，建立前燕。

前秦在苻坚的时候，灭了前燕，又有一次徙民。这次不是将关中之人迁往关东，而是将关东之人迁往关中。《晋书》卷一百十三《苻坚载记上》云：

徙关东豪杰及诸杂夷十万户（《通鉴》卷第一百三晋简文帝咸安元年作"十五万户"）于关中，处乌丸杂类于冯翊、北地，丁零翟斌于新安。徙陈留、东阿万户以实青州。

苻坚所徙"关东豪杰及诸杂夷十万"，包括进入中原的慕容鲜卑与劫后羯族的遗民。这造成了苻融所说"鲜卑、羌、羯，布诸畿甸"[1]的局面。苻坚将关东居民迁往关中，与后赵将关中居民迁往关东，在性质上并无不同。所不同的，是后来苻坚曾将本族人迁往关东。《晋书·苻坚载记上》云：

洛既平，（苻）坚以关东地广人殷，思所以镇静之，引其群臣于东堂议曰："凡我族类，支胤弥繁，今欲分三原、九嵕、武都、汧、雍十五万户于诸方要镇，不忘旧德，为磐石之宗，于诸君之意如何？"皆曰："此有周所以祚隆八百，社稷之利也。"于是分四帅子弟三千户

---

① [唐]房玄龄等:《晋书》卷一百十四《苻坚载记下》,中华书局,1974年,第2913页。

以配苻丕镇邺，如世封诸侯，为新券主。坚送丕于灞上，流涕而别。诸戎子弟离其父兄者，皆悲号哀恸，酸感行人，识者以为丧乱流离之象。于是分幽州置平州，以石越为平州刺史，领护鲜卑中郎将，镇龙城；大鸿胪韩胤领护赤沙中郎将，移乌丸府于代郡之平城；中书梁谠为安远将军、幽州刺史，镇蓟城；毛兴为镇西将军、河州刺史，镇枹罕，王腾为鹰扬将军、并州刺史，领护匈奴中郎将，镇晋阳，二州各配支户三千；苻晖为镇东大将军、豫州牧，镇洛阳；苻叡为安东将军、雍州刺史，镇蒲坂。

按被苻坚迁至关中的关东豪杰及诸杂夷为十万户或十五万户，而苻坚所欲迁往关东的关中氏人也是十五万户。可谓两两相当。苻坚的意图是要把本族人徙往诸方要镇，以为"磐石之宗"。从历史上看，这是二次向关东迁徙。被徙至关东要镇的氏人，看来远未达到十五万户之数。配给苻丕镇邺的为三千户，配给毛兴镇枹罕、王腾镇晋阳的各为支户三千。其他各镇未见配给氏户的记载。

据以上所述，可以看到自匈奴的汉国到氏人的前秦，由于胡族统治者的徙民政策，北方各族各阶级的人民都曾被迁动。氏、羌曾从关中徙往关东，后来又回徙。鲜卑进入中原，后被徙往关中，淝水战后，又回徙关东。南方汉水以东地区的人民主要是蛮族，曾被徙往幽、冀。劫后北方的匈奴与羯人，也有移动。苻坚所徙关东人中，即包括羯人。在胡族统治者的徙民政策下，汉族也不能幸免。离乡背井，流离道路，使生产无法进行。但各个种族之间接触的机会却多了，这也可说是一种报偿。

北方的战乱和胡族统治者的徙民，对于各族来说，都是一种灾难。汉人能走的都走了，不能远离本土迁至他乡的，则大抵纠合宗族乡党，屯聚堡坞，据险自守，以避戎狄寇盗之难。《晋书》卷一百《苏峻传》云：

永嘉之乱，百姓流亡，所在屯聚。峻纠合得数千家，结垒于本县（掖县）。于时豪杰所在屯聚，而峻最强。遣长史徐玮宣檄诸屯，示以王化，又收枯骨而葬之。远近感其恩义，推峻为主。遂射猎于海边青山中。

《苏峻传》讲了两个"所在屯聚"，可知屯聚者之多。结垒也就是结堡、结坞，以作守备之用。那时的北方，到处都出现了坞。《水经注》卷十五《洛水篇》记洛水所经，有檀山坞、金门坞、一合坞、云中坞、合水坞、零星坞、百谷坞、袁公坞、盘谷坞、范坞、杨志坞。这仅是洛水流域的堡坞而已。从《晋书》卷六十二《祖逖传》，我们还可见到黄淮平原堡坞之多。此传云：

> 初，北中郎将刘演距于石勒也，流人坞主张平、樊雅等在谯，演署平为豫州刺史，雅为谯郡太守。又有董瞻、于武、谢浮等十余部，众各数百，皆统属平。……而张平余众助雅攻逖。蓬陂坞主陈川自号宁朔将军、陈留太守。逖遣使求救于川，川遣将李头率众援之，逖遂克谯城。……（桓）宣遂留助逖，讨诸屯坞未附者。……河上堡固先有任子在胡者，皆听两属，时遣游军伪抄之，明其未附。诸坞主感戴，胡中有异谋，辄密以闻。前后克获，亦由此也。

《祖逖传》所载张平、陈川诸坞都在平地，且有在河上者。与《水经注》所载洛水诸坞合看，就可知中原坞聚分布之广。

凡屯聚堡坞而欲久支岁月的，最理想的地方，是既险阻而又可以耕种、有水泉灌溉之地。能具备这两个条件的，必为山顶平原及有溪涧水源之处。因此，当时迁到山势险峻的地方去避难的人，亦复不少。盖非此不足以阻胡马的陵轶，盗贼的寇抄。典型例子有庾衮的禹山坞和郗鉴的峄山坞。

《晋书》卷八十八《孝友传·庾衮传》略云：

> 张泓等肆掠于阳翟，衮乃率其同族及庶姓保于禹山。是时百姓安宁，未知战守之事。衮曰："孔子云：不教而战，是谓弃之。"乃集诸

群士而谋曰："二三君子相与处于险，将以安保亲尊，全妻孥也。古人有言，千人聚而不以一人为主，不散则乱矣。将若之何？"众曰："善。今日之主，非君而谁！"……于是峻险阨，杜蹊径，修壁坞，树藩障，考功庸，计丈尺，均劳逸，通有无，缮完器备，量力任能，物应其宜，使邑推其长，里推其贤，而身率之。……及贼至，衮乃勒部曲，整行伍，皆持满而勿发。贼挑战，晏然不动，且辞焉。贼服其慎，而畏其整，是以皆退，如是者三。

又晁公武《郡斋读书志》卷十四《兵家类》云：

> 《庾衮保聚图》一卷。
> 右晋庾衮撰。《晋书·孝友传》载衮字叔褒。齐王冏之倡义也，张泓等掠阳翟，衮率众保禹山，泓不能犯。此书序云："大驾迁长安，时元康三年己酉，撰《保聚垒议》二十篇。"按冏之起兵，惠帝永宁元年也，帝迁长安，永兴元年也，皆在元康后，且三年岁次实癸丑，今云己酉，皆误。

庾衮率同族及庶姓保于禹山，时间较早。他撰写《保聚垒议》之年（永兴元年，即304年），即匈奴刘渊起兵之年。从他的禹山坞来看，保聚以同族为主，亦有庶姓。坞主由推举产生。上引《苏峻传》苏峻做坞主亦由推举，这是一个通则。坞以宗族乡党为单位，坞主为乡里豪帅，像庾衮、苏峻都是此等人。"峻险阨，杜蹊径，修壁坞，树藩障"，是筑坞以自守；"考功庸，计丈尺，均劳逸，通有无"，是耕种以自给。

"北土重同姓，谓之骨肉，有远来相投者，无不竭力营赡，若不至者，以为不义。"[1]宗法社会胜于南方。我们虽不能说北方因为有坞，所以才重同姓，重宗法；然而，北方社会宗法色彩之浓，却与坞之组织互为因果，

---

① ［梁］沈约：《宋书》卷四十六《王懿传附兄元德传》，中华书局，1974年，第1391页。

坞延长了北方宗族社会的生命。

庾衮后去河内林虑山，表明坞并非坞主所有，坞主对于坞中成员，只起督护作用，对耕种、打仗，只负指挥之责。北魏的宗主督护制度与北方坞的组织的存在也是有关系的。

类似情况是郗鉴的峄山坞。《艺文类聚》卷九十二引《晋中兴书》云：

> 中原丧乱，乡人遂共推郗鉴为主，与千余家俱避难于鲁国峄山，山有重险。

又《太平御览》卷第三百二十引《晋中兴书》云：

> 中宗初镇江左，假郗鉴龙骧将军、兖州刺史。又徐龛、石勒左右交侵。鉴收合荒散，保固一山，随宜对抗。

又《太平御览》卷第四十二引《地理志》云：

> 峄山在邹县北。……高秀独出。积石相临，殆无壤。石间多孔穴，洞达相通，往往有如数间居处，其俗谓之峄孔。遭乱辄将居人入峄，外寇虽众，无所施害。永嘉中，太尉郗鉴将乡曲逃此山，胡贼攻守不能得。

又《晋书》卷六十七《郗鉴传》云：

> 鉴得归乡里。于时所在饥荒，州中之士素有感其恩义者，相与资赡。鉴复分所得，以恤宗族及乡曲孤老，赖而全济者甚多。咸相谓曰："今天子播越，中原无伯，当归依仁德，可以后亡。"遂共推鉴为主，举千余家俱避难于鲁之峄山。

以郗鉴为坞主的峄山坞中的避难者千余家，主要也是郗鉴的宗人或乡曲。峄山孔穴相通，敌来入穴躲避，敌去自可出穴进行耕种等活动。这又是一个以坞为形式的有经济、军事活动的宗族社会组织的实体。

"坞"究竟是什么。《说文》卷十四云：

> 坞，小障也。一曰：庳城也。

考坞之起源甚早，其较先见的为袁宏《后汉纪》卷六王霸的"筑坞候"（《后汉书》卷二十《王霸传》作"堆石布土"）及《后汉书》卷二十四《马援传》的"起坞候"等语。王霸在上谷，马援在陇西，时当东汉初年。所可注意的是，地以坞为名的，其较早时期以西北区域为多，如董卓的郿坞是最著名的例子。今伦敦博物馆藏敦煌写本斯坦因号九二二西凉建初十二年（416）敦煌县户籍阴怀条也有"居赵羽坞"之言。然则，坞名或起源于西北。西晋末世中原人民不能远徙的，藉此类小障、庳城以避难，坞遂在北方广泛发展起来。

《说文》所谓小障、庳城，略似欧洲的堡（castle），非城。城讲商业交通，坞讲自给自保。城大坞小。《孟子》言及"三里之城，七里之国"，而董卓所筑的最大的郿坞，周围也不到三里、七里之数。坞如果像城一样，董卓自可守长安，不必另行筑坞。董卓筑郿坞，当与他籍隶凉州，见坞有用于当时有关。董卓郿坞在非险要的地方，军事意义本淡，经济自给的方法又是储备谷物，而非耕种，与西晋末世普遍出现的坞不尽相同。

西晋时期发展起来的坞，可说是体小人少（对城而言）、经济自足的防御夷狄、寇盗的军事屏障，即《说文》所谓小障是也。坞在当时的北方，地位实际比城更为重要。《晋书》卷一百二十《李流载记》说"三蜀百姓并保险结坞，城邑皆空，流野无所略，士众饥困。涪陵人范长生率千余家依青城山"，李流靠范长生资给军粮，才得以复振。三蜀人不保城而保坞，是因为城不易守而坞则易守。李流军队因为三蜀百姓弃守城邑，保险结坞，而野无所掠，士众饥困，可说明坞能起到城邑所不能起到的防御作用。那时北方城市荒芜不发达，人民聚居田野、山间，唯依坞以务农自给，坞由此得以占据北方社会最重要的位置。南朝商业与城市都较发达，北朝则以农业与坞为重要；南朝"父母在而兄弟异计""父子殊产"者多①，北朝则重同姓，重宗法，坞以宗族乡党为单位。这反映了当时南北社会组织的不同，经济生活的不同。

因为同宗共保一坞，成了北方社会的组织形态，所以决不能忽视北方不能走或不愿走的人们屯聚堡坞的作用。屯聚与人口的大流动对历史产生的影响，是难分轻重的。

这里说一下陶潜的《桃花源记》。

《桃花源记》虽为寓意之文，但也是西晋末年以来坞垒生活的真实写照。真实的桃花源应在北方的弘农或上洛，而不在南方的武陵。桃花源居人先世所避之秦应为苻秦，而非嬴秦。《桃花源记》记实的部分乃依据义熙十三年（417）春夏间刘裕率师入关时，戴延之等所见所闻的材料写成，《桃花源记》寓意的部分乃牵连混合刘驎之入衡山采药故事，并点缀以"不知有汉，无论魏晋"等语写成。今试证之。

东晋末年戴祚（字延之）从刘裕入关灭后秦，著《西征记》二卷。（见《隋书》卷三十三《经籍志》史部地理类，并参考《封氏闻见记》卷七"蜀无兔鸽"条、《唐语林》卷八及章宗源《隋书经籍志考证》卷六等）其书今不传，《水经注》中往往引之，中原坞垒之遗址于其文中尚可窥见一二。如《水经注》卷十五《洛水篇》云：

> 洛水又东，迳檀山坞南。
>
> 其山四绝孤峙，上有坞聚，俗谓之檀山坞。义熙中刘公西入长安，舟师所届，次于洛阳，命参将戴延之与府舍人虞道元即舟溯流，穷览洛川，欲知水军可至之处。延之届此而返，竟不达其源也。

---

① 参见［梁］沈约：《宋书》卷八十二《周朗传》，中华书局，1974年，第2097页。

又《水经注》卷四《河水篇》云：

> 河水又东北，玉涧水注之。水南出玉溪，北流，迳皇天原西。周固记：开山东首上平博，方可里余。三面壁立，高千许仞。汉世祭天于其上，名之为皇天原……河水又东迳阌乡侯河，东与全鸠涧水合。水出南山，北迳皇天原东。
>
> 《述征记》曰：全节，地名也。其西名桃原，古之桃林，周武王克殷休牛之地矣。《西征赋》曰：咸征名于桃园者也。《晋太康地记》曰：桃林在阌乡南谷中。

《水经注》引文提及的桃原与桃林，亦见于《元和郡县图志》和《新唐书》。《元和郡县图志》卷六"虢州阌乡县"条云："桃源，在县东北十里，古之桃林，周武王放牛之地也。""陕州灵宝县"条云："桃林塞，自县以西至潼关皆是也。"《新唐书》卷三十八《地理志》"陕州灵宝县"条云："有桃源宫，武德元年置。"这是地理。

又《资治通鉴》卷第一百十八晋安帝义熙十三年（417）略云：

> 二月……王镇恶进军渑池……引兵径前，抵潼关。……三月，（檀）道济、（沈）林子至潼关。……夏四月……太尉（刘）裕至洛阳。（按刘裕伐秦之役，军行年月《宋书》《南史》等书记载既简略，又有脱误。）

据此可知王镇恶、檀道济、沈林子等前军在义熙十三年（417）春二三月抵潼关，刘裕以首夏四月至洛阳，他派戴延之等溯洛水至檀山坞而返，当即在此时。这是时间。

按《陶渊明集》有《赠羊长史》诗，其序云：

> 左军羊长史衔使秦川，作此与之。

则陶潜与征西将佐本有雅故，疑陶潜间接或直接得知戴延之等从刘裕入关途中的见闻。《桃花源记》之作，即取材于此。

《桃花源记》中所谓"土地平旷"者与皇天原"平博方可里余"相合；所谓"太守即遣人随之往……不复得路"者，与刘裕派遣戴延之溯洛水而上，至檀山坞而返相似；所谓"山有小口"者，与郗鉴峐山坞的"峐孔"相同；所谓"落英缤纷"者，亦与戴延之被派以四月入山的时令相应。《白氏长庆集》卷十六《大林寺桃花》云："人间四月芳菲尽，山寺桃花始盛开。长恨春归无觅处，不知转入此中来。"附序有云："大林穷远，人迹罕到……山高地深，时节绝晚，于时孟夏月，如正二月天，梨桃始华，涧草犹短。"山地高寒，节候较晚，四月正是落英缤纷之时。此戴延之所见，而被陶潜记入《桃花源记》中。然则《桃花源记》中的秦为苻秦，亦可推知。

此《桃花源记》之所以为纪实之文。

桃花源所以被移于武陵，则因为采入了刘驎之入衡山采药的故事。今传世的《搜神后记》，旧题陶潜撰。其中杂有元嘉四年（427）陶潜死后之事，故皆认为系伪托。然此书为随事杂记之体，非有固定的系统，内中当有后人增入之文，不能据以断定全书为伪托。即使全书为伪托，要之必出于六朝之手，由钞辑昔人旧篇而成。此书卷一第五条即《桃花源记》。第六条记刘驎之即刘子骥入衡山采药，见涧水南有二石囷，失道问路，才得还家。或说囷中都是仙灵方药，刘驎之欲再往寻求，可是不能复知其处。此事《晋书》卷九十四《隐逸传》亦曾记载。出于何法盛《晋中兴书》（见《太平御览》卷第四百十九、四百二十五、五百四所引）。何氏不知何所本，当与《搜神后记》同出一源。据此推测，陶潜之作《桃花源记》，为取桃花源事与刘驎之事牵连混合为一。桃花源虽本在弘农或上洛，但因牵连混合刘驎之入衡山采药故事的缘故，不得不移之于南方的武陵。

苏东坡论桃花源最有通识。他的《和桃花源诗序》云：

世传桃源事多过其实。考渊明所记，止言先世避秦乱来此，则渔人所见似是其子孙，非秦人不死者也。……使武陵太守得而至焉，则已化为争夺之场久矣！尝意天壤之间若此者甚众，不独桃源。

或认为桃源实在武陵，这种认识反而不及苏东坡了。然而苏氏于《桃花源记》中寓意与纪实二者仍然牵混不明，犹为未达一间。即使《桃花源记》中的秦非指苻秦，但不有坞壁，何能有《桃花源记》? 在纪实上，《桃花源记》是坞壁的反映，在寓意上，《桃花源记》是陶潜思想的反映。

第九篇 东晋与江南士族之结合

南朝的历史可分为三个阶段，一为东晋，二为宋、齐、梁，三为陈。东晋为北来士族与江东士族协力所建，宋、齐、梁由北来中层阶级的楚子与南北士族共同维持，陈则为北来下等阶级（经土断后亦列为南人）与南方土著掌握政权的朝代。

东晋之际，北来士族与东吴本地士族在种族、地域、文化、宗教、社会阶级、名教观念及实际利益上，虽有冲突，但可调和。东吴士族对中州士族有一种羡慕与钦佩的心情，此或由于孙吴与西晋均为世族专政，在阶级上一致使然。从《抱朴子·外篇》卷三十四《吴失篇》可知孙吴士族亦极奢侈贪鄙（见本书第一篇）。然建业不及洛阳局面大，故孙吴士族对洛阳士族在钦羡之余，处处都欲仿效洛阳士族。《抱朴子·外篇》卷二十六《讥惑篇》讲到吴地士族在书法、语言乃至于哭上，都学"中国"。其言云：

> 余谓废已习之法，更勤苦以学中国之书，尚可不须也，况于乃有转易其声音，以效北语，既不能便，良似可耻可笑。所谓不得邯郸之步，而有匍匐之嗤者。此犹其小者耳，乃有遭丧者而学中国哭者，令忽然无复念之情。……又闻贵人在大哀，或有疾病，服石散以数食，宣药势以饮酒，为性命疾患危笃，不堪风冷，帏帐茵褥，任其所安。于是凡琐小人之有财力者，了不复居于丧位，常在别房，高床重褥，

美食大饮，或与密客引满投空，至于沉醉，曰："此京洛之法也。"不亦惜哉！

吴人这种钦羡、仿效，对于东晋立国于江左，极为重要。

晋既平吴，武帝曾以"吴人赵睢，屡作妖寇"，岂"吴人轻锐，难安易动"策华谭。华谭的对策是："吴始初附，未改其化"，非为"吴人易动"。"所安之计，当先筹其人士，使云翔闾阖，进其贤才，待以异礼"①。刘颂上疏也主张用吴人。他说："孙氏为国，文武众职，数拟天朝，一旦堙替，同于编户。"②因此"用怀不靖"。他认为"今得长王以临其国，随才授任，文武并叙"③，于事为宜。吴郡陆机到洛阳，为著作郎，上疏荐贺循、郭讷。他说：贺循、郭讷"皆出自新邦，朝无知己……今扬州无郎，而荆州江南乃无一人为京城职者，诚非圣朝待四方之本心。至于才望资品，循可尚书郎，讷可太子洗马、舍人"④。吴人既对洛阳士族表示钦羡，而洛阳朝廷也有起用吴人之意，吴、晋士族乃能结合起来。只是当起用吴人的政策开始实行不久，西晋便爆发了八王之乱，从而停顿下来。这有待于东晋去做了。

庐江陈敏曾乘中州之乱，据有江东，但基业未定，便告败亡，未能如孙氏的创业垂统。此事发生在东晋建国江东之前，原因值得考察。

《晋书》卷一百《陈敏传》略云：

> 陈敏，字令通，庐江人也。少有干能，以郡廉吏补尚书仓部令史。……惠帝幸长安，四方交争，敏遂有割据江东之志。……会吴王常侍甘卓自洛至，教卓假称皇太弟命，拜敏为扬州刺史，并假江东首望顾荣等四十余人为将军、郡守，荣并伪从之。……东海王军谘祭酒

①［唐］房玄龄等：《晋书》卷五十二《华谭传》，中华书局，1974年，第1450页。
②［唐］房玄龄等：《晋书》卷四十六《刘颂传》，中华书局，1974年，第1294—1295页。
③［唐］房玄龄等：《晋书》卷四十六《刘颂传》，中华书局，1974年，第1295页。
④［唐］房玄龄等：《晋书》卷六十八《贺循传》，中华书局，1974年，第1825页。

华谭闻敏自相署置，而顾荣等并江东首望，悉受敏官爵，乃遗荣等书曰："……陈敏仓部令史，七第顽冗，六品下才，欲蹑桓王（孙策）之高踪，蹈大皇（孙权）之绝轨，远度诸贤，犹当未许也。诸君垂头不能建翟义之谋，而顾生俯眉，已受羁绊之辱……何颜见中州之士邪？"……周玘、顾荣之徒常惧祸败，又得谭书，皆有惭色。……玘、荣又说甘卓，卓遂背敏。……敏单骑东奔，至江乘，为义兵所斩。

同书卷五十二《华谭传》云：

> 顾荣先受（陈）敏官，而潜谋图之。谭不悟荣旨，露檄远近，极言其非，由此为荣所怨。

按陈敏的失败，原因在江东名宗大族不愿和他合作。西晋末年孙吴旧壤内文化世族如吴郡顾氏等，武力豪宗如义兴周氏等，都是当日最强的地方势力。陈敏既不属于文化世家，又非武力豪族，故华谭一檄提醒了顾荣、周玘等人的阶级性。华谭说陈敏是"仓部令史，七第顽冗，六品下才"，击中了顾荣等人的要害，奏效神速。顾荣等终于抛弃陈敏，归向晋朝。而东汉末年孙氏一门约相当于义兴武力豪宗周氏的地位，孙坚、策、权父子兄弟声望才智又远过于陈敏，孙氏之所以为江东豪家大族所推戴，陈敏之所以为江东豪家大族所离弃，原因在这里。对于江东豪宗来说，他们宁可拥护与自己阶级出身、思想信仰（儒家名教）相同的司马氏立国于孙吴旧境，而不愿看到陈敏这种令史、顽冗、下才在孙吴旧境称王。

当然，南北士族非无界限矛盾。如张华对陆机说过："谓东南之宝已尽，不意复见褚生。"[1]意为东南除了你这几个人，便无人了。卢志于众人称陆机的家讳，"陆逊、陆抗于君近远？"陆机针锋相对，"如君于卢毓、

---

① [南朝宋]刘义庆撰，[南朝梁]刘孝标注：《世说新语·赏誉》，四部丛刊景明袁氏嘉趣堂本。

卢珽"①。陆机兄弟往谒刘道真，刘道真"初无他言，唯问东吴有长柄壶卢，卿得种来不？"②此可见北人对南人的轻视。三国时期的北人关羽，谓吴人为"貉子"③，也是看不起吴人。北人轻视南人有传统。但是在南北士族之间，占主要地位的，是阶级和信仰的一致。这决定了他们不是分，而是合。

还应看到，在匈奴刘渊起兵之后，南方也面临胡马凭陵的危险。南北实力对比，北强南弱，特别在东晋初年是如此。那时南方已经感到后赵石勒、石虎的严重威胁，《晋书》卷七《成帝纪》云：

> （咸和五年）石勒将刘征寇南沙，都尉许儒遇害，进入海虞。……六年春正月癸巳，刘征复寇娄县，遂掠武进。

同书卷一百五《石勒载记下》云：

> 晋将军赵胤攻克马头，石堪遣将韩雍救之，至则无及。遂寇南沙、海虞，俘获五千余人。

同书卷一百六《石季龙载记上》云：

> 季龙自率众南寇历阳，临江而旋，京师大震。

后赵在石勒时，曾打到南沙、海虞、娄县、武进。到石虎时，又打到历阳，兵临长江。单凭顾荣是否能以南人的力量不令胡马过江，是有问题的。为江东及本身利害计，江东士族也非与北方士族协力同心，以阻胡骑

---

①［唐］房玄龄等：《晋书》卷五十四《陆机传》，中华书局，1974年，第1473页。

②［南朝宋］刘义庆撰，［南朝梁］刘孝标注：《世说新语·简傲》，四部丛刊景明袁氏嘉趣堂本。

③［晋］陈寿撰，［宋］裴松之注：《三国志·蜀志》卷六《关羽传》，清乾隆四年武英殿校刻本。

不可。南北界限比起夷夏界限，又微不足道了。南北士族如果不能协调，司马睿可能到不了南方，东晋南朝的局面也就不能成立。

明乎此，始可谈东晋的建国。

在东晋的建立与稳定上，最有功绩的人物是王导，他的功绩就在笼络吴人，协调南北各阶级特别是南北士族在南方的利益，以坚定地支持东晋对付北方胡族统治者的进攻，进而克复神州。

《世说新语·言语》云：

> 过江诸人每至美日，辄相邀新亭，藉卉饮宴。周侯（周顗）中坐而叹曰："风景不殊，正自有山河之异。"皆相视流泪，唯王丞相（王导）愀然变色曰："当共勠力王室，克复神州，何至作楚囚相对！"

"当共勠力王室，克复神州"二语，正是王导笼络吴人，协调南北人士利益的目的之所在。

当琅邪王司马睿（元帝）徙镇建康之初，"吴人不附，居月余，士庶莫有至者"。这种情势使王导十分焦虑。经过他的努力，才有了转机。《晋书》卷六十五《王导传》云：

> 会三月上巳，帝亲观禊，乘肩舆，具威仪，（王）敦、导及诸名胜皆骑从。吴人纪瞻、顾荣皆江南之望，窃觇之，见其如此，咸惊惧，乃相率拜于道左。导因进计曰："古之王者，莫不宾礼故老，存问风俗，虚己倾心，以招俊乂。况天下丧乱，九州分裂，大业草创，急于得人者乎？顾荣、贺循，此土之望，未若引之，以结人心。二子既至，则无不来矣。"帝乃使导躬造循、荣，二人皆应命而至，由是吴会风靡，百姓归心焉。自此之后，渐相崇奉，君臣之礼始定。

按晋之皇室及中州避乱南来之士大夫，大抵为曹魏末年拥戴司马氏集团的儒家大族的子孙，他们与顾荣等人虽属于不同的邦土，然就社会阶级来说，实为同一气类。这是江东士族宁可拥戴仇雠敌国的子孙为君主，而羞与孙吴旧壤寒贱庶族陈敏合作的原因。然而，若非王导亲自去请顾荣、贺循出来做官，要使"吴会风靡，百姓归心"，尚不知须待何时。

顾荣等虽然归附，但元帝仍然心怀惴惴。《世说新语·言语》有云：

> 元帝始过江，谓顾骠骑曰："寄人国土，心常怀惭。"荣跪对曰："臣闻王者以天下为家，是以耿亳无定处，九鼎迁洛邑，愿陛下勿以迁都为念。"

按东晋元帝为南来北人的领袖，吴郡顾荣为江东士族的代表。元帝所谓"国土"，即孙吴的国土；所谓"人"，即顾荣所代表的江东士族。从这二人的对话中，我们可以窥知当日南来的北人的心理及江东士族对此种情势的态度。顾荣的答语，实际上是一种默契，即允许北人寄居江左，并与之合作。双方协定既成，南人与北人勠力同心，共御外敌，赤县神州免于全部陆沉，东晋南朝三百年的世局因此决定。

下面再引史料以说明王导的政策及其功业之所在。

《世说新语·方正》云：

> 王丞相初在江左，欲结援吴人，请婚陆太尉。对曰："培塿无松柏，薰莸不同器，玩虽不才，义不为乱伦之始。"

同书《排调》云：

> 刘真长始见王丞相，时盛暑之月，丞相以腹熨弹棋局曰："何乃渹！"（刘注云："吴人以冷为渹。"）刘既出，人问见王公云何？刘曰："未见他异，唯闻作吴语耳。"（刘注引《语林》曰："真长云丞相何奇，止能作吴语及细唾也。"）

同书《政事》云：

> 　　王丞相拜扬州，宾客数百人，并加沾接，人人有说色，唯有临海一客姓任（刘注引《语林》曰："任名颙，时官在都，预王公坐。"）及数胡人为未洽，公因便还到过任边云："君出，临海便无复人。"任大喜说。因过胡人前，弹指云："兰阇！兰阇！"群胡同笑，四坐并欢。

王导求婚陆玩，强作吴语，目的也在笼络吴人。所可注意的是东晋初年江东士族在社会婚姻上对北人态度的骄傲，与后来南齐以降迥不相同。吴语为当时统治阶级中北人及江东人士共同羞用的方言，王导乃不惜屈尊为之，以故为北人名士所笑，从中可见王导的苦心。临海任颙自是吴人，故王导亦曲意与他周旋。"兰阇"，疑庾信小字兰成与此有关。

　　上为王导笼络吴人的例证。不过王导的笼络政策并不是对所有的吴人都能立即生效。有一件事值得注意，此事即义兴周氏的造反及元帝、王导对义兴周氏的态度。下先引史料，后再论述。

　　《元和郡县图志》卷二十五《江南道一》"常州义兴县"条云：

> 　　晋惠帝时，妖贼石水寇乱扬土，县人周玘创义讨水。割吴兴之阳羡并长城县之北乡为义兴郡，以表玘功。

《晋书》卷五十八《周处传》附《周玘传》云：

> 　　玘宗族强盛，人情所归，帝疑惮之。于时中州人士佐佑王业，而玘自以为不得调，内怀怨望，复为习协轻之，耻恚愈甚。时镇东将军祭酒东莱王恢亦为周顗所侮，乃与玘阴谋诛诸执政，推玘及戴若思与诸南士共奉帝，以经纬世事。先是，流人帅夏铁等寓于淮泗，恢阴书与铁，令起兵，己当与玘以三吴应之。建兴初，铁已聚众数百人，临

淮太守蔡豹斩铁以闻。恢闻铁死，惧罪，奔于玘，玘杀之，埋于豕牢。帝闻而秘之，召玘为镇东司马。未到，复改授建武将军、南郡太守。玘既南行，至芜湖，又下令曰："玘奕世忠烈，义诚显著，孤所钦喜。今以为军谘祭酒，将军如故，进爵为公，禄秩僚属一同开国之例。"玘忿于回易，又知其谋泄，遂忧愤发背而卒，时年五十六。将卒，谓子勰曰："杀我者诸伧，子能复之，乃吾子也。"吴人谓中州人曰"伧"，故云耳。

同书同卷《周勰传》云：

（勰）常缄父言。时中国亡官失守之士避乱来者，多居显位，驾御吴人，吴人颇怨。勰因之欲起兵，潜结吴兴郡功曹徐馥。馥家有部曲，勰使馥矫称叔父札命以合众，豪侠乐乱者翕然附之，以讨王导、刁协为名。孙皓族人弼亦起兵广德以应之。馥杀吴兴太守袁琇，有众数千，将奉札为主。时札以疾归家，闻而大惊，乃告乱于义兴太守孔侃。勰知札不同，不敢发兵。馥党惧，攻馥，杀之。孙弼众亦溃，宣城太守陶猷灭之。元帝以周氏奕世豪望，吴人所宗，故不穷治，抚之如旧。

同书同卷《周札传》略云：

札一门五侯，并居列位，吴士贵盛，莫与为比，王敦深忌之。后（周）筵丧母，送者千数，敦益惮焉。及敦疾，钱凤以周氏宗强，与沈充权势相侔，欲自托于充，谋灭周氏，使充得专威扬土。乃说敦曰："夫有国者患于强逼，自古衅难恒必由之。今江东之豪，莫强周、沈，公万世之后，二族必不静矣。周强而多俊才，宜先为之所，后嗣可安，国家可保耳。"敦纳之。时有道士李脱者妖术惑众……弟子李弘养徒潜山，云应谶当王。故敦使庐江太守李恒告札及诸兄子与脱谋

图不轨。时莚为敦谘议参军，即营中杀莚及脱、弘，又遣参军贺鸾就
沈充尽掩杀札兄弟子，既而进军会稽袭札。札先不知，卒闻兵至，率
麾下数百人出拒之，兵散见杀。……及敦死，札、莚故吏并诣阙讼周
氏之冤，宜加赠谥。事下八坐，尚书卞壶议以札石头之役，开门延
寇，遂使贼敦恣乱，札之责也，追赠意所未安。……司徒王导议
以……宜与周颉、戴若思等同例。……朝廷竟从导议，追赠札卫尉。

按东晋初年孙吴旧统治阶级略可分为二类，一为文化士族，如吴郡顾氏等
是；一为武力强宗，如义兴周氏等是。大概均系由武力强宗或地方豪霸逐
步进入文化士族。朱、张、顾、陆进入文化士族的阶段较早，今江苏苏州
地区（吴郡）为其最高文化区。浙江绍兴（会稽）孔、贺诸族文化程度亦
高。吴兴及从吴兴分出的义兴周、沈、钱等族则为地方武力强宗，最为豪
霸。孙吴时期的周鲂尝欺魏大司马扬州牧曹休，使曹休损兵万计[1]。西晋
的周处，以"除三害"闻名于后世[2]。东晋之初，钱凤又欲以沈氏力量灭
掉周氏[3]。其豪霸可以想见。沈氏进入文化士族阶段在沈约以后，钱氏进
入文化士族阶段在五代吴越钱镠以后。文化士族容易笼络，豪霸或武力强
宗则难于驯服，而后者中推义兴周氏为首，钱凤所谓"江东之豪，莫强
周、沈"，是实录。像周氏这样的具有武力与经济实力的地方强宗，最容
易与南来北人发生利害冲突。元帝、王导委曲求全，绥靖周氏，原因即在
周氏的势力特强。虽然周氏内怀怨望，发展到以讨王导、刁协为名起兵，
但能笼络还是要笼络。这牵涉到与东吴地区所有豪霸强宗的关系。

　　江东豪族不止义兴周氏，孙吴旧统治阶级中不满南来北人的，也不止
义兴周氏，何以义兴周氏一门特别愤恨北人呢？颇疑其居住的地区曾为南
来的北人所侵入，因而对北人（即周玘所谓"诸伧"）特别不满。按本书

---

①参见［晋］陈寿撰，［宋］裴松之注：《三国志·吴志》卷十五《周鲂传》，清乾隆四年武
英殿校刻本。

②参见［唐］房玄龄等：《晋书》卷五十八《周处传》，中华书局，1974年，第1569页。

③参见［唐］房玄龄等：《晋书》卷五十八《周札传》，中华书局，1974年，第1575页。

第八篇提及东晋初年的晋陵郡丹徒县"地广人稀"，流入此郡的淮河以北的北方流民特多，他们属于南来北人中的中层阶级，为当时具有战斗力的武力集团，与周氏一样亦带有豪霸性质。义兴郡就在附近，流人极有可能挤入义兴郡界，与周氏利益发生摩擦。王导在利害关系上，总是设法避免与东吴士族发生冲突。笼络义兴周氏为王导笼络吴人政策中最重要的一环。即使周勰起兵以诛他为名，他仍然主张笼络。周勰失败，之所以"不穷治，抚之如旧"，周札死后，之所以"加赠谥"，都与王导政策有关。元帝、王导在晋陵丹阳之京口里建立侨郡县，其目的不仅在安插流人，而且是有意识地使流人能避开吴人势力强大的义兴等郡，不致侵犯到吴人的利益，引起冲突与不安。王、谢等上层阶级不在吴人势力强大之处"求田问舍"，同此道理。这个政策是成功的。在胡马窥江情势下，东晋的建立有特殊的意义。而东晋是建立在南北各阶级协调的基础上的，之所以说这个政策成功，正是因为它促使南北各阶级的利益趋于协调。

说一下当时或稍晚的人对王导政策的看法。

《世说新语·政事》云：

丞相（王导）末年略不复省事，正封篆诺之，自叹曰："人言我愦愦，后人当思此愦愦。"（刘注引徐广《历纪》曰："导阿衡三世，经纶夷险，政务宽恕，事从简易，故垂遗爱之誉也。"）

同书同类又云：

丞相尝夏月至石头看庾公，庾公正料事。丞相云："暑，可小简之。"庾公曰："公之遗事，天下亦未以为允。"（刘注引《殷羡言行》曰："王公薨后，庾冰代相，网密刑峻，羡时行遇收捕者于途，慨然叹曰：'丙吉问牛喘，似不尔。'尝从容谓冰曰：'卿辈自是纲目不失，皆是小道小善耳，至如王公，故能行无理事。'谢安石每叹咏此唱。庾赤玉曾问羡：'王公治何似，讵是所长？'羡曰：'其余令绩不复称论，然三捉三治，三休三败。'"）

同书《规箴》又云：

> 王丞相为扬州遣八部从事之职，顾和时为下传还，同时俱见，诸从事各奏二千石官长得失，至和独无言。王问顾曰："卿何所闻？"答曰："明公作辅，宁使网漏吞舟，何缘采听风闻，以为察察之政。"丞相咨嗟称佳，诸从事自视缺然也。（参《晋书》卷八十三《顾和传》）

按谢安叹咏的王导的"行无理事"，也就是谢安自己的"镇以和靖，御以长算""不存小察，弘以大纲"①。这是根据强敌压境、东晋新建、基础未稳的情况，提出来的政治方针。《后汉书》卷四十七《班超传》记班超与任尚谈治理西域的方针，云：

> 水清无大鱼，察政不得下和，宜荡佚简易，宽小过，总大纲而已。

王导治理东晋的方针，其实也就是班超曾在西域采用过的方针。顾和所谓"网漏吞舟"，其实是"宽小过，总大纲"，或"不存小察，弘以大纲"。而"大纲"在当时就是求得内部的"和靖"，以共同对付北方胡族统治者。故不能把顾和说的"网漏吞舟"，解释成为王导主张什么事情都不要管，或任便豪族胡作非为。

---

① [唐]房玄龄等:《晋书》卷七十九《谢安传》,中华书局,1974年,第2074页。

第十篇　孙恩、卢循之乱

孙恩、卢循之乱，可从社会阶级、宗教信仰、地理关系等方面来谈。先说孙恩、卢循、徐道覆所属的社会阶级。

孙恩在本书第四篇《西晋末年的天师道活动》中曾经提及。他是赵王司马伦的谋士琅邪孙秀的族人。孙秀本为琅邪小吏，供给使。潘岳之父潘芘为琅邪太守，他曾遭到潘岳的"蹋蹐"。潘岳"不以人遇之"。（《世说新语·仇隙》注引王隐《晋书》）他得志是随赵王司马伦造反。司马伦失败，孙氏的命运可知。琅邪孙氏本属低下的阶级，何况又出了一个叛逆孙秀。孙恩世居南方，与其他南来下层北人一样，经过土断，已变成南方的低下阶级。但他的叔父孙泰却是东晋的一个将军、太守，并以五斗米道，得到了三吴士庶的信仰。孙恩是他的继承者。

卢循。《晋书》卷一百《卢循传》云：

> 卢循字于先，小名元龙，司空从事中郎谌之曾孙也。

按《晋书》卷四十四《卢钦传》附卢志子《谌传》云：

> 谌名家子，早有声誉，才高行洁，为一时所推。值中原丧乱，与清河崔悦、颍川荀绰、河东裴宪、北地傅畅并沦陷非所，虽俱显于石氏，恒以为辱。谌每谓诸子曰："吾身没之后，但称晋司空从事中

郎尔。"

卢氏为范阳涿人，是范阳名族。但到卢谌，"沦陷非所"，在后赵做了官，此之谓"婚宦失类"。子孙过江晚。北人晚渡江的，必婚宦失类，而婚宦一旦失类，即为社会所鄙视，不论其往者是否为名族。如杨佺期，《晋书》卷八十四《杨佺期传》略云：

> 弘农华阴人，汉太尉震之后也。曾祖准，太常。自震至准，七世有名德。祖林，少有才望，值乱没胡。父亮，少仕伪朝，后归国，终于梁州刺史，以贞干知名。佺期……自云门户承籍，江表莫比，有以其门地比王珣者，犹恚恨，而时人以其晚过江，婚宦失类，每排抑之，恒慷慨切齿，欲因事际以逞其志。

同书卷九十九《桓玄传》又云：

> 佺期为人骄悍，常自谓承籍华胄，江表莫比，而玄每以寒士裁之。

排抑晚过江、婚宦失类的士族人物，在江东是一个普遍现象，非止杨佺期一人。《资治通鉴》卷第一百二十四宋文帝元嘉二十三年（446）七月语及：

> 时江东王、谢诸族方盛，北人晚渡者，朝廷悉以伧荒遇之，虽复人才可施，皆不得践清涂。

杜预之后、散骑常侍杜坦曾对晋孝武帝说：他本是"中华高族"，西晋丧乱，失世杜耽（预子）"播迁凉土，世业相承，不殒其旧，直以南渡不早，便以荒伧赐隔"。"圣朝虽复拔才，臣恐未必能也"。孝武帝默然不应。这是一个社会问题，连皇帝也不能改变。与孙恩一同起兵的卢循便属于杨佺期、杜坦一类。在江东士族心目中，他们只是"荒伧"。

琅邪孙氏自孙秀至孙恩"世奉五斗米道"，在《晋书》卷一百《孙恩传》中有明言。范阳卢氏是不是五斗米道信徒呢？此点关系到卢循与孙恩的结合，需要一论。

按《三国志·魏志》卷二十二《卢毓传》注引《卢谌别传》，称卢循为"妖贼帅"，《晋书》卷一百《卢循传》称卢循"娶孙恩妹"，从这两条材料已可见卢循之必为五斗米道信徒无疑。卢谌（卢循的曾祖）的伯祖卢钦，曾官琅邪。（《晋书》卷四十四《卢钦传》有"累迁琅邪太守"之言）而琅邪是五斗米道的发祥地之一，于吉、宫崇、孙秀都是琅邪的五斗米道徒。卢谌的从母又是刘琨的妻子。当赵王司马伦执政之时，"琨父子兄弟并为伦所委任"。刘琨曾"与孙秀子会率宿卫兵三万距成都王颖"[1]。本书第四篇说过，赵王伦的废立，为西晋末年天师道的活动之一。卢谌既与赵王伦的死党刘琨为姻戚，而伯祖卢钦又曾为琅邪太守，是其家世环境殊有奉天师道即五斗米道的可能。从卢循娶五斗米道徒孙恩之妹为妻来看，疑范阳卢氏也是世奉五斗米道，与孙氏同为五斗米道世家。否则，南朝士族婚嫁最重门第，以范阳卢氏的奕世高华，虽曾婚宦失类，亦不致与寒门的孙氏联姻。

又《晋书》卷八《废帝海西公纪》云：

> 咸安二年……十一月，妖贼卢悚遣弟子殿中监许龙晨到其门，称太后密诏，奉迎兴复。帝初欲从之，纳保母谏而止。……因叱左右缚之，龙惧而走。

许龙或即许迈同族，卢悚者即卢循同族，由此可见东晋末年天师道与政治之关系。

---

[1] ［唐］房玄龄等：《晋书》卷六十二《刘琨传》，中华书局，1974年，第1679—1680页。

徐道覆。《魏书》卷九十七《岛夷刘裕传》有"琅邪人徐道覆"之谓。实际徐道覆当为东海人。东海与琅邪甚近，均隶徐州。东海徐氏郡望颇高，在南北朝时出过不少有名的人物。《南史》卷三十二《张邵传》有东海徐文伯、徐嗣伯。徐文伯之父徐道度为兰陵太守，以善疗疾有名于宋文帝之时。祖徐秋夫，仕至射阳令；曾祖徐熙，仕至濮阳太守，亦以医术著名。徐文伯与徐嗣伯为从兄弟，得家传医学。《北史》卷九十《艺术传下》又有《徐謇传》及徐謇从孙《之才传》。徐謇为徐文伯之弟。徐之才为徐雄之子，徐文伯之孙，以医术著名于北齐，位至侍中、太子太师。东海徐氏自徐熙以来，世传医学。此当与天师道有关。《南史·徐文伯传》称徐熙"好黄、老，隐于秦望山，有道士过，求饮，留一瓠与之，曰：'君子孙宜以道术救世，当得二千石。'熙开之，乃《扁鹊镜经》一卷，因精心学之，遂名震海内"。从中不难看出东海徐氏精医术及与天师道的关系。

与孙恩、卢循一道起兵的徐道覆，其为五斗米道信徒，可以无疑。徐道覆像卢循一样，表面似贵族，然过江晚，婚宦失类（徐为卢的姊夫），等于寒人。

《资治通鉴》卷第一百十五晋安帝义熙六年（410）称卢循"所将之众，皆三吴旧贼，百战余勇，始兴溪子，拳捷善斗，未易轻也"。（何无忌参军殷阐语）除宗教信仰外，此与后来陈霸先用三吴土著、始兴溪子（如侯安都）为武将正同。"三吴旧贼"是指原孙恩所部而言。这里所要谈的是孙恩何以能在东晋末年起兵于江东？

关于这个问题，要明白东晋末年五斗米道在江东的发展，特别要明白五斗米道在江东上层阶级中的发展。

东晋在淝水之战以后，司马道子与司马元显父子当政，政治十分腐败，世族的奢侈，直追西晋贵族，下层吴人由于"役、调深刻"（闻人奭语，见《晋书》卷六十四《会稽文孝王道子传》），十分痛苦。孙恩的叔父孙泰在江东行五斗米道，孙泰"浮狡有小才，诳诱百姓，愚者敬之如神，皆竭财产，进子女，以祈福庆"①。他得到了下层吴人的信仰。更有进者，上层吴人甚至连皇帝孝武帝、当政者司马道子父子也信仰他。《晋书·孙恩传》在说了百姓敬仰孙泰之后，又说：

> 王珣言于会稽王道子，流之于广州。广州刺史王怀之以泰行郁林太守，南越以外皆归之。太子少傅王雅先与泰善，言于孝武帝，以泰知养性之方，因召还。道子以为徐州主簿，犹以道术眩惑士庶。稍迁辅国将军、新安太守。……黄门郎孔道、鄱阳太守桓放之、骠骑谘议周勰等皆敬事之，会稽世子元显亦数诣泰求其秘术。

这说明司马道子虽从王珣之言，暂流孙泰于广州，但后来仍召还任用，曾以之担任主簿、将军、太守等职。孝武帝、司马道子、司马元显以下许多官吏之所以都对孙泰青眼相看，是因为他们都需要五斗米道。司马道子与五斗米道的关系，在《晋书》卷八十四《王恭传》中还有一条记载：

> 淮陵内史虞珧子妻裴氏有服食之术，常衣黄衣，状如天师。道子甚悦之，令与宾客谈论，时人皆为降节。恭抗言曰："未闻宰相之坐有失行妇人。"坐宾莫不反侧，道子甚愧之。

这说明司马道子之厚爱孙泰或五斗米道，在于五斗米道有"服食之术"，得之可以长生。如此秘术，如能求得，虽降节于五斗米道失行妇人，又有何惜？其他官吏之爱敬五斗米道，亦可作如是观。

我们还可以进一步探求孝武帝及会稽王司马道子信仰五斗米道的缘故。孝武帝与会稽王为兄弟，关于他们的出生，《晋书》卷三十二《孝武文李太后传》有云：

---

① ［唐］房玄龄等：《晋书》卷一百《孙恩传》，中华书局，1974年，第2632页。

始简文帝为会稽王，有三子，俱夭。自道生废黜，献王早世，其后诸姬绝孕将十年。帝令卜者扈谦筮之。曰："后房中有一女，当育二贵男，其一终盛晋室。"时徐贵人生新安公主，以德美见宠，帝常冀之有娠，而弥年无子。会有道士许迈者，朝臣时望多称其得道。帝从容问焉，答曰："……当从扈谦之言，以存广接之道。"帝然之，更加采纳。又数年无子。乃令善相者召诸爱妾而示之，皆云："非其人。"又悉以诸婢媵示焉。时后为宫人，在织坊中，形长而色黑，宫人皆谓之"昆仑"，既至，相者惊云："此其人也。"帝以大计，召之侍寝……遂生孝武帝及会稽文孝王、鄱阳长公主。

《真诰》（涵芬楼重印道藏本）卷八《甄命受》第四又云：

我按九合内志文曰：竹者为北机上精，受气于玄轩之宿也。所以圆虚内鲜，重阴含素。亦皆植根敷实，结繁众多矣。公（按后注云："凡云公者，皆简文帝为相王时也。"）试可种竹于内北宇之外，使美者游其下焉。尔乃天感机神，大致继嗣，孕既保全，诞亦寿考。微著之兴，常守利贞。此玄人之秘规，行之者甚验。

六月二十三日中侯夫人告公。（孝武壬戌生。此应是辛酉年）

灵草荫玄方。仰感旋曜精。洗洗（诜诜）繁茂萌。重德必克昌。

紫微夫人作。

福和者当有二子。盛德命世。（福和似是李夫人贱时小名也。今《晋书》名俊容。二子即孝武并弟道子也。按，俊容，《晋书·孝武文李太后传》作陵容，当据此改正。）

同夜中侯告。

（右三条杨书。又掾写）

《太平御览》卷第六百六十六引《太平经》又云：

濮阳者不知何许人。事道专心，祈请皆验……晋简文废世子无嗣时，使人祈请于阳。于是中夜有黄气起自西南，遥坠室。尔时李皇后怀孝武。（刘敬叔《异苑》四亦载此事）

据上引简文帝求嗣的事，可知孝武帝及会稽王司马道子，皆长育于天师道环境中。简文帝字道万，其子又名道生、道子，俱足证其与天师道的关系。六朝人最重家讳，而"之""道"等字则在不避之列，所以然之故，虽不能详知，要是与宗教信仰有关。孝武帝名曜，字昌明，其名字皆见于上引《真诰》紫微夫人诗中。此诗为后来附会追作，或竟实有此诗，简文即取其中之语以名其子，皆可不必深论。但可注意的是天师道对于竹的为物，极称赏其功用。琅邪王氏世奉天师道，世传王子猷好竹（见《世说新语·简傲》、《太平御览》卷第三百八十九引《语林》及《晋书》卷八十《王徽之传》等），疑不仅为高人逸致，或亦与宗教信仰有关。

晋代天师道（五斗米道）传播于世胄高门，本为隐伏的势力，若渐染及于皇族，则政治上立即发生巨变。西晋赵王司马伦的废惠帝而自立，是其一例，前已证明。东晋孙恩之乱，其主因亦由于皇室中心人物早成天师道的信徒。《晋书·孙恩传》在谈到孙泰深得东晋统治者敬仰后，曾云：

泰见天下兵起，以为晋祚将终，乃扇动百姓，私集徒众，三吴士庶多从之。于时朝士皆惧泰为乱，以其与元显交厚，咸莫敢言。会稽内史谢輶发其谋，道子诛之。恩逃于海。众闻泰死，惑之，皆谓蝉蜕登仙，故就海中资给。恩聚合亡命得百余人，志欲复仇。及元显纵暴吴会，百姓不安，恩因其骚动，自海攻上虞，杀县令，因袭会稽，害内史王凝之，有众数万。于是会稽谢鍼、吴郡陆瓌、吴兴丘尫、义兴许允之、临海周胄、永嘉张永及东阳、新安等凡八郡，一时俱起，杀长吏以应之，旬日之中，众数十万。

这是孙泰叔侄起兵经过。据此可知孙泰欲起兵，是因为五斗米道不仅已取得江东庶民而且已取得江东士族的信仰。孙泰所集徒众，是三吴的士与庶。孙泰虽然来不及发动，但他的侄儿孙恩毕竟发动了。起来响应孙恩的陆瓌，出于吴郡四姓之一的陆氏；谢鍼，出于会稽四姓之一的谢氏；丘尫出于吴兴著姓丘氏；他们都是士族。在孙泰欲起兵之前，五斗米道已成为一种隐伏于朝野的大势力。乘天下兵起，东晋朝廷中心人物耽溺于五斗米道的秘术，孙泰叔侄认为足可发动徒众，一试锋芒。孙恩、卢循之乱，因此发生。换言之，五斗米道向士族特别是向皇室中心人物传播成功之日，也就是五斗米道的教主及上层人物（多半是如同陆瓌、谢鍼等的士族人物）最理想的发动叛乱之时。

孙恩、卢循起兵的五斗米道特征，表现得很突出，需要作些解释。《晋书·孙恩传》略云：

> 于是恩据会稽，自号征东将军，号其党曰"长生人"。……诸贼皆烧仓廪，焚邑屋，刊木堙井，虏掠财货，相率聚于会稽。其妇女有婴累不能去者，囊簏盛婴儿投于水，而告之曰："贺汝先登仙堂，我寻后就汝。"……刘裕与刘敬宣并军蹑之于郁洲……恩遂远逅海中。及桓玄用事，恩复寇临海，太守辛景讨破之。恩穷蹙，乃赴海自沈，妖党及妓妾谓之"水仙"，投水从死者百数。

同书卷八十四《刘牢之传》云：

> 恩浮海奄至京口，战士十万，楼船千余……闻牢之已还京口，乃走郁洲。

郁洲为孙恩栖泊之所。《水经注》卷三十《淮水篇》云：

> 海中大岛屿，若徐州之郁洲（郁州，在今江苏省灌云县东北，昔为岛屿，今已与大陆连接）。
> 东北海中有大洲谓之郁洲，《山海经》所谓郁山在海中者也。言

是山自苍梧徙此云，山上犹有南方草木。今郁州治。故崔季珪之叙

《述初赋》言："郁州者故苍梧之山也。心悦而怪之。闻其上有仙士石

室也，乃往观焉。见一道人独处休休然，不谈不对，顾非己及也。"

据此，可知郁州（洲）之地为神仙居处，而适与于吉、宫崇的神书（《太

平清领书》）所出处至近。孙恩、卢循武力以水师为主，所率徒党必多习

于舟楫之海畔居民。其以投水为登"仙堂"，自沉为成"水仙"，来源于五

斗米道尸解之说。尸解有刀、兵、水、火之解。（见《太平御览》卷第六

百六十四《道部·尸解》引《登真隐诀》）孙恩以投水为成水仙，是水解

之说。尸解于孙恩之所以表现为水解，与滨海地区琅邪五斗米道的发生、

发展有关。孙氏本出琅邪，而琅邪为于吉、宫崇神书所出之地。水仙之说

为海滨宗教之特征。西晋末年赵王司马伦之败，孙秀等"或欲乘船东走入

海"[1]，即后来其族人孙恩败则入海，返其旧巢之惯技。明乎此，则知孙

恩、卢循之所以为海屿"妖贼"，是因为有环境的熏习、家世的遗传，非

一朝一夕偶然遭际所致。

　　孙恩"号其党曰'长生人'"。按《太平经》有云："种民，圣贤长生

之类也。长生大主号太平真正太一妙气、皇天上清金阙后圣九玄帝君"

（《太平经抄》甲部）。天师道之为教，"咸蠲去邪累，澡雪心神，积行树

功，累德增善，乃至白日升天，长生世上"[2]。天师道徒有以"长生"为

名的。汉有阴长生，晋有范长生。天师道所追求的便是长生。所谓"长生

人"，意即天师道或五斗米道的"种民"，是宗教的称呼。

---

① ［唐］房玄龄等：《晋书》卷五十九《赵王伦传》，中华书局，1974年，第1604页。

② ［北齐］魏收：《魏书》卷一百一十四《释老志》，中华书局，1974年，第3048页。

第十一篇　楚子集团与江左政权的转移

《魏书》卷九十六《僭晋司马叡传》说到江东民族有云：

> 中原冠带呼江东之人皆为貉子，若狐貉类云。巴、蜀、蛮、獠、
> 谿、俚、楚、越，鸟声禽呼，言语不同，猴、蛇、鱼、鳖，嗜欲皆
> 异。江山辽阔，将数千里，叡羁縻而已，未能制服其民。

《魏书》所云江东各族，重要的是谿、楚二族。楚与东晋及宋、齐政权的
转移有关，谿与陈朝的建立有关。本篇要谈的是楚子集团与江东政权的
转移。

东晋是在南来的北方士族和江东本地士族相结合的基础上建立起来
的。北方士族和江东一等士族，都是文化高门。东晋之初，从王敦与苏峻
的叛乱中，我们可以看到一个现象：高门缺乏将领。苏峻之乱是陶侃平定
的，陶侃是什么人呢？《晋书》卷六十六《陶侃传》略云：

> 陶侃，字士行，本鄱阳人也。吴平，徙家庐江之寻阳。父丹，吴
> 阳武将军。侃早孤贫，为县吏。……至洛阳……伏波将军孙秀（此另
> 一孙秀）以亡国支庶，府望不显，中华人士耻为掾属，以侃寒宦，召
> 为舍人。……与（杨晫）同乘，见中书郎顾荣，荣甚奇之。吏部郎温
> 雅谓晫曰："奈何与小人共载？"……或云：侃少时渔于雷泽，网得一

织梭，以挂于壁。有顷雷雨，自化为龙而去。……侃有子十七人。……以夏为世子。及送侃丧还长沙，夏与（弟）斌及称各拥兵数千以相图。……（侃子旗）性甚凶暴。……（侃子）称……性虓勇不伦，与诸弟不协。

按吴士鉴《晋书斠注》亦引《异苑》陶侃钓鱼得梭化龙故事。《晋书》陶侃本传所记得梭化龙，当即取之于《异苑》。《世说新语·贤媛》载有陶侃少时作鱼梁吏一事，刘孝标注引《幽明录》复有陶侃在寻阳取鱼一事，然则，陶侃本出于业渔的贱户，无怪当日的胜流如温雅等辈，均不以士类待之。陶侃出于何族？

《世说新语·容止》"石头事故朝廷倾覆"条记庾亮畏见陶侃，而温峤劝庾亮前往之言云：

溪狗我所悉，卿但见之，必无忧也。

又《后汉书》卷八十六《南蛮传》章怀注引干宝《晋纪》云：

武陵、长沙、庐江郡夷，槃瓠之后也。杂处五溪之内。

槃瓠蛮即谿或溪族，所以号为"溪"，与五溪地名至有关系。陶侃少时既以捕鱼为业，又出于溪族杂处的庐江郡，故于温峤"溪狗"之诮，终不免有重大嫌疑。《晋书·陶侃传》谓陶侃本鄱阳人，"吴平，徙家庐江之寻阳"。陶侃之家当是鄱阳郡内的少数民族。又陶侃既被当日胜流以小人见斥，而终用武功致位通显。他的儿子禀性凶暴的有不少。此则气类亦与溪族相近，后当论之。

从整个东晋来看，像陶侃这样有溪族重大嫌疑的将领，只是个别的例子，但却可说明东晋高门士族缺乏可为将领的人才。东晋将领之职后来落到了流人中有武力的中层阶级楚人之手。至于槃瓠蛮的兴起要待梁末陈初。

南北朝史乘所谓"楚"，相同处是与《史记·项羽本纪》《货殖列传》所说的"西楚"的一部分相当，指以彭城为中心的地域。但又有不同处。南朝史乘称淮南或江西为楚。《宋书》卷八十三《黄回传》（《南史》卷四十《黄回传》同）略云：

> 黄回，竟陵郡军人也。出身充郡府杂役。……（戴明宝）启免回，以领随身队，统知宅及江西墅事。……回拳捷果劲，勇力兼人，在江西与诸楚子相结，屡为劫盗。会太宗初即位，四方反版。明宝启太宗使回募江西楚人，得快射手八百。

同书卷八十七《殷琰传》略云：

> 义军主黄回募江西楚人千余。……回所领并淮南楚子，天下精兵。

"淮南楚子"与"江西楚人"义同。善射善战，为楚人的通则。

《梁书》卷二十《陈伯之传》（《南史》卷六十一《陈伯之传》同）略云：

> 陈伯之，济阴睢陵人也。幼有膂力。年十三四，好著獭皮冠，带刺刀，候伺邻里稻熟，辄偷刈之。尝为田主所见，呵之云："楚子莫动！"……及年长，在钟离数为劫盗。

按《宋书》卷三十五《州郡一》有济阴太守睢陵令。睢陵"前汉属临淮，后汉属下邳"，正当淮南之地。故陈伯之被田主呵之为"楚子"。

南朝史乘称淮北徐兖之地亦为楚。《宋书》卷八十六《殷孝祖传》略云：

前废帝景和元年，以本号督兖州诸军事、兖州刺史。太宗初即位，四方反叛。孝祖忽至，众力不少，并伧楚壮士，人情于是大安。

按《宋书》卷三十五《州郡一》云："兖州……（元嘉）三十年六月复立，治瑕丘。（原注：'二汉山阳有瑕丘县'）"是殷孝祖所率的兵众乃兖州的军队，故为"伧楚壮士"。而《资治通鉴》卷第一百三十一泰始二年（466）纪此事，胡注释"伧楚"二字之义云：

江南谓中原人为伧，荆州人为楚。

胡释"伧"字义是对的，而释"楚"字义则非。这是因为没有注意兖州的地域关系造成。不然，殷孝祖所部哪里来的如此多荆州人？

又"楚"往往与"伧"连称。如"伧楚壮士"（《宋书》卷八十六《殷孝祖传》）、"江西伧楚"（《南齐书》卷四十七《王融传》）、"淮南伧楚"（《北齐书》卷三十二《王琳传》）、"侨杂伧楚"（《梁书》卷四十九《文学传·钟嵘》）、"诸伧楚"（《南齐书》卷四十五《始安王遥光传》）、"皆伧楚善战"（《南齐书》卷五十一《崔慧景传》）。按《世说新语·雅量》刘注引《晋阳秋》云："吴人以中州人为伧。"《南史》卷七十《循吏传·杜骥》云："晚度北人，南朝常以伧荒遇之。"同书卷七十七《恩幸传·孔范》又称汝阴（合肥）人任蛮奴为"淮南伧士"。则"伧"字在吴人心目中，为包括淮南楚子在内的北人。

《魏书·僭晋司马叡传》所谓"楚"，与南朝史乘中所谓"楚"，意义虽有相近之处，但差异性较大。《魏书》卷九十五《僭伪传》总序云：

纠合伧楚。

同书卷九十七《岛夷桓玄传》云：

岛夷桓玄，字敬道，本谯国龙亢楚也。

同书同卷《岛夷刘裕传》云：

岛夷刘裕，字德舆，晋陵丹徒人也。其先不知所出，自云本彭城彭城人。或云本姓项，改为刘氏，然亦莫可寻也。故其与丛亭、安上诸刘了无宗次。裕家本寒微，住在京口，恒以卖履为业。意气楚剌，仅识文字。

按魏收于宋高祖不迳称之为楚，在于魏收以其家世所出，至为卑贱，籍贯来历不明，未肯以之与楚人桓、萧并列。

《魏书》卷九十八《岛夷萧道成传》云：

岛夷萧道成，字绍伯，晋陵武进楚也。

同书同卷《岛夷萧衍传》云：

岛夷萧衍，字叔达，亦晋陵武进楚也。

桓氏原出谯国龙亢，刘裕原籍为彭城郡彭城县绥舆里（见《宋书》卷一《武帝纪》）。龙亢、彭城均当西楚之地，这里《魏书》谓之为"楚"，与南朝史乘所说的楚一致。然而《魏书》所谓龙亢楚、丹徒楚、武进楚，是对南朝境内北方人的贬称。北朝人诋毁南朝人，凡中原人流徙南来的，北朝人俱以楚目之，故楚之名变成一个轻蔑的名词，为北朝呼南朝疆域内北人的通称。

南来北人有文武之别，武人多为楚人。《晋书》卷七十四《桓彝传》谓"彝少孤贫"，此非寒贱之义。桓彝为汉五更桓荣的九世孙，父桓颢，官至郎中。苏峻之乱，桓彝曾"纠合义众"讨苏峻。他可称之为豪族将种。桓温为桓彝的长子，勋业并茂，而谢奕称之为"老兵"。《晋书》卷七十九《谢奕传》略云：

> 奕每因酒，无复朝廷礼，尝逼（桓）温饮，温走入南康门避之。……（奕）引温一兵帅共饮，曰："失一老兵，得一老兵，亦何所怪。"

把桓温看作兵的，当时不止谢奕一人。桓温为子求婚于王坦之，王坦之之父王述不允。《晋书》卷七十五《王述传》记王述对王坦之之言云：

> 汝竟痴邪，讵可畏温面而以女妻兵也。

可见王述也把桓温看作兵。须知王述与桓温，一属于太原王氏，为文化高门；一属于谯国桓氏，但以武风见长。桓氏虽非寒贱之族，然门第不及王氏，故为王述所轻。

起兵荆州，夺取东晋政权，改国号为楚的桓玄，又是桓温之子。这亦可说明楚人桓氏尚武。不过，桓玄并未能转移东晋的政权，即在此时，比谯国龙亢楚子桓玄更有武力的彭城楚子刘裕兴起，东晋虽未为桓玄所亡，但为刘裕所灭。

刘裕为晋陵丹徒京口里的楚人。楚人过江，大都居住在丹徒京口里一带。此地可称为楚人的大本营。《宋书》卷三十五《州郡一》"南徐州刺史"条略云：

> 晋永嘉大乱，幽、冀、青、并、兖州及徐州之淮北流民，相率过淮，亦有过江在晋陵郡界者。晋成帝咸和四年，司空郗鉴又徙流民之在淮南者于晋陵诸县，其徙过江南及留在江北者，并立侨郡县以司牧之。……文帝元嘉八年，更以江北为南兖州，江南为南徐州，治京

口，割扬州之晋陵、兖州之九郡侨在江南者属焉，故南徐州备有徐、兖、幽、冀、青、并、扬七州郡邑。……今领郡十七（南东海、南琅邪、晋陵、义兴、南兰陵、南东莞、临淮、淮陵、南彭城、南清河、南高平、南平昌、南济阴、南濮阳、南泰山、济阳、南鲁郡）。

南东莞以下十二郡无实土（见《南齐书·州郡志》），寄居于京口。像彭城刘裕，即京口里人。南东海亦在京口，只有南兰陵在武进、南琅邪在江乘。

《世说新语·捷悟》"郗司空在北府"条刘注引《南徐州记》，谓"徐州人多劲悍，号精兵，故桓温常曰：'京口酒可饮，箕可用，兵可使。'"这即是因为京口为楚人的大本营。太元初，谢玄所组织的以彭城刘牢之为首的"北府兵"，主要是楚人。北府兵集团亦可名之为京口楚子集团。

彭城刘裕出身于北府集团。彭城有"四刘"，《宋书》卷七十八《刘延孙传》云：

> 刘氏居彭城县者，又分为三里，帝室居绥舆里，左将军刘怀肃居安上里，豫州刺史刘怀武居丛亭里，及吕县凡四刘。虽同出楚元王，由来不序昭穆。

刘延孙出于吕县刘，为雍州刺史刘道产之子。绥舆刘较之于吕县刘，豪霸性格更浓，但门第并不低贱。刘裕的母亲赵氏，其祖父赵彪为晋治书侍御史，父亲赵裔，为晋平原太守。（见《宋书》卷四十一《孝穆赵皇后传》）此可证绥舆刘非贱族。

《宋书》卷五十二史臣云：

> 高祖虽累叶江南，楚言未变，雅道风流，无闻焉尔。

《抱朴子·外篇·讥惑篇》尝谓江表"乃有转易其声音，以效北语"者。

江左士族以能作"洛下书生咏"为荣。（见《世说新语·雅量》"桓公伏甲设馔"条及刘注、《世说新语·轻诋》"人问顾长康"条及刘注。）《宋书》卷八十一《顾琛传》谓"宋世江东贵达者，会稽孔季恭，季恭子灵符，吴兴丘渊之，及琛，吴音不变"。言外之意，除此数人，江东贵达者吴音都变了，都说洛下语了。刘裕虽不能说洛下语，但也未被吴人所同化，说吴语。雅道风流虽然无闻，要知不是庶人，而为一未进入文化士族之林的豪族（楚子）。六朝地方上的大家族，都是由豪族逐渐进入文化士族。彭城四刘，进入文化士族比较早的，是吕县刘。

东晋政权的转移，应追溯到孙恩、卢循之乱。桓玄即乘孙、卢之乱，起兵于荆州，并一度夺得东晋政权。刘裕率京口楚子集团讨伐桓玄，桓玄失败，刘裕又率京口楚子集团平定了孙、卢之乱，从而掌握了东晋的大权。义熙九年（413），刘裕上表土断。此年土断"唯徐、兖、青三州居晋陵者，不在断例"[①]。这个规定是对京口楚子集团的特殊优待。刘裕易晋为宋，依恃的仍是京口楚子集团。看一看京口举义及刘宋初年武将的籍贯是很有意思的。

京口举义武将籍贯在《宋书》卷一《武帝纪上》中说得很清楚。其言云：

> （高祖）乃与（东海何）无忌同船共还，建兴复之计。于是与弟道规、沛郡刘毅、平昌孟昶、任城魏咏之、高平檀凭之、琅邪诸葛长民、太原王元德、陇西辛扈兴、东莞童厚之，并同义谋。

又云：

> 凡同谋何无忌（东海），魏咏之（任城）、咏之弟欣之、顺之，檀凭之（高平）、凭之从子韶、韶弟祗、隆、道济、道济从兄范之，高

---

① ［梁］沈约：《宋书》卷二《武帝纪中》，中华书局，1974年，第30页。

> 祖弟道怜（彭城），刘毅（沛郡）、毅从弟藩，孟昶（平昌）、昶族弟怀玉，河内向弥、管义之，陈留周安穆，临淮刘蔚、从弟珪之，东莞臧熹、从弟宝符、从子穆生、童茂宗，陈郡周道民，渔阳田演，谯国范清等二十七人，愿从者百余人。

高平檀氏、平昌孟氏、河内向氏，据《宋书》卷四十五《檀韶传》、卷四十七《孟怀玉传》、卷四十五《向靖传》，"世居京口"。沛郡刘毅，据《宋书》卷五十二《庾悦传》，"家在京口"。

又宋初尚有刘穆之，东莞莒人，"世居京口"。徐羡之，东海郯人。刘怀慎、刘怀肃，彭城人。刘粹，沛郡萧人，"家在京口"。另有到彦之，彭城武原人。朱龄石，沛郡沛人。毛脩之，荥阳阳武人。蒯恩，兰陵承人。虞丘进，东海郯人。桓护之，略阳桓道人。（分见《宋书》卷四十二《刘穆之传》，卷四十三《徐羡之传》，卷四十五《刘怀慎传》《刘粹传》，卷四十七《刘怀肃传》，卷四十八《朱龄石传》《毛脩之传》，卷四十九《蒯恩传》《虞丘进传》，卷五十《垣护之传》；《南史》卷二十五《到彦之传》）这些人都是南朝境内的北方人。彭城、东海、琅邪、东莞、临淮均属徐州，任城、高平、陈留均属兖州，平昌属青州城阳郡，沛郡、谯国、陈郡均属豫州。地当西楚。按《魏书》之说，他们都是楚人；按南朝史乘之说，他们多数也是楚人。这些人极大多数都住在晋陵郡中，而多数又集中于京口。彭城刘裕、刘道规、刘道怜，东海何无忌、徐羡之、虞丘进等住在京口，自不待言。（《晋书》卷十五《地理志下》："穆帝时，移南东海七县出居京口。"）若高平檀凭之、平昌孟昶、河内向弥、东莞刘穆之等"世居京口"，沛郡刘毅、刘粹"家在京口"，史乘也有明言。这个京口楚子集团为东晋南朝数百年武力之所出。京口兵即北府兵，为东晋最强之兵。淝水之战谢玄挫败苻坚，得力于这批人为士卒。下至孙恩、桓玄之平，宋、齐之建，兵力亦出于此。东晋需要它来维系，也就必易为它所代替。刘宋即依恃这个集团建立。

齐、梁二萧原居东海兰陵，过江居于晋陵武进，被《魏书》称之为

"晋陵武进楚"。二萧也是寒微士族中的豪家将种，非微贱之族。此亦可从婚姻、语言上看出。《南齐书》卷二十《皇后传》记齐高帝之母宣孝皇后陈道止为临淮东阳人，魏司徒陈矫之后，父陈肇之为郡孝廉。齐高帝的皇后刘智容为广陵人，祖刘玄之、父刘寿之均为员外郎。齐武帝的皇后裴惠昭为河东闻喜人，祖裴朴之为给事中，父裴玑之为左军参军。《梁书》卷七记梁武帝萧衍之母太祖献皇后张尚柔为范阳方城人，父张穆之为晋司空张华的六世孙。梁武帝的皇后郗徽为高平金乡人，祖郗绍为国子祭酒，领东海王师，父郗烨为太子舍人。她们都是北人而非吴人，都出身于豪家而非寒族。在语言上，据《南史》卷四十七《胡谐之传》所记：

> 建元二年，为给事中、骁骑将军。上方欲奖以贵族盛姻，以谐之家人语僕音不正，乃遣宫内四五人往谐之家教子女语。

可以反证萧家语音之正。凡此均可说明晋陵武进萧氏出身虽非高门，但亦非微族。

萧道成为一楚子军人，他所以能在诸楚子中取得成功，易宋为齐，在于取得三齐的精兵。

按宋明帝泰始年间，失淮北四州及豫州淮西之地。《资治通鉴》卷第一百三十二泰始三年（467）春正月胡注云：

> 淮北四州，青、冀、徐、兖。豫州淮西，汝南、新蔡、谯、梁、陈、南顿、颍川、汝阳、汝阴诸郡也。《考异》曰：《后魏帝纪》：闰月，"沈文秀、崔道固举州内属"。《宋索虏传》曰："（张）永、（沈）攸之败退，虏攻青、冀二州，执文秀、道固。又下书曰：淮北三州民，自天安二年（泰始三年）正月三十日壬寅昧爽已前罪，一切原免。"按青州破在五年，淮北三州，盖谓徐、司、豫。

这说得比较清楚。淮北之失与淮西之破，事起泰始二年（466）徐州刺史薛安都的降魏，到五年，慕容白曜攻陷东阳，执沈文秀，青、冀（宋立冀州于历城）之地始尽入于魏。淮北、淮西之破，又产生了一批流民。如"淮西七郡民多不愿属魏，连营南奔。（胡注："淮西七郡：汝南、新蔡、汝阳、汝阴、陈郡、南顿、颍川。"）"[1]淮西当西楚之地，这实际上是楚子的又一次南奔。当然那时南奔者不限于楚人。

泰始三年（467）八月，宋明帝使沈攸之北伐，萧道成曾以行徐州事镇淮阴，为沈攸之后镇。泰始四年（468）七月，萧道成代沈攸之为南兖州刺史，镇广陵。泰始六年（470）九月，迁镇淮阴。在淮阴，萧道成得到了来自淮北与淮西的一大批新人。《南齐书》卷二十五《垣崇祖传》略云：

> 垣崇祖，字敬远，下邳人也。族姓豪强。……崇祖启明帝曰："淮北士民，力屈胡虏，南向之心，日夜以冀。崇祖父伯并为淮北州郡，门族布在北边，百姓所信，一朝啸咤，事功可立。"……初，崇祖遇太祖（萧道成）于淮阴，太祖以其武勇，善待之。崇祖谓皇甫肃曰："此真吾君也，吾今逢主矣，所谓千载一时。"遂密布诚节。

同书卷二十八《苏侃传》略云：

> 苏侃，字休烈，武邑人也。……薛安都反，引侃为其府参军，使掌书记。安都降虏，侃自拔南归。除积射将军。遇太祖在淮上，便自委结。上镇淮阴，以侃详密，取为冠军录事参军。

同书卷三十《薛渊传》略云：

> 薛渊，河东汾阴人也。宋徐州刺史安都从子。……安都以彭城降

---

[1] ［宋］司马光编著，［元］胡三省音注：《资治通鉴》卷第一百三十一宋明帝泰始二年（466）条，中华书局，1956年，第4126页。

虏，亲族皆入北。太祖镇淮阴，渊逦来南，委身自结。果干有气力。太祖使领部曲，备卫帐内，从征伐。

由此可见萧道成在淮阴的时候，北方人来投奔他的颇为不少。特别值得注意的是"三齐射手"。《南齐书》卷一《高帝纪上》云：

（桂阳王刘）休范分兵攻（新亭城）垒东，短兵接战，自巳至午，众皆失色。太祖曰："贼虽多而乱，寻破也。"杨运长领三齐射手七百人，引强命中，故贼不得逼城。未时，张敬儿斩休范首。

杨运长所领三齐射手，显然是青、徐丧失于北魏之时，从齐地过来的流人。他们是萧道成所依恃的精兵。这与刘裕依靠京口楚子集团有所不同。萧道成因为得到了这样一批人，才能在竞争中战胜其他武人、楚子，获得皇帝的地位。

南齐萧道成所依恃的武力，反映了一个变化：由京口楚子集团左右时局的时代，行将成为过去。

晋陵武进楚人萧衍起兵于雍州。萧衍所依靠的是雍州的武力。雍州武力主要是由甚为粗武的秦、雍流人所组成。雍州（治襄阳）之于荆州（治江陵），犹如北府（京口）之于建康。萧衍起兵，席阐文在荆州对萧颖胄说过："萧雍州蓄养士马，非复一日，江陵素畏襄阳人，人众又不敌，取之必不可制"[1]。荆州世族对襄阳豪族咸怀恐惧。有这样一种历史现象，襄阳的得失与荆襄的胜负，往往影响到历史的变迁。晋时桓玄初起于荆州，并不得意。后来打败雍州杨佺期及荆州殷仲堪，控制荆襄（见《晋书》卷八十四《杨佺期传》及《殷仲堪传》），才得以东下建康。如果得荆而不得雍，地位不能巩固。桓玄败死，江陵平定，在于"南阳太守鲁宗之起义兵袭襄阳，破伪雍州刺史桓蔚"[2]，与刘毅、何无忌等形成夹击江

---

① ［唐］姚思廉：《梁书》卷十《萧颖达传》，中华书局，1973年，第187页。
② ［唐］房玄龄等：《晋书》卷九十九《桓玄传》，中华书局，1974年，第2602页。

陵之势。宋时荆州刺史沈攸之败于萧道成，也在于萧道成事先把张敬儿安插到雍州。此事在《南齐书》卷二十五《张敬儿传》中有记述。其言云：

> 太祖以敬儿人位既轻，不欲便使为襄阳重镇，敬儿求之不已，乃微动太祖曰："沈攸之在荆州，公知其欲何所作？不出敬儿以防之，恐非公之利也。"太祖笑而无言，乃以敬儿为持节，督雍、梁二州郢、司二郡军事，雍州刺史，将军如故，封襄阳县侯，二千户。

沈攸之是萧道成称帝道路上的障碍，沈攸之的失败，在于张敬儿能以雍制荆。本书第八篇《晋代人口的流动及其影响》曾经列举迁至襄阳的秦、雍流民杨公则、席阐文等人，他们是梁武帝的支持者。他们的先辈迁居到襄阳，在淝水之战前秦失败之后。秦、雍流民对于历史的影响，自桓玄到梁武帝萧衍的起兵，都是可以看出来的。

梁武帝善骑。《南史》卷五十九《任昉传》略云：

> 梁武帝克建邺，霸府初开，以为骠骑记室参军。……始梁武与昉遇竟陵王西邸，从容谓昉曰："我登三府，当以卿为记室。"昉亦戏帝曰："我若登三事，当以卿为骑兵。"以帝善骑也。至是引昉，符昔言焉。

梁武帝可说是善战楚子的最后一个代表。楚子的天下，桓彝可谓是一个开创人，梁武帝可谓是一个结束人。其显赫者为刘裕。江东是前有东晋司马氏，后有陈朝陈氏，其间大都为楚人的势力。

南朝城市发达，商业繁荣，北人南来，多集中于都市。楚子如桓、刘、萧三家均居于都邑。此种人极易因都市的崩溃而削弱，与北方士族有深厚的地方根源，不易摧毁不同。梁武帝统治南朝近半个世纪，流寓于南朝境内的北人豪族将种，逐渐成为不善战的族群。侯景之乱，都邑楚人遭到摧残。为抵御并平定侯景，梁朝乃至不得不起用新从北方南来的降人以为将帅。《南史》卷六十三《羊侃传》略云：

> 羊侃，字祖忻，泰山梁父人也。……魏帝常谓曰："郎官谓卿为虎，岂羊质虎皮乎，试作虎状。"侃因伏，以手抉殿没指。魏帝壮之，赐以珠剑。……侃以大通三年至建邺。……车驾幸乐游苑，侃预宴。时少府奏新造两刃稍成，长二丈四尺，围一尺三寸，帝因赐侃河南国紫骝，令试之。侃执稍上马，左右击刺，特尽其妙。观者登树。帝曰："此树必为侍中折矣！"俄而果折。因号此稍为折树稍。北人降者，唯侃是衣冠余绪，帝宠之逾于他者。谓曰："朕少时捉稍，形势似卿，今失其旧体，殊觉不奇。"上又制武宴诗三十韵示侃，侃即席上应诏。……（侯）景既卒至，百姓竞入，公私混乱，无复次序。侃乃区分防拟，皆以宗室间之。军人争入武库，自取器甲，所司不能禁，侃命斩数人方得止。是时梁兴四十七年，境内无事，公卿在位及闾里士大夫莫见兵甲。贼至卒迫，公私骇震。时宿将已尽，后进少年并出在外，城中唯有侃及柳津、韦黯。津年老且疾，黯懦而无谋，军旅指拨，一决于侃。（参《颜氏家训·涉务篇》）……寻以疾卒于城内。……侃少雄勇，膂力绝人，所用弓至二十石，马上用六石弓。尝于兖州尧庙蹋壁，直上至五寻，横行得七迹。泗桥有数石人，长八尺，大十围。侃执以相击，悉皆破碎。

此传谓侯景乱梁之时，梁"宿将已尽"，"军旅指拨，一决于侃"。而羊侃是大通三年（529）才从北魏来的降将。这反映了梁末所依恃的武人的变化。兹录与羊侃同时的人所说的话如下，以供旁证。

颜之推《颜氏家训·慕贤篇》云：

> 侯景初入建业，台门虽闭，公私草扰，各不自全。太子左卫率羊侃坐东掖门，部分经略，一宿而办，遂得百余日抗拒凶逆。于时城内四万许人，王公朝士，不下一百，便是恃侃一人安之，其相去如此。

《北周书》卷四十一《庾信传·哀江南赋》云:

> 尚书多算(按羊侃时为都官尚书),守备是长。云梯可拒,地道能防。有齐将之闭壁,无燕帅之卧墙。大事去矣,人之云亡。

然则台城被围时,守御的良将,唯羊侃一人,可以证知。

不仅如此,即梁元帝用以平定侯景之乱的主将王僧辩等也是北来降人。《南史》卷六十三《王神念传》略云:

> 王神念,太原祁人也。……仕魏位颍川太守。与子僧辩据郡归梁。

同书同卷《王神念传》附子《僧辩传》略云:

> 及侯景反,元帝命僧辩总督舟师一万赴援。……元帝以僧辩为征东将军,……命即率巴陵诸军沿流讨景。……景自出战于石头城北,僧辩等大破之。……景走朱方,僧辩命众将入据台城。

同书同卷《羊鸦仁传》略云:

> 羊鸦仁,字孝穆,泰山钜平人也。少骁勇,仕郡为主簿。普通中,率兄弟自魏归梁。……及侯景反,鸦仁率所部入援。

据上可知梁朝用来抵抗侯景乱兵、保卫台城的将领是北来降将羊侃,用来反击侯景,最后消灭侯景的将领也是北来降人王僧辩、羊鸦仁。

尤有进者,梁元帝为铲除自己的政敌,甚至不得不起用被俘、锁于狱中的侯景的将领。《梁书》卷五十五《武陵王纪传》略云:

世祖（元帝）命护军将军陆法和于硖口夹岸筑二垒，镇江以断之。时陆纳未平，蜀军（武陵王萧纪）复逼，物情恇扰，世祖忧焉……乃拔（侯景将）任约于狱，……撤禁兵以配之。……复于狱拔（侯景将）谢答仁为步兵校尉，配众一旅，上赴法和。

凡此可见梁末将领的缺乏。这可解释《魏书》卷九十八《岛夷萧衍传》中的话。其言云：

衍每募人出战，素无号令，初或暂胜，后必奔背。（侯）景宣言曰："城中非无菜，但无酱耳。"以戏侮之。

城中指台城中，侯景当时包围了台城。他所谓"菜"（卒），指士卒；所谓"酱"（将），指将领。何以见得？

按侯景本非清流，自不能作此雅谑，以戏弄梁武帝。所谓"城中非无菜，但无酱耳"，当为侯景的谋主王伟所造作。检《南史》卷八十《王伟传》（参《梁书》卷五十六《侯景传》）云：

王伟，其先略阳人。父略，仕魏为许昌令。……伟学通《周易》，雅高辞采，仕魏为行台郎。（侯）景叛后，高澄以书招之。伟为景报澄书，其文甚美。澄览书曰："谁所作也？"左右称伟之文。澄曰："才如此，何由不早使知邪？"伟既协景谋谟，其文檄并伟所制，及行篡逆，皆伟创谋也。

陆法言《切韵序》云：

秦陇则去声为入。

王伟虽称陈留人，其家世实出略阳，而略阳正是秦陇地域，王伟若用其家世乡土之音，则读"卒"为"菜"，固所当然。当日北方文儒之士，语言多杂方音（考《北史》卷八十一《儒林传上·李业兴传》），用乡土之音，非是王伟一人。

上述可以说明永嘉南渡北人中有武力的豪族，到梁末，其子孙与文化高门的士大夫一样，"肤脆骨柔"，丧失了原来善战的能力。将才乃不得不让位于新来的北方降人。南朝后期将帅先世的名字，多不见于南朝前期的社会政治史，原因也在这里。

南朝前期宋、齐、梁的政治史，概括言之，是以北人中武装善战的豪族为君主，而北人中不善战的文化高门为公卿，相互利用，以成统治之局的历史。在这个时期，南人相对于北人来说，尚是个不善战的"民族"。刘裕尝说："吴人不习战，若前驱失利，必败我军。"[1]袁淑对顾觊之说过："卿南人怯懦，岂办作贼？"[2]南人的不善战，是北人在江左的数百年统治所以能够确立的重要原因。梁时，北来将种豪家、文化高门，一齐腐朽。侯景之乱，只有依靠北来降人去抵抗与反击。即在这个时候，南方土著豪酋，乘隙兴起。南朝历史转入了另一个阶段。下篇将详论这个问题。

---

[1] ［梁］沈约：《宋书》卷一《武帝纪上》，中华书局，1974年，第2页。

[2] ［梁］沈约：《宋书》卷八十一《顾觊之传》，中华书局，1974年，第2079页。

第十二篇　梁陈时期士族的没落与南方蛮族的兴起

一、梁建康、江陵两大士族集团的灭亡

南朝至梁亡已告一段落。梁末国土已蹙，扬子江北部都已丧失。梁的失败，也就是南朝的失败。陈亡不过是一个时间上的问题。

梁武帝时期虽然号为极盛。然人力、物力都有败亡的情势。这当追根于梁武帝的政策。《南史》卷七《梁本纪中·武帝纪下》记：

> （梁武帝）勤于政务，孜孜无怠，每冬月四更竟，即敕把烛看事，执笔触寒，手为皴裂。然仁爱不断，亲亲及所爱愆犯，多有纵舍，故政刑弛紊。

按《隋书》卷二十五《刑法志》记秣陵老人之言云：

> 陛下（梁武帝）为法，急于黎庶，缓于权贵，非长久之术。诚能反是，天下幸甚。

秣陵老人谓梁武帝为法"缓于权贵"，也就是《南史》所说"仁爱不断，

亲亲及所爱愆犯，多有纵舍"①。像萧正德逃奔北魏，又自魏逃归叩头请罪，"武帝泣而诲之，特复本封"。在武帝的宽纵下，以萧正德为首的"四凶"，"为百姓巨蠹，多聚亡命，黄昏多杀人于道，谓之'打稽'"。"勋豪子弟多纵恣，以淫盗屠杀为业，父祖不能制，尉逻莫能御。"②政刑紊乱到了极点，权贵急剧腐烂下去。

梁朝败亡情势可从《梁书》卷三十八《贺琛传》贺琛所说四事看出。其言略云：

> 是时高祖任职者，皆缘饰奸谄，深害时政，琛遂启陈事条，封奏。……其一事曰：今北边稽服，戈甲解息，政是生聚教训之时，而天下户口减落，诚当今之急务，虽是处凋流，而关外（《通鉴》卷第一百五十九梁武帝大同十一年十二月胡注曰："谓淮、汝、潼、泗新复州郡在边关之外者。"）弥甚。郡不堪州之控总，县不堪郡之衰削，更相呼扰，莫得治其政术，惟以应赴征敛为事。百姓不能堪命，各事流移，或依于大姓，或聚于屯封，盖不获已而窜亡，非乐之也。……其二事曰：……今天下宰守，所以皆尚贪残，罕有廉白者，良由风俗侈靡，使之然也。淫奢之弊，其事多端，粗举二条，言其尤者。……今之燕喜，相竞夸豪，积肴如山岳，列肴同绮绣，露台之产，不周一燕之资，而宾主之间，裁取满腹，未及下堂，已同臭腐。又歌姬舞女，本有品制……今畜妓之夫，无有等秩，虽复庶贱微人，皆盛姬姜，务在贪污，争饰罗绮。故为吏牧民者，竞为剥削。……其余淫侈，著之凡百，习已成俗，日见滋甚。欲使人守廉隅，吏尚清白，安可得邪？……其三事曰：……（百司）以深刻为能，以绳逐为务。……犯罪者多，巧避滋甚，旷官废职，长弊增奸，实由于此。……四事曰：……不息费则无以聚财，不休民则无以聚力。……

---

①［唐］李延寿：《南史》卷七《武帝纪下》，中华书局，1975年，第223页。

②［唐］李延寿：《南史》卷五十一《临川靖惠王宏传附子正德传》，中华书局，1975年，第1280页。

　　自普通以来，二十余年，刑役荐起，民力凋流。

　　贺琛所说四事，一、二事最为深蠹。"天下户口减落"，原因即在州郡"惟以应赴征敛为事"。天下宰守"皆尚贪残"，原因即在"风俗侈靡"。前者反映了人民的贫困，后者反映了士族的贪婪腐朽。这是由梁武帝宽纵士族权贵，政刑谬乱造成。贺琛所说的四事，表明梁时统治阶级已经走上败亡之路。

　　士族包括一流士族与次等士族，在南朝被称为"复士"（见《宋书》卷三十二《王弘传》），可以享受免除税役的特权（《南齐书》卷四十六《顾宪之传》："凡有赀者，多是士人，复除。"）全部负担都落在非士族的庶民身上。梁朝太平五十年，士族贵人唯以侈靡为务。皇亲国戚是如此，新起的寒门官吏也是如此。《南史·梁宗室传上》谓萧正德"自征虏亭至于方山，悉略为墅。蓄奴僮数百，皆黥其面"。同书卷六十二《朱异传》记朱异自称"我寒士也，遭逢以至今日"。他这个寒士，在侈靡上丝毫也不落人后。《南史》云：

　　　　起宅东陂，穷乎美丽，晚日来下，酣饮其中。每迫曛黄，虑台门将阖，乃引其卤簿自宅至城，使捉城门停留管籥。既而声势所驱，薰灼内外，产与羊侃相埒。好饮食，极滋味声色之娱，子鹅鳆鲊不辍于口，虽朝谒，从车中必赍饴饵。而轻傲朝贤，不避贵戚。[1]

　　淫奢在权贵内部已泛滥成灾。权贵们自然不会知道，这将给他们自己带来致命的打击。

　　梁武帝答贺琛，说他自己是节俭的，"除公宴，不食国家之食，多历年稔，乃至宫人，亦不食国家之食，积累岁月"[2]。节俭的人在奢侈时代

---

　　① ［唐］李延寿：《南史》卷六十二《朱异传附叔父谦之、父巽之传》，中华书局，1975年，第1516页。

　　② ［唐］姚思廉：《梁书》卷三十八《贺琛传》，中华书局，1973年，第548页。

总还会有，但为个人的问题，与全部社会无关。梁武帝为自己的辩解却站不住脚。《资治通鉴》卷第一百五十九梁大同十一年（545）胡注云：

> 帝奄有东南，凡其所食，自其身以及六宫，不由佛营，不由神造，又不由西天竺国来，有不出于东南民力者乎？惟不出于公赋，遂以为不食国家之食，诚如此，则国家者果谁之国家邪！

胡三省的话是有道理的。梁武帝还要求贺琛具体指出人来，"某刺史横暴，某太守贪残，某官长凶虐"①。其实那时已不是某某人的问题，而是整个上层社会都为奢靡之风所笼罩。

有一件事可以说明梁武帝并非节俭之辈。这就是佛事，他舍得花钱。

南朝商业很发达。《隋书》卷二十四《食货志》说道：

> 晋自过江，凡货卖奴婢、马、牛、田宅，有文券，率钱一万，输估四百入官，卖者三百，买者一百。无文券者，随物所堪，亦百分收四，名为散估。历宋、齐、梁、陈，如此以为常。以此人竞商贩，不为田业。

从这段话中可以了解南朝商税较轻（百分之四，卖三买一），故"人竞商贩，不为田业"。商业的发达，需要货币。货币本用铜铸，但在梁朝出现了一种异常的现象，即用铁币来取代铜币。《隋书·食货志》云：

> 至普通中，乃议尽罢铜钱，更铸铁钱。人以铁贱易得，并皆私铸。及大同已后，所在铁钱遂如丘山，物价腾贵。

这造成了"通货膨胀"，搞得民穷财尽。铜钱到哪里去了呢？被梁武帝用

---

① [唐]姚思廉：《梁书》卷三十八《贺琛传》，中华书局，1973年，第547页。

去营造佛的金身去了。

在佛教史上，有这样一种情形：佛的金身与铜钱有矛盾。佛教有三武之难，从第二次、第三次可以看出，废佛不久便铸钱。周武帝建德三年（574）五月丙子废佛毁像，六月壬子即铸五行大布钱，以一当十，与布、泉钱并行[①]。唐武宗会昌五年（845）七月废佛，中书上奏更明言："天下废寺，铜像、钟磬委盐铁使铸钱"[②]。这是将佛的金身用来造钱。还有一种相反的情形，即把铜钱用去铸造佛的金身。梁武帝属于这一种人。

梁武帝"大兴寺塔，广缮台堂"[③]。《高僧传》卷十三兴福门《梁京师正觉寺释法悦传》，记释法悦与白马寺沙门智靖"欲造丈八无量寿像……始鸠集金铜……以梁天监八年五月三日，于小庄严寺营造"。用了"四万斤铜，融泻已竭，尚未至胸……又驰启闻，敕给功德铜三千斤"。铸成的金身"有大钱二枚，现犹在衣襟"。《广弘明集》卷十六《谢敕赍铜供造善觉寺塔露盘启》，记赍"铜一万斤，供起天中寺"。据此可知梁时寺庙所耗与所藏金银财宝之多。为此，梁武帝是不惜破费的。

修《梁书》的史臣在《梁书》卷三《武帝纪下》中说，在梁武帝统治的岁月里，"治定功成，远安迩肃。加以天祥地瑞，无绝岁时，征赋所及之乡，文轨傍通之地，南超万里，西拓五千。其中瑰财重宝，千夫百族，莫不充牣王府，蹶角阙庭。三四十年，斯为盛矣。自魏晋以降，未或有焉"。这真可谓"太平盛世"。可是就在这种"太平盛世"中，整个上层社会在腐烂下去，严重的政治危机在隐伏中。

梁时士族无论是文官还是武将，无论是建康集团还是江陵集团，都腐朽了。梁武帝是楚子的最后一个代表，是属于南朝前期的一个人物，因此他善于骑马。至元帝则"素不便驰马"（《南史》卷八《梁本纪下》），梁时士族甚至惧马如虎。《颜氏家训》卷四《涉务》云：

---

① 参见［唐］令狐德棻等：《周书》卷五《武帝纪上》，中华书局，1971年，第85页。

② ［后晋］刘煦等：《旧唐书》卷十八上《武宗纪》，中华书局，1975年，第605页。

③ ［北齐］魏收：《魏书》卷九十八《岛夷萧衍传》，中华书局，1974年，第2180页。

> 建康令王复，性既儒雅，未尝乘骑，见马嘶喷陆梁，莫不震慑，
> 乃谓人曰："正是虎，何故名为马乎？"

这样的人居然是建康令。《南史》卷六十二《顾协传》记梁武帝尝谓：

> 北方高凉，四十强仕，南方卑湿，三十已衰。如协便为已老（顾
> 协时年三十有五），但其事亲孝，与友信，亦不可遗于草泽。

南朝士族年岁较长的均在前期，如王导、谢安等是。后期三十便为已衰，
已老，这样的士族又安得不亡？

南北士族至梁武帝时，无不趋向奢侈腐化。武人已不能带兵，侯景戏
弄武帝"非无菜，但无酱"[1]，菜即"卒"字，酱即"将"字（解释见上
篇）。有卒而无将才，以至不得不依靠新来的北方降将。在梁末这是不容
否认的事实。在这种情况下，变乱一起，士族的末日，在所难逃。

梁末，建康与江陵的两大士族集团，为两批外族及被解放的奴隶消
灭。建康士族集团，是在侯景之乱的时候被消灭的。《颜氏家训·涉务篇》
略云：

> 梁世士大夫皆尚褒衣博带，大冠高履，出则车舆，入则扶侍。郊
> 郭之内，无乘马者。……及侯景之乱，肤脆骨柔，不堪行步，体羸气
> 弱，不耐寒暑，坐死仓猝者，往往而然。

《魏书》卷九十八《岛夷萧衍传》略云：

> 初（建康）城中男女十余万人，及陷，存者才二三千人……始景
> 渡江至陷城之后，江南之民及衍王侯妃主、世胄子弟，为景军人所

---

① ［北齐］魏收：《魏书》卷九十八《岛夷萧衍传》，中华书局，1974年，第2185页。

掠，或自相卖鬻，漂流入国者盖以数十万口，加以饥馑死亡，所在涂地，江左遂为丘墟矣。

台城之围，城中皆为不能战的吴人及北来士族，城外则为北将或外来民族。侯景"又募北人先为奴者，并令自拔，赏以不次。……于是奴僮竞出，尽皆得志"①。台城的胜负实为整个社会民族的胜负。

江陵也有一批士族。他们有的从南阳等地迁来，如庾氏、宗氏（见本书第八篇《晋代人口的流动及其影响》一）；有的从建康过来，如王褒、周弘正。《南史》卷三十四《周弘正传》说到侯景平定之后，朝议迁都的问题。梁元帝曾大会文武四五百人，说"劝吾去者左祖"。"于是左祖者过半"。可见当时寄居江陵者不少。西魏攻陷江陵，"汝南王大封、尚书左仆射王褒以下，并为俘以归长安。乃选百姓男女数万口，分为奴婢，小弱者皆杀之"②。江陵这支士族也被消灭了。

梁末之乱，为永嘉南渡后的一大结局。南朝士族经过数百年腐化之后，于梁末被全部消灭。陈为南朝的尾声，且社会有重大的变化。此即南方土著豪酋的兴起。陈为北人低门与南方蛮族相结合所建立的朝代。

或谓梁武帝废嫡立庶，导致骨肉相残，为梁朝灭亡的原因。骨肉相残，自是一个原因，然梁武帝之所以废嫡（昭明太子萧统之子萧欢）立庶（晋安王萧纲，即简文帝），是因为南朝整个社会不重嫡子。关于梁武帝废嫡立庶，《南史》卷五十三《梁昭明太子统传》云：

> 帝既废嫡立庶，海内噂𠴲，故各封诸子大郡，以慰其心。岳阳王詧流涕受拜，累日不食。

同书同卷附统子《欢传》云：

---

① ［唐］李延寿：《南史》卷八十《侯景传》，中华书局，1975年，第2001页。
② ［唐］李延寿：《南史》卷八《元帝纪》，中华书局，1975年，第245页。

欢既嫡孙，次应嗣位，而迟疑未决。帝既新有天下，恐不可以少主主大业，又以心衔故，意在晋安王，犹豫自四月上旬至五月二十一日方决。欢止封豫章王还任。

《周书》卷四十八《萧詧传》云：

> 大通三年进封岳阳郡王，历官东……扬州刺史。初，昭明卒，梁武帝舍詧兄弟而立简文，内常愧之，宠亚诸子。以会稽人物殷阜，一都之会，故有此授，以慰其心。詧既以其昆弟不得为嗣，常怀不平。

简文帝为侯景所杀之后，荆州萧绎（梁元帝）为排除称帝道路上的障碍，攻灭湘州萧誉（萧詧之弟）。萧詧自雍州起兵，攻打萧绎失败，归附西魏。益州萧纪起兵顺江东下，也被萧绎打败。萧绎虽然做了皇帝，可是雍、益二州都被西魏占领，导致了国力的削弱。后来江陵被西魏攻陷，萧绎身死。这似乎是由梁武帝废嫡立庶引起，实际却是梁元帝萧绎为了做皇帝，"不急莽、卓（指侯景）之诛，先行昆弟之戮"[1]造成。如果再看一看《颜氏家训·后娶篇》之言：

> 江右不讳庶孽，丧室之后，多以妾媵终家事。……河北鄙于侧出，不预人流。

就可知南朝并不重嫡妻、嫡子、嫡孙，与"河北鄙于侧出"不同。慕容绍宗说梁武帝"废捐冢嫡，崇树愚子，朋党路开，彼我侧目"[2]，是站在北人的立场看问题。梁武帝废捐冢嫡，在南朝无所谓好与不好。北朝重宗法，南北社会是不同的。我们应从整个社会风俗来看梁武帝的废嫡立庶，而不应从梁武帝个人举措是否失当来考虑。梁朝灭亡的主要原因是建康、

---

[1] ［唐］李延寿：《南史》卷八《敬帝纪》，中华书局，1975年，第252页。
[2] ［北齐］魏收：《魏书》卷九十八《岛夷萧衍传》，中华书局，1974年，第2180页。

江陵两士族集团的腐朽，而不是梁武帝的废嫡立庶。南朝商业城市发达，士族喜居都邑，特别是集中于建康和江陵，都邑一被攻破，士族也就被摧毁。北方宗族与农业土地有关系，不在都市，所以北方士族的势力可以延长下去。这影响到隋唐以后的历史。

二、陈与南方蛮族

这里说的南方蛮族或南蛮，泛指南方溪、俚、越等族。

陈时，楚人的武力已经消失。为镇压变乱，陈朝起用应时而起的南朝土著。南朝末期，政治势力复转入土著之手，楚子的天下变成了南方土著的天下。这里先说一下陈朝以前南人出任将帅的问题。

陈朝以前，南人之任将帅以武功显名的，最著名者，有吴兴沈氏一族，如沈田子、沈林子（见《宋书》卷一百《自序》）、沈庆之、沈攸之、沈文季（见《宋书》卷七十七《沈庆之传》、卷七十四《沈攸之传》，《南齐书》卷四十四《沈文季传》及《南史》卷三十七《沈庆之传》附《攸之》《文季传》），以及王敬则（见《南齐书》卷二十六、《南史》卷四十五《王敬则传》）、陈显达（见《南齐书》卷二十六、《南史》卷四十五《陈显达传》）、陈庆之（见《梁书》卷三十二、《南史》卷六十一《陈庆之传》）诸人。上篇说到刘裕曾谓"吴人不习战"，袁淑曾谓"南人怯懦，岂办作贼"。通常言之，凡一原则，不能无少数例外。即如陈庆之，史言他是义兴国山人，梁武帝说他"本非将种，又非豪家"[1]。南人中得到陈庆之这种将领，诚属例外。至于王敬则，虽然侨居于晋陵南沙县，接士庶以吴语（见《南齐书·王敬则传》），然其家实自临淮射阳迁来（见《南史·王敬则传》）。临淮地域的人，正是魏收《魏书·司马叡传》所说的楚人。王敬则有可能本是寒门北人，而非南人。王敬则接士庶之所以全用吴语，是因为他出自卑下的社会阶级。南朝疆域内北语、吴语，为士庶阶

---

[1]　[唐]姚思廉：《梁书》卷三十二《陈庆之传》，中华书局，1973年，第460页。

级的表征，非南北籍贯的分别，殊不足以断定他是南人。陈显达为南彭城人，疑本从彭城迁来。惟吴兴沈氏一族，则《宋书·自序》说得极为详细。其为吴人，自无可疑。不过，沈家代出名将，似与南朝吴人不习战的通则不合。

考《世说新语·雅量》"王僧弥、谢车骑共王小奴许集"条载王珉骂谢玄之词云：

> 汝故是吴兴溪中钓碣耳。

刘孝标注云：

> 玄叔父安曾为吴兴，玄少时从之游，故珉云然。

按"钓碣"之"碣"，今所得见善本俱无异读，但其义实不可解，颇疑是"猲"字即"狗"字的伪写（如《荀子》卷二《荣辱》"乳猲不远游"及"有猲骇之勇者"之例）。正如温峤视陶侃为"溪狗"之例。意者吴兴本有溪人，故王珉才骂谢玄为"吴兴溪中钓碣（钓猲）"。而吴兴沈氏世奉天师道（见《宋书》卷一百《自序》及《南史》卷三十七《沈庆之传》附《僧昭传》），并以将门见称于世（见《南齐书》《南史·沈文季传》），则颇有源出信仰天师道、"拳足善斗"的溪族的嫌疑。吴兴沈氏累世贵显，文采昭著（如沈约之例），而北来世族如褚渊，却以"门户裁之"。又如王融，也以蛤蜊同类相讥（见《南史》卷二十一《王弘传》附《融传》王融答沈昭略之语）。这也许就是吴兴沈氏终不能比数于吴中著姓如朱、张、顾、陆诸家的缘故吧！如果这个假定能够确立，则不独沈氏的善战可以得到解释，且于难通的《世说新语》中"钓碣"一语，"碣"为"猲"之误，也可得到一个旁证了。

说南朝前期吴人不习战，南人怯懦，是相对于善战的楚人、北人而言。在吴人不习战声中，酝酿着南方郡邑岩穴之长、村屯坞壁之豪的兴起。但要有时机。这个时机便是侯景之乱。南方土豪洞主不是汉末魏、晋、宋、齐、梁以来的三吴士族，而是江左的土人。即魏收所谓巴、蜀、傒、俚诸族。此等族类在侯景之乱以前，除少数例外，大抵为被压迫的下层民族，不得预问南朝的政治。楚人武力的丧失为此等人的兴起创造了条件，而侯景之乱，给了此等人以兴起的机会。侯景乱梁，不仅为南朝政治上的巨变，且在江东社会史上，亦为划时代的大事。南方土豪洞主乘侯景之乱兴起，大致不出两种方式：一为率兵入援建康，因而坐拥大兵，二为啸聚徒众，乘着州郡主将率兵勤王的机会，以依法形式或强迫取代其位。继梁朝而起的陈朝，不得不承认这种事实，以取得他们的支持。

在说南方土豪洞主兴起之前，须说一下陈朝的皇室。按《陈书》卷一《高祖纪上》略云：

> 高祖武皇帝讳霸先，字兴国，小字法生，吴兴长城下若里人，汉太丘长陈寔之后也。世居颍川。寔玄孙准，晋太尉。准生匡，匡生达，永嘉南迁，为丞相掾，历太子洗马，出为长城令，悦其山水，遂家焉。……达生康，复为丞相掾，咸和中土断，故为长城人。……高祖以梁天监二年癸未岁生。

由此可知陈霸先为晋成帝咸和土断之后，被列为南方土著之一的吴兴长城下若里人。自咸和到天监，近两百年，吴兴长城陈氏已与吴人同化。其婚姻对象为吴人。陈霸先之妻章要儿，据《陈书》卷七《高祖宣皇后章氏传》，为吴兴乌程人。"本姓钮，父景明为章氏所养，因改"姓章。这表明陈朝皇室门第较刘、萧为低，非出自豪家将种，而出自经土断后，被列为吴人的低等北人。陈氏与王敬则同类。王敬则本临淮射阳人，侨居南沙，接士庶以吴语，为最低等的北人。亦与"本非将种，又非豪家"的义兴国山人陈庆之同类。

陈朝所起用的大将多为南方的土豪洞主。这是当时事势造成。《陈书》卷三十五熊昙朗等传论云：

> 梁末之灾沴，群凶竞起，郡邑岩穴之长，村屯邬壁之豪，资剽掠
> 以致强，恣陵侮而为大。

这些乘乱竞起的"群凶"，是不可能镇压的，只能起用。《熊昙朗传》有
"昙朗以南川豪帅，随例除游骑将军"的话。《陈书》卷二十《华皎传》有
"时南州守宰多乡里酋豪"的话，说明南方土豪洞主起为将帅牧守的时代，
在梁陈之际到来。兹略引史文数条，以见梁末岩穴村屯的酋豪的兴起。

《陈书》卷八《侯安都传》（《南史》卷六十六《侯安都传》同）
略云：

> 侯安都，字成师，始兴曲江人也。世为郡著姓。……善骑射，为
> 邑里雄豪。梁始兴内史萧子范辟为主簿。侯景之乱，招集兵甲，至三
> 千人。高祖入援京邑，安都引兵从高祖，攻蔡路养，破李迁仕，克平
> 侯景，并力战有功。

按《宋书》卷九十二《良吏传·徐豁传》略云：

> 元嘉初，为始兴太守。三年，遣大使巡行四方，并使郡县各言损
> 益，豁因此表陈三事，其一曰：……（郡）既遐接蛮俚，去就益
> 易……其三曰：中宿县俚民课银，一子丁输南称半两。寻此县自不出
> 银，又俚民皆巢居鸟语，不闲货易之宜。每至买银，为损已甚。又称
> 两受入，易生奸巧。山俚愚怯，不辨自申。

俚族分布于岭南。以此传所云始兴"遐接蛮俚""中宿县俚民""山俚"证
之，侯安都颇有俚族的嫌疑。他乘侯景之乱，招集兵甲三千，兴起于始
兴，后来作了陈朝的大将。

又《陈书》卷九《欧阳頠传》（《南史》卷六十六《欧阳頠传》同）

略云：

> 欧阳頠，字靖世，长沙临湘人也，为郡豪族。……以言行笃信著闻于岭表。……梁左卫将军兰钦之少也与頠相善，故頠常随钦征讨。……钦征交州，复启頠同行。钦度岭，以疾终。頠除临贺内史。……侯景构逆，（衡州刺史韦）粲自解还都征景，以頠监衡州。京城陷后，岭南互相吞并。……梁元帝承制，以始兴郡为东衡州，以頠为……刺史。……萧勃死后，岭南扰乱。……（高祖授頠）都督衡州诸军事、安南将军、衡州刺史。……未至岭南，頠子纥已克定始兴。及頠至，岭南皆慑伏。仍进广州，尽有越地。改授都督广交……十九州诸军事、镇南将军、平越中郎将、广州刺史。
>
> …………
>
> （纥）累迁……都督交广等十九州诸军事、广州刺史，在州十余年，威惠著于百越。……太建元年，下诏征纥为左卫将军……遂举兵（反）。……兵败……伏诛。时年三十三，家口籍没，子询以幼免。

按《陈书》卷二十一《萧允传》附《引传》及《南史》卷十八《萧思话传》附《引传》，俱有"始兴人欧阳頠"之语。疑长沙临湘欧阳一族，本自始兴迁来。考刘𫗧《隋唐嘉话》载欧阳頠孙欧阳询形貌丑怪事（孟棨《本事诗》同）略云：

> 国初长孙太尉（无忌）见欧阳率更（询）姿形甚陋，嘲之曰："耸膊成山字，埋肩畏出头，谁言麟阁上，画此一猕猴。"[1]

如此说来，欧阳询的形貌当与猿猴相似。《太平广记》卷四百四十四引《续江氏传》记欧阳询父欧阳纥梁末随兰钦出征，其妻为白猿窃去，有身

---

[1] 刘𫗧撰，程毅中点校：《隋唐嘉话》，中华书局，1979年，第23页。

后，复夺还，因而生欧阳询，故欧阳询为猿种。其语虽然不经，要可知欧阳询形貌的丑怪。正史中尚未言及欧阳询状类猿猴，但也说到了欧阳询状貌的寝陋、丑异。如《旧唐书》卷一百八十九《儒学传上·欧阳询传》（《新唐书》卷一百九十八《儒学传上·欧阳询传》同）云：

> 欧阳询，潭州临湘人，陈大司空頠之孙也。……虽貌甚寝陋，而聪悟绝伦。……高丽甚重其书，尝遣使求之。高祖叹曰："不意询之书名远播夷狄，彼观其迹，固谓其形魁梧邪？"

同书卷八十二《许敬宗传》（《新唐书》卷二百二十三《奸臣传·许敬宗传》同）亦谓欧阳询"状貌丑异"。据此，若取欧阳氏本出始兴一事，参以《宋书》所载徐豁关于始兴俚民之言，或《资治通鉴》所载殷阐关于始兴溪子之言，欧阳氏疑出俚族或溪族。欧阳氏累世文学艺术，而究其种类渊源所出，却有出于俚或溪种的嫌疑。此可谓"有教无类"。

又《陈书》卷十一《黄法氍》（《南史》卷六十六《黄法氍传》同）略云：

> 黄法氍，字仲昭，巴山新建人也。少劲捷有胆力，步行日三百里，距跃三丈。颇便书疏，闲明簿领。出入郡中，为乡闾所惮。侯景之乱，于乡里合徒众，太守贺诩下江州，法氍监知郡事。

同书卷三十五《熊昙朗传》（《南史》卷八十《熊昙朗传》同）略云：

> 熊昙朗，豫章南昌人也。世为郡著姓。……有膂力，容貌甚伟。侯景之乱，稍聚少年，据丰城县为栅，桀黠劫盗多附之。梁元帝以为巴山太守。荆州陷，昙朗兵力稍强，劫掠邻县，缚卖居民，山谷之中，最为巨患。……时巴山陈定亦拥兵立寨，昙朗伪以女妻定子。又谓定曰："周迪、余孝顷并不愿此婚，必须以强兵来迎。"定乃遣精甲

三百，并土豪二十人往迎。既至，昙朗执之，收其马仗，并论价责赎。绍泰二年，昙朗以南川豪帅，随例除游骑将军。

同书卷十三《周敷传》略云：

> 周敷，字仲达，临川人也。为郡豪族。……胆力劲果，超出时辈。性豪侠，轻财重士，乡党少年任气者咸归之。侯景之乱，乡人周续合徒众，以讨贼为名。梁内史始兴藩王萧毅以郡让续。……侯景平，梁元帝授敷……宁州刺史。

同书卷三十五《周迪传》（《南史》卷八十《周迪传》同）略云：

> 周迪，临川南城人也。少居山谷，有膂力，能挽强弩，以弋猎为事。侯景之乱，迪宗人周续起兵于临川。梁始兴王萧毅以郡让续。迪召募乡人从之，每战必勇冠众军。续所部渠帅皆郡中豪族，稍骄横，续颇禁之。渠帅等并怨望，乃相率杀续，推迪为主。迪乃据有临川之地，筑城于工塘。梁元帝授迪……高州刺史。

以上黄法氍（巴山新建）、熊昙朗（豫章南昌）、陈定（巴山）、余孝顷（新吴洞主，见《周迪传》）、周续、周敷、周迪（均临川南城），都是乘侯景之乱兴起的南川（赣江流域）土豪洞主。按《南史》卷四十七《胡谐之传》记胡谐之为"豫章南昌人"，"家人语傒音不正"。胡谐之曾向梁州刺史范柏年求佳马，范柏年"接使人薄"，使人归谓胡谐之："胡谐是何傒狗，无厌之求。"这说明胡谐之为南川的傒族人，即槃瓠蛮人。若依《南史·胡谐之传》出生地域的关系言之，则黄法氍、熊昙朗等当与"傒狗"同类。《续搜神记》本《桃花源记》著录武陵捕鱼为业的溪人姓名为黄道真，李绰《尚书故实》记"有黄生者，擢进士第，人问与颜同房否？对曰：别洞。黄本溪洞豪姓，生故以此对。人虽哈之，亦赏其直实也。"①疑黄法毺之姓与黄道真、黄生之姓本为一源。

又《陈书》卷十《程灵洗传》（《南史》卷六十七《程灵洗传》同）略云：

> 程灵洗，字玄涤，新安海宁人也。少以勇力闻。步行日二百余里，便骑善游。梁末，海宁、黟、歙等县及鄱阳、宣城郡界多盗贼，近县苦之，灵洗素为乡里所畏伏，前后守长恒使召募少年，逐捕劫盗。侯景之乱，灵洗聚徒据黟、歙以拒景。景军据有新安，新安太守湘西乡侯萧隐奔依灵洗，灵洗奉以主盟。

同书卷三十五《留异传》（《南史》卷八十《留异传》同）略云：

> 留异，东阳长山人也。世为郡著姓。……（异）为乡里雄豪，多聚恶少，陵侮贫贱，守宰皆患之。梁代为蟹浦戍主，历晋安、安固二县令。侯景之乱，还乡里，召募士卒。……太守沈巡援台，让郡于异。异使兄子超监知郡事，率兵随巡出都。及京城陷，异随临城公萧大连，大连板为司马委以军事。……会（侯）景将军宋子仙济浙江。异奔还乡里，寻以其众降于子仙。……侯景署异为东阳太守。……侯景平后，王僧辩使异慰劳东阳，仍纠合乡同，保据岩阻。其徒甚盛，州郡惮焉。元帝以为信安令。荆州陷，王僧辩以异为东阳太守。世祖平定会稽，异虽转输粮馈，而拥擅一郡，威福在己。绍泰二年以应接之功，除……缙州刺史，领东阳太守。

同书同卷《陈宝应传》（《南史》卷八十《陈宝应传》同）略云：

---

① [宋]李昉等编：《太平广记》卷一百八十四《贡举七》，明嘉靖四十五年谈恺刻本补配清抄本。

陈宝应，晋安侯官人也。世为闽中四姓。父羽，有材干，为郡雄豪。宝应性反复，多变诈。梁代晋安数反，累杀郡将，羽初并扇惑合成其事，后复为官军乡导破之。由是一郡兵权皆自己出。侯景之乱，晋安太守、宾化侯萧云以郡让羽，羽年老，但治郡事，令宝应典兵。……宝应自海道寇临安、永嘉及会稽、余姚、诸暨，又载米粟与之贸易，多致玉帛子女。其有能致舟乘者，亦并奔归之。由是大致赀产，士众强盛。侯景平，元帝因以羽为晋安太守。高祖辅政，羽请归老，求传郡于宝应。高祖许之。……高祖受禅，授……闽州刺史。……世祖嗣位……仍命宗正录其本系，编为宗室。

以上程灵洗（新安海宁）、留异（东阳长山）、陈羽、陈宝应父子（晋安侯官），据地域论，当是越种。这些人都是乡里的雄豪，乘侯景之乱，或聚徒起兵，或以势力强迫取代州郡主将之位（如晋安陈氏）。

又《陈书》卷九《侯瑱传》（《南史》卷六十六《侯瑱传》同）略云：

侯瑱，字伯玉，巴西充国人也。父弘远，世为西蜀首豪。……（梁鄱阳王萧）范迁镇合肥，瑱又随之。侯景围台城，范乃遣瑱辅其世子嗣入援京邑。京城陷，瑱与范退还合肥，仍随范徙镇湓城。俄而范及嗣皆卒，瑱领其众……据有豫章之地。

同书卷十三《徐世谱传》（《南史》卷六十七《徐世谱传》同）略云：

徐世谱，字兴宗，巴东鱼复人也。世居荆州，为主帅，征伐蛮、蜒。至世谱，尤敢勇有膂力，善水战。梁元帝之为荆州刺史，世谱将领乡人事焉。侯景之乱，因预征讨，累迁至员外散骑常侍。……侯景平后，以功除……衡州刺史，资镇（《南史》"镇"作"领"是）河东太守。……江陵陷没，世谱东下依侯瑱。绍泰元年，征为侍中、左卫将军。……永定二年，迁护军将军。

侯瑱、徐世谱是以合法形式，乘侯景之乱，兴起的巴地酋豪。按《后汉书·南蛮传》"巴郡南郡蛮"条载有廪君的神话，巴族即是南蛮中廪君一种。《魏书》卷七十九《董绍传》记萧宝夤反于长安，"绍上书求击之，云：'臣当出瞎巴三千，生啖蜀子'"。董绍为新蔡鲖阳人，《宋书·夷蛮传·豫州蛮传》记西阳有巴水、蕲水、希水、赤亭水、西归水"五水蛮"，廪君之后。董绍当属五水蛮中的巴水蛮人。"巴人劲勇，见敌无所畏惧"，董绍故云"瞎巴"（《董绍传》）。至于董绍所谓"蜀子"，所指为与萧宝夤相应援的薛凤贤、薛修义等人。梁末兴起的侯瑱、徐世谱，正是巴族豪酋。江陵陷落之后，徐世谱往依侯瑱，或与同族有关。

上面列举的人物完全可以说明梁陈之交，是南朝政治史上的一个大变化的时代，楚子集团的时期结束了，士族的历史结束了，原来默默无闻的南方蛮族中的土豪洞主，纷纷登上了政治舞台。陈朝便是依恃南方土著的豪族建立起来的。此为江左三百年政治社会的大变动。蛮族在魏收的《魏书·僭晋司马叡传》中，专指廪君蛮。而"南蛮"在史书上则为南方非汉族的通称。在这个意义上陈也可说是南方蛮族建立的朝代。

第十三篇　南朝官制的变迁与社会阶级转变的
关系

中国的君主专制制度要求集权于皇帝一身。至于如何集权，则视时代的不同而各有其方式。但有一点是相同的，即在一个系统或一个机构中，名实不符；在不同系统之间，此一系统的权力为旁一系统所侵夺。这是一个通则，非仅止是南朝如此。不然，皇帝便很难把大权都抓到自己手上。这个问题是容易理解的，如果各个部门、各个地方、各个官吏都有实权，名实相符，互不相妨，那皇帝还能有权？

六朝到刘裕为皇帝，阶级已起变化，楚子代替世族做了皇帝。但九品中正制度还存在，贵族、高门谁都不想做职位低的官吏，九品中正制度多少还能起到保证他们做高官的作用。皇帝也不可能把他们从高级职位上都驱逐出去，无论哪个皇帝，都还需要他们的支持。于是皇帝便从机构上想办法。国家机构在古代，是保证君主专制的工具，如何设置，如何利用，权力都操于皇帝。

一般说在南朝，高门仍做大官，寒族做小官。君主为与贵族争权，在同一个系统中，把重权寄给原系微不足道的小官。这种小官既为重权所寄，渐次变成真宰相大臣。例如：

中书舍人，《南史》卷七十七《恩幸传》序云：

> 至如中书所司，掌在机务。……在晋中朝，常为重寄。……于时舍人之任，位居九品。江左置通事郎，管司诏诰。其后郎还为侍郎，

而舍人亦称通事。元帝用琅邪刘超，以谨慎居职。宋文世，秋当、周赳并出寒门。孝武以来，士庶杂选，如东海鲍照以才学知名，又用鲁郡巢尚之，江夏王义恭以为非选……及明帝世，胡母颢、阮佃夫之徒，专为佞幸矣。齐初亦用久劳及以亲信，关谳表启，发署诏敕。颇涉辞翰者，亦为诏文，侍郎之局复见侵矣。建武世，诏命始不关中书，专出舍人。省内舍人四人，所直四省，其下有主书、令、史，旧用武官，宋改文吏，人数无员，莫非左右要密。天下文簿板籍，入副其省，万机严秘，有如尚书外司。

同书同卷《吕文显传》略云：

> 吕文显，临海人也。……永明元年，为中书通事舍人。……与茹法亮等迭出入为舍人，并见亲幸。……时中书舍人四人各住一省，世谓之"四户"，既总重权，势倾天下。

同书同卷《茹法亮传》略云：

> 茹法亮，吴兴武康人也。宋大明中，出身为小史。历斋干扶侍。孝武末年，鞭罚过度，校猎江右，选白衣左右百八十人，皆面首富室，从至南州，得鞭者过半。法亮忧惧，因缘启出家得为道人。……武帝即位，仍为中书通事舍人。……与会稽吕文度、临海吕文显并以奸佞谄事武帝。……法亮、文度并势倾天下，太尉王俭常谓人曰："我虽有大位，权寄岂及茹公！"

中书监、令为魏文帝曹丕所置，用以分外朝尚书台阁之权。晋舍人在中书省中，位居九品，本是极小的官吏。东晋舍人亦称通事，可以管司诏诰，权力有所上升。舍人之职品位既低，自可选用寒人。士族亦不屑于为此小官。南朝宋孝武帝时，舍人犹是"士庶杂选"，所用舍人鲁郡巢尚之，为

"人士之末"。(《南史·恩幸传·戴法兴传》)到宋明帝时，舍人胡母颢、阮佃夫之徒，便"专为佞幸"了。也就是全由寒人中选出。齐初，舍人"亦为诏文"，中书侍郎之职被侵。齐明帝建武之时，"诏命始不关中书，专出舍人"，中书令之权又被侵夺。舍人成了真宰相，"四户"权倾天下。齐太尉王俭慨叹："我虽有大位，权寄岂及茹公（茹法亮）！"王俭出身于琅邪王氏，是王导之后，为一流士族，而茹法亮出身为小史、面首、道人（僧徒），王俭连他的权也不如了，可见士族权力降低到了什么程度。所谓"高官"职位，不过是一个空名义或一种安慰而已。一个部门，首脑无权而下属却有大权，首脑为士族，下属为寒门，首脑为传统的旧的政治力量，下属为皇帝的亲信。这种格局，便在加强君主的专制。

制局监与外监。《资治通鉴》卷第一百四十七梁武帝天监七年（508）春正月云：

　　乙亥，以南兖州刺史吕僧珍为领军将军。领军掌中外兵要，宋孝建以来，制局用事，与领军分兵权，典事以上皆得呈奏，领军拱手而已。及吴平侯昺在职峻切，官曹肃然。制局监皆近幸，颇不堪命，以是不得久留中，丙子，出为雍州刺史。（胡注："先用僧珍，次日出昺。"）

《南史》卷七十七《恩幸传·茹法亮传》云：

　　（吕）文度为外监，专制兵权，领军将军守虚位而已。

同书同卷论曰：

　　制局小司，专典兵力，云陛天居，亘设兰绮，羽林精卒，重屯广卫……若征兵动众，大兴人役，优剧远近，断于外监之心，谴辱诟诃，恣于典事之口。

《通鉴》之言说明制局小司本属领军。领军掌中外兵要，今"制局小司，专典兵力"，"征兵动众""断于外监之心"，"典事以上皆得呈奏"，领军将军也就变成拱手守虚位了。这一如中书令的权力为舍人所夺。从梁萧昺为领军，以"在职峻切"，遭到制局监的排挤，可看出制局势力的牢固。

典签。《南史》卷七十七《恩幸传·吕文显传》云：

> 故事，府州部内论事，皆签前直叙所论之事，后云谨签，日月下又云某官某签，故府州置典签以典之。本五品吏，宋初改为七职。宋氏晚运，多以幼少皇子为方镇，时主皆以亲近左右领典签，典签之权稍重。大明、泰始，长王临蕃，素族出镇，莫不皆出内教命，刺史不得专其任也。宗悫为豫州，吴喜公为典签。悫刑政所施，喜公每多违执。悫大怒曰："宗悫年将六十，为国竭命，政得一州如斗大，不能复与典签共临！"喜公稽颡流血乃止。自此以后，权寄弥隆，典签递互还都，一岁数反，时主辄与间言，访以方事。刺史行事之美恶，系于典签之口，莫不折节推奉，恒虑不及。于是威行州郡，权重蕃君。

同书卷四十四《齐武帝诸子传·巴陵王子伦传》云：

> 先是高帝、武帝为诸王置典签帅，一方之事，悉以委之。每至觐接，辄留心顾问，刺史行事之美恶，系于典签之口，莫不折节推奉，恒虑弗及，于是威行州部，权重蕃君。武陵王晔为江州，性烈直不可忤，典签赵渥之曰："今出郡易刺史。"及见武帝相诬，晔遂免还。南海王子罕戍琅邪，欲暂游东堂，典签姜秀不许而止。还泣谓母曰："儿欲移五步亦不得，与囚何异！"……言行举动，不得自专，征衣求食，必须谘访。永明中巴东王子响杀行事刘寅等，武帝闻之，谓群臣曰："子响遂反。"戴僧静大言曰："诸王都自应反，岂唯巴东！"武帝问其故，答曰："天王无罪，而一时被囚，取一挺藕，一杯浆，皆谘签帅，不在则竟日忍渴。诸州唯闻有签帅，不闻有刺史。"竟陵王子

良尝问众曰："士大夫何意诣签帅？"参军范云答曰："诣长史以下皆
无益，诣签帅使便有倍本之价，不诣谓何?!"子良有愧色。及明帝诛
异己者，诸王见害，悉典签所杀，竟无一人相抗。

朝廷上，皇帝把将相之权交给制局小司、外监、舍人。地方上，皇帝把刺
史之权交给典签，但将相刺史之职均不废，制局监、外监、舍人、典签品
级均不提。像中书通事舍人，《隋书》卷二十六《百官志上》记"陈承梁，
皆循其制官"，中书通事舍人为八品。位高者无权（多为士族），有权者位
很低（多为寒人），谁都反不了皇帝。这是南朝皇帝加强君主专制的妙方。

　　这就派生出了另一种现象，正官不重要，兼差反而重要。特别是对皇
帝的亲信来说，如果不兼一个地位低但有实权的官，则他的正官无论做得
多大，也不起作用。梁朝的朱异，自迁尚书仪曹郎后，便"入兼中书通事
舍人"。其后，迁鸿胪卿、太子右卫率，加员外常侍，迁散骑常侍，迁右
卫将军，改加侍中，迁左卫将军，领步兵，直到太清二年（548）迁中领
军，都是"舍人如故"。如果不兼一个舍人，就不能做宰相的事。

　　再者，不是一个系统，甲系统可以管乙系统的事，乙系统也可以管甲
系统的事。如在文官系统与武官系统之间，皇帝便用武将来夺文官的权
力。像领军将军，《宋书》卷四十《百官志下》称领军将军"掌内军"，即
统禁省之兵。领军可预问政治，实际也是宰相。《宋书》卷四《少帝纪》
谓少帝即位，"以尚书仆射傅亮为中书监，司空徐羡之、领军将军谢晦及
亮辅政"。同书卷八《明帝纪》谓明帝死时，"袁粲、褚渊、刘勔、蔡兴
宗、沈攸之同被顾命"。按袁粲为尚书令，褚渊为护军将军（宋时护军掌
外军），刘勔为领军将军。所谓"辅政""受顾命"，即都是宰相。《宋书》
卷六十三《沈演之传》记沈演之于元嘉二十年（443）"迁侍中，右卫将军
如故"。宋文帝曾对沈演之说：

　　侍中、领、卫，望实优显，此盖宰相便坐，卿其勉之。

这是武官如领军将军为宰相，预问政治之证。

领军权力移于制局监及外监，这二监的参预政治，就更容易看出了。《南史》卷七十七《恩幸传·茹法珍传》等传谓齐东昏侯时，茹法珍、梅虫儿"并为制局监"，他们与东昏侯的"左右应敕捉刀之徒并专国命"。后来他们又"并为外监，口称诏敕。中书舍人王咺之与相唇齿"。同中书舍人一样，他们都是真宰相。

《文献通考》卷四十九《职官考三·宰相》有一段话写到魏晋南北朝时期，什么叫宰相。其言云：

> 按此则或掌机密，或录尚书，或综机权，或管朝政，或单侍中，或给事中，或受顾命，皆为宰相也。

只要戴上这些桂冠，不管是哪一个系统的官，便是宰相，便可管别一个系统或几个系统的事。《文献通考》卷四十九《职官三·宰相》云：

> 魏文帝以刘放、孙资为中书监、令，并掌机密。晋武帝诏以荀勖为中书监、侍中，毗赞朝政。张华为中书令、侍中，刘卞谓华曰："公居阿衡之地。"东晋庾亮、庾冰相次为中书监。……至冰经纶时务，升擢后进，朝野注心，咸曰贤相。殷浩为扬州刺史，参综朝权。王敦为大将军、侍中，上表曰："臣备位宰辅。"谢安为中书监、录尚书省事。

这是魏晋时期中书监、中书令、侍中、扬州刺史、大将军、录尚书省事之为宰相者。之所以为宰相，是因为或掌机密，或赞朝政，或为中书令、中书监、侍中、录尚书省事，或参综朝权。中书监、令属中书省，侍中属门下省，扬州刺史为地方官，大将军为武职，录尚书省事应属尚书省。它们都可以是宰相，可见宰相之杂。这使得事权不可能分明。

《通考》续云：

宋文帝初，徐羡之为司空、录尚书事。后以江湛、王僧绰俱为侍中，任以机密。后又以殷景仁为侍中左卫将军，与侍中右卫将军王华、侍中左卫将军王昙首、侍中刘湛四人俱居门下……初王弘为江州刺史，加侍中，后征辅政，以为侍中、司徒、录尚书事。而弘弟昙首为文帝所任，与华相持。华常谓己力用不尽，每叹息云："宰相顿有数人，天下何由得理！"（刘）湛母忧去职，后征为太子詹事，加给事中，与殷景仁并被任遇。湛常云："今代宰相何难，此正可当我南阳郡汉代功曹耳。"沈演之为侍中、卫将军，文帝谓之曰："侍中、领、卫俱为优重，此盖宰相便坐，卿其勉之。"①

同时几个人做侍中，也就都是宰相。王华说："宰相顿有数人，天下何由得理！"（"理"，《宋书》卷六十三《王华传》作"治"。）殊不知宋文帝正是要使宰相人多，事权分散，大家的力量都用不尽，以便皇帝集中权力于一身。刘湛说："今代宰相何难，此正可当我南阳郡汉代功曹耳。"②（"代"，《宋书》卷六十九《刘湛传》作"世"）是说当时做宰相正像做南阳郡功曹那样容易。他是太子詹事，被加上一个"给事中"的官名，便成了宰相。文帝说侍中、领军将军、卫军将军都是"宰相便坐"，实际并不止此。

《通考》续云：

齐王俭为侍中、尚书令，常谓人曰："江左风流宰相，惟有谢安。"盖自况也。明帝顾命，江祏兄弟及始安王遥光、尚书令徐孝嗣、领军萧坦之，更日贴敕，时呼为"六贵"。（《南史》卷六《梁本纪上·武帝》："时扬州刺史始安王遥光、尚书令徐孝嗣、右仆射江祏、右将军萧坦之、侍中江祀、卫尉刘暄更直内省，分日帖敕，世所谓'六贵'。"）皆宰相也。③

---

① ［宋］马端临：《文献通考》卷四十九《职官三·宰相》，中华书局影印本，1986年。
② ［唐］李延寿：《南史》卷三十五《刘湛传》，中华书局，1975年，第909页。
③ ［宋］马端临：《文献通考》卷四十九《职官三·宰相》，中华书局影印本，1986年。

这六个在齐东昏侯之初，同时担任宰相职责的人，他们的本官分别是：扬州刺史、尚书令、右仆射、右将军、侍中、卫尉。雍州刺史萧衍说：

> 政出多门，乱其阶矣。诗云："一国三公，吾谁适从？"况今有六，而可得乎！嫌隙若成，方相诛灭。①

政出多门就等于谁都没有实际的宰相的权力，不论谁都难管事，不论何事都互相牵扯。到头来一个个都要被皇帝诛灭。"六贵"的命运便是如此。真正有权的，唯皇帝一人。中书舍人、制局监、外监之所以有权，也不过是因为他们唯皇帝的意志是从，得到皇帝的宠信。

概括言之，南朝官制名实不符，高官如宰相、领军，有名而无实权，低官如舍人、制局监无名而有重权。文官如中书监、中书令的宰相权，从历史来看，是层层下降的。东晋犹有通事郎管司诏诰，后却将通事的职务交给舍人，称通事舍人，郎还为侍郎。舍人由此取得了管司诏诰的权力。有点文化的，后又代写诏文，侍郎之职于是被侵夺。到齐明帝之时，诏命专出舍人，中书令也等于虚设了。宰相不做宰相事，正官即使如朱异大到做了散骑常侍、侍中、左右卫将军、领军，也要兼一个舍人。兼差比正官重要，是因为正官无实权，所兼之差才有实权。至于各个系统的人都可以做宰相，在皇帝看来，是无关痛痒的，因为宰相本来有名无实。人多了，反而可收牵制之效。权力由高级官吏移于低级官吏，实质上即由最高贵族移于最低阶级。这是由于当时的皇帝不想由高阶层的人做高阶层的事，而倚之以另一阶层造成。南朝官制名实不符，包含了社会变动的意义。而有权者作为恩幸，对皇帝必俯首帖耳。无权者职责不明，本为刺史，如参综朝权，也可管到别一个系统的事。大家互相牵扯，对于唯予一人的君主专制政治制度的加强，却有莫大的好处。这是南朝职官制度的特点。

看南朝的官制只有从阶级的变动去看，才能看清楚。

---

① ［唐］姚思廉：《梁书》卷一《武帝纪上》，中华书局，1973年，第3页。

第十四篇　南北对立形势分析

一、北强南弱之形势

南北比较，经济、武备，北方远胜于南方。

古代人口为经济的极重要的因素，男以耕作，女以纺织。东晋南北朝时期，南方人口比北方要少得多。《晋书》卷一百十三《苻坚载记上》略云：

> 坚入邺宫，阅其名籍，凡郡百五十七，县一千五百七十九，户二百四十五万八千九百六十九，口九百九十八万七千九百三十五。

这是前燕的人口。《通典》卷七《食货典》"历代盛衰户口"条略云：

> 三国鼎立，战争不息。及（魏）平蜀，得户二十八万，口九十四万，带甲将士十万二千，吏四万。通计户九十四万三千四百二十三，口五百三十七万二千八百八十一。除平蜀所得，当时魏氏唯有户六十六万三千四百二十三，口有四百四十三万二千八百八十一。晋武帝太康元年平吴。收其图籍，户五十三万，吏三万二千，兵二十三万，男女口二百三十万，后宫五千余人。九州攸同，大抵编户二百四十五万

九千八百四，口千六百一十六万三千八百六十三，此晋之极盛也。……按本史（宋）孝武大明八年，户九十万六千八百七十，口四百六十八万五千五百一。……至（陈）后主灭亡之时，隋家所收户五十万，口二百万。……后魏……户三百三十七万五千三百六十八。北齐……至崇化二年，为周师所灭，有户三百三万二千五百二十八，口二千万六千八百八十。后周……大象中，有户三百五十九万，口九百万九千六百四。

据此可见南方户口数一直低于北方。魏户数为六十余万，口数为四百四十余万，而吴蜀的户数虽为八十余万，口数却只有三百二十余万。前燕户数为二百四十余万，口数为九百九十余万；后魏户数为三百三十余万；后周大象中，户数为三百五十余万，口数为九百万。而南方宋孝武帝大明八年，户仅九十余万，口仅四百六十余万；陈亡之时，户为五十万，口为二百万。在古代以耕织为基础的农业社会里，人口的优胜也就是经济的优胜。

在军事上，北朝亦胜于南朝。南北军事的分别，为胡汉之别。北宋吕颐浩尝论金兵除有骑射的习惯外，且组织严密，斥候运用灵活，非宋兵所能及。古代少数民族的军队往往都有这个特点。北朝战争的主力均为胡人，胡人为部落兵制，领兵酋长与他的部属情谊如父子，所以组织严密。兵种以骑兵为主，战斗力很强。骑兵要用斥候。南人同北兵打仗，每于夜间劫北兵营寨，即在躲避北兵的斥候。北朝军事胜于南朝，可用组织之密、骑术之精、斥候之明三语来概括。

与南方接触最早的是羯族石氏。从石氏向南方的进攻中，已可看出北强南弱的形势。《晋书》卷七《成帝纪》略云：

（咸和五年）石勒将刘征寇南沙，都尉许儒遇害，进入海虞。……六年春正月癸巳，刘征复寇娄县，遂掠武进。

同书卷一百五《石勒载记下》云：

> 晋将军赵胤攻克马头，石堪遣将军韩雍救之，至则无及，遂寇南沙、海虞，俘获五千余人。

同书卷一百六《石季龙载记上》云：

> 季龙自率众南寇历阳，临江而旋，京师大震。

石勒将刘征、石堪将韩雍先后打到了江南吴郡乃至毗陵之境。石虎也打到过长江北岸的历阳。这对建康造成很大的威胁。南北强弱异势，可以看得很清楚。羯族军队的组织，从《晋书》一百四《石勒载记上》所记"今部落皆已被单于（指刘渊）赏募"的话，即可知为部落兵制。石勒"以大单于镇抚百蛮"，用石虎为单于元辅，也就是叫他率领胡族的部落兵。

《文献通考》卷一百五十一《兵考三·兵志》云：

> 拓跋氏起自云朔，据有中原，兵戎乃其所以为国也。羽林虎贲则宿卫之兵，六镇将卒则御侮之兵，往往皆代北部落之苗裔，其初藉之以横行中国者。

北魏之初藉之以横行中国的，也正是代北的部落兵。西魏府兵制的前期，为鲜卑兵制，为部酋分属制。府兵八柱国，即自北魏鲜卑八国、八部之制而来。后期有变化，此当另述。

二、北朝不能过早统一南北的原因（附淝水之战）

北朝既然比南朝要强，为什么又不能很快统一南北二方呢？北朝之所以不能一举并吞南朝，主要在于内部民族与文化问题没有解决。

北朝民族问题极为复杂。政治上的统治者为胡人中的少数胡人。除此极少数的胡人统治者以外，另有其他占绝大多数的胡人与汉人。问题的发生不仅在胡汉之间，而且在胡人与胡人之间。北朝整个胡族不及汉人多，统治者胡人又不及被统治者胡人多，以此极少数人统治极大多数不同种族的民族，问题遂至无穷。

石勒不能成功，在于未将"国人"与非国人的关系弄好。石勒"号胡（羯）为国人"（《晋书》卷一百五《石勒载记下》）。这种人为的区分国人和非国人的办法，造成了国人与非国人的矛盾，后果很严重。石虎时期大兴劳役和兵役，巨大的灾难都落到了非国人的汉人和胡人身上。石虎死后，冉闵反过来利用"赵人，诛诸胡羯"，死者二十余万，"国人"几乎灭绝。后赵因之灭亡（事见《晋书》卷一百七《石季龙载记下》）。

苻坚不能成功也在于未将民族关系弄好。淝水之战，前秦战败瓦解，史家以为这是苻坚灭前燕，迁徙鲜卑于长安及其附近造成的恶果。淝水战败，鲜卑遂起。这里要解决两个问题，一是苻坚何以要进攻东晋？二是淝水战败，何以立即导致前秦的瓦解？

在我国历史上，统一不能从血统着手而要看文化高低。文化低的服从文化高的，次等文化服从高等文化。而文化最高的是汉人中的士族。要统一汉人和各种不同的胡人，就要推崇汉化，要汉化就要推崇汉人，而推崇汉人莫过于推崇士族。当时中原衣冠多随东晋渡江，汉人正统似在南方。如果不攻取东晋南朝，就不能自居于汉人正统的地位，也就不能降服鲜卑等族，且汉人也有离心的倾向。只有攻取东晋，推行汉化，方可统一胡汉。苻坚所以坚持南伐，原因在此。南伐前，苻融对苻坚说道："陛下宠育鲜卑、羌、羯，布诸畿甸，旧人族类，斥徙遐方。今倾国而去，如有风尘之变者，其如宗庙何！"[1]"（慕容）垂、（姚）苌皆我之仇敌，思闻风尘之变，冀因之以逞其凶德。"[2]苻融所说的隐忧，苻坚岂能不知？苻坚之所以必欲南进，正是因为他了解民族问题未解决，只有南伐，取东晋（文化正

---

① ［唐］房玄龄等：《晋书》卷一百十四《苻坚载记下》，中华书局，1974年，第2913页。

② ［唐］房玄龄等：《晋书》卷一百十四《苻坚载记下》，中华书局，1974年，第2936页。

统所在）而代之，才可以解决这个棘手的问题。初不料会在淝水战败。

苻坚南伐，动用骑兵二十七万，步兵六十余万（《苻坚载记下》）。骑兵为主力斗兵，步兵用于运输。骑兵多为胡人，步兵为汉人。东晋与苻坚对峙，西边襄沔有桓冲，东边有谢石、谢玄，兵有新近组成的北府兵。孝武帝太元八年（383）五月，桓冲率众十万伐秦，攻襄阳；遣刘波等攻沔北诸城；杨亮攻蜀，拔五城，进攻涪城；郭铨攻武当。六月，苻坚以巨鹿公苻叡、冠军将军慕容垂等率步骑五万救襄阳，张崇救武当，张蚝、姚苌救涪城。七月，苻坚下诏大举南伐。[见《资治通鉴》卷第一百五晋孝武帝太元八年（383）]

苻坚的布置是：以阳平公苻融督张蚝、慕容垂等步骑二十五万为前锋，以姚苌为龙骧将军督益、梁诸军事。八月庚子，苻坚发长安。九月，苻坚至项城。十月，苻融攻陷寿阳，慕容垂攻拔郧城，梁成等率众五万屯于洛涧。十一月梁成五万人在洛涧西岸为晋将刘牢之所率北府兵战败。《晋书》卷一百十四《苻坚载记下》记此役云：

> 晋龙骧将军刘牢之率劲卒五千，夜袭梁成垒，克之，斩成及王显、王咏等十将，士卒死者万五千。

又《晋书》卷七十九《谢玄传》记此役云：

> 玄先遣广陵相刘牢之五千人直指洛涧，即斩梁成及成弟云，步骑崩溃，争赴淮水。牢之纵兵追之，生擒坚伪将梁他、王显、梁悌、慕容屈氏等，收其军实。

梁成所部为氐军主力之一，洛涧之役被歼灭了。

接着而来的淝水之战，苻融所部二十余万人又被全歼。《晋书》卷七十九《谢玄传》记此役云：

> 琰、玄仍进，决战肥水南。坚中流矢，临阵斩融。坚众奔溃，自
> 相蹈藉投水死者不可胜计，肥水为之不流。……重以饥冻，死者十
> 七八。

同书卷八十一《朱序传》记此役云：

> 于是（谢）石遣谢琰选勇士八千人涉肥水挑战。坚众小却，序时
> 在其军后，唱云："坚败！"众遂大奔。

又同书卷一百十四《苻坚载记下》记此役云：

> 融于是麾军却阵，欲因其济水，覆而取之。军遂奔退，制之不可
> 止。融驰骑略阵，马倒被杀，军遂大败。王师乘胜追击，至于青冈，
> 死者相枕。坚为流矢所中，单骑遁还于淮北。……诸军悉溃，惟慕容
> 垂一军独全，坚以千余骑赴之。

苻融、张蚝、慕容垂、梁成等所部二十五万人，受到最大损失的是洛涧梁成、寿阳苻融的军队，而他们的军队，都是氐族的精华。二十五万人中，慕容垂所率为鲜卑兵。慕容垂所拔郧城，在江夏郡云杜县。苻坚因为西线桓氏兵强，不得不分慕容垂精兵于此。淝水之战，慕容垂一军没有参加，以故独全。苻坚没有料到淝水之役，溃败的为他的本部氐兵，而慕容垂所率鲜卑兵却无损伤。

苻坚至渑池，慕容垂"请至邺展拜陵墓，因张国威刑，以安戎狄。坚许之"[1]，遣其将李蛮、闵亮、尹国率众三千送慕容垂。慕容垂已走，苻坚又怕慕容垂为变，"遣骁骑石越率卒三千戍邺，骠骑张蚝率羽林五千戍并州，留兵四千配镇军毛当戍洛阳"[2]。这又是氐人的精华，是淝水战败

---

① [唐]房玄龄等：《晋书》卷一百二十三《慕容垂载记》，中华书局，1974年，第3080页。
② [唐]房玄龄等：《晋书》卷一百十四《苻坚载记下》，中华书局，1974年，第2919页。

后的遗留部众，被苻坚用去戍守山东，以防慕容垂。慕容垂之所以请求去邺城，是因为鲜卑的根据地本在关东。

前秦的精锐即所谓"四帅子弟"，既一溃于淝水，又再分戍于山东，苻坚回长安后，乃不得不用鲜卑慕容弘、慕容冲的兵。慕容弘、慕容冲变生肘腋，因缺乏氐兵相抗，苻坚又不得不用羌兵。羌人遂得承鲜卑而起，而苻坚最终亦被羌人姚苌所缢。苻坚所以败亡，即在民族的分配与组织上有缺口，鲜卑、羌人无损失，损失的都是本部的氐人。

北魏孝文帝迁都洛阳，推行汉化，在与南朝争取文化正统地位上，做得相当成功。秦汉以来，北部有两个文化中心，一是长安，一是洛阳。北方汉人士族并不以江左政权为依归，并不向往南朝。洛阳为东汉、魏、晋故都，北朝汉人有认庙不认神的观念，谁能定鼎嵩洛，谁便是文化正统的所在。正统论中也有这样一种说法，谁能得到中原的地方，谁便是正统。如果想被人们认为是文化正统的代表，假定不能并吞南朝，也要定鼎嵩洛。当然，单是定鼎嵩洛，不搞汉化也不行。孝文帝迁都洛阳，厉行汉化，其目的正在统一胡汉，确保北魏统治。

可是，孝文帝仍旧没有解决民族问题。被迁到洛阳来的鲜卑人汉化了，留在北镇的鲜卑人却保持鲜卑旧俗。在边镇的鲜卑化武人集团和洛阳的汉化文官集团之间，存在着尖锐的矛盾，卒致引发了六镇暴动。北魏不仅未能并吞南朝，而且自身也未能保住。六镇尽叛，使北魏分裂成了两半。关于六镇的起兵，以后再详论。

北齐占据山东，经济力量远远胜过占据关中的北周，可是北齐却被北周灭亡。原因在哪里呢？在北周能将民族问题解决，而北齐在民族关系上，则未能善调。《隋书》卷二十四《食货志》说："寻而六镇扰乱，相率内徙，寓食于齐、晋之郊。齐神武（高欢）因之，以成大业。"北齐是依靠六镇鲜卑化的变兵建立起来的，上层统治者反对汉人和汉化的胡人。高欢之妻娄氏曾骂高洋之妻李祖娥（赵郡李希宗之女）为"汉老妪"。支持李祖娥的杨愔死的时候，废帝曾谓："岂敢惜此汉辈！"[1]齐后主高纬时，韩凤曾骂朝士为"狗汉大不可耐，唯须杀却"[2]。后主要到晋阳去，崔季舒"与从驾文官连名进谏"，韩凤竟借此上奏："汉儿文官连名总署，声云谏止向并，其实未必不反，宜加诛戮。"后主"即召已署表官人集含章殿，以季舒、张雕、刘逖、封孝琰、裴泽、郭遵等为首，并斩之殿廷"[3]。这样排斥汉人，在少数民族中尚少见。北周不同，汉人士族苏绰、卢辩得到了宇文泰的信任与重用，协助宇文泰治理北周。为宇文泰、苏绰所创立的府兵制，其初虽然是鲜卑兵制，部酋分属制，但经过周武帝与隋文帝的改革，终于变成华夏兵制，兵农合一制。民族界限在军队中也消失了。北周灭了北齐，隋时，内徙的六镇鲜卑汉化，北朝的民族问题得以最后解决，南北统一因此能够实现。南并于北，也不是为北方一举并吞，而为北力的渐次南移，带蚕食性。

总之，当北朝民族问题尚未解决之时，则南北分；一旦解决，则南北合。因为这个问题一解决，北朝内部便无民族冲突，北朝潜在的强有力的经济与武备力量，遂能发挥出来。这是南朝抵挡不住的。

三、南朝北伐何以不能成功

东晋南朝曾经北伐，但都未成功，究其原因有四：一为物力南不及北，二为武力南不及北，三为运输困难，四为南人不热心北伐，北人也不热心南人的恢复。

南朝国力较北朝为弱，资源不及北方，尤其不及山东。这从前面本篇第一部分所引《通典》卷七《食货典》"历代盛衰户口"条所载南北户口之差，即可看出。

南朝兵卒素质不及北兵，纪律亦不及。骑兵甚少。据《文献通考》卷

---

① [唐]李百药：《北齐书》卷三十四《杨愔传》，中华书局，1972年，第459页。

② [唐]李百药：《北齐书》卷五十《韩凤传》，中华书局，1972年，第693页。

③ [唐]李百药：《北齐书》卷三十九《崔季舒传》，中华书局，1972年，第513页。

一百五十一《兵考三·兵志》记载，宋文帝元嘉二十七年（450）伐魏，"以兵力不足，悉发青、冀、徐、豫、二兖三州三五民丁"，"又募中外有马步众艺武力之士应科者，皆加厚赏"。而"江南白丁轻进易退，卒以败师"。这个例子很能说明南朝兵力不及北朝。至于北府楚子集团，到南朝已在逐渐腐化中。

江南驴马极少，军运唯有走水路，水运如果不济，北伐的军队便只有"因粮于敌"。水运和因粮于敌二者，有一个做不到，南朝就难言北伐。《梦溪笔谈》卷十一讲到"凡师行因粮于敌"的问题，认为"最为急务"。作者计算了一下：打仗的兵七万人，如果用人负粮，需要三十万人；如果用畜乘运粮，"比之人运，虽负多而费寡，然刍牧不时，畜多疫死，一畜死则并所负弃之，较之人负，利害相半"。运输上的困难，使南朝很难发动大规模的、持久的北伐。

东晋桓温北伐关中，进至灞上。《晋书》卷九十八《桓温传》记其事有云：

> 初，温恃麦熟，取以为军资，而（苻）健芟苗清野，军粮不属，收三千余口而还。

桓温是想因粮于敌的，不料麦苗为苻健所芟，遂不得不退兵。

刘裕北伐南燕，议者以为南燕如果"刈粟清野，以绝三军之资，非唯难以有功，将不能自反"。刘裕说："我揣之熟矣。鲜卑贪，不及远计，进利克获，退惜粟苗。……彼不能清野固守，为诸君保之。"果然慕容超不能清野，而刘裕军却得到河北居民供给的粮食，当刘裕军包围广固时，"河北居民荷戈负粮至者，日以千数"[1]。刘裕因此得以攻灭南燕。其后北伐后秦，王镇恶等在潼关下受阻，"而军又乏食，驰告高祖（刘裕），求遣粮援"[2]。后来得到"义租"，军队才得以继续向关中进军。

桓温尝"以河南粗平，将移都洛阳"。孙绰以为如果要移都，首先必

---

[1]　[梁]沈约：《宋书》卷一《武帝纪上》，中华书局，1974年，第15—16页。
[2]　[梁]沈约：《宋书》卷四十五《王镇恶传》，中华书局，1974年，第1369页。

须做到："扫平梁许，清一河南，运漕之路既通，然后尽力于开垦，广田积谷，渐为徙者之资。"①孙绰注意到"运漕之路"，是一个卓识。水路如果阻塞，粮道不通，北伐、移都洛阳都不可能。勉强行之，必然无功，徒招损失。

南渡北人对于北伐的态度，可以王羲之为代表。《晋书》卷八十《王羲之传》记王羲之与会稽王笺，陈殷浩不宜北伐有云：

> 夫庙算决胜，必宜审量彼我，万全而后动。功就之日，便当因其众而即其实。今功未可期，而遗黎歼尽，万不余一。且千里馈粮，自古为难，况今转运供继，西输许洛，北入黄河。虽秦政之弊，未至于此，而十室之忧，便以交至。今运无还期，征求日重，以区区吴越经纬天下十分之九，不亡何待！而不度德量力，不弊不已，此封内所痛心叹悼而莫敢吐诚……须根立势举，谋之未晚。

王羲之说的"须根立势举，谋之未晚"，代表了南渡北人对北伐的一般看法。这种看法与那些只知苟且偷安的腐朽势力的反对北伐是有差别的。东晋主持北伐的人，即使如刘裕也不想久滞北方。义熙十三年（417）八月克复长安，十一月，以刘穆之卒，刘裕即从长安南返。后来关中丢弃给了赫连勃勃。（见《宋书》卷二《武帝纪中》）又未曾南渡的北人，既受少数民族统治者的长期统治，民族意识和其他关系转趋模糊；对于南朝的北伐，也不感兴趣。《资治通鉴》卷第一百一晋哀帝兴宁二年（364）有云：

> 燕太宰（慕容）恪将取洛阳，先遣人招纳士民，远近诸坞皆归之，乃使司马悦希军于盟津，豫州刺史孙兴军于成皋。

---

① ［唐］房玄龄等：《晋书》卷五十六《孙楚传附子绰传》，中华书局，1974年，第1546页。

慕容恪之所以能招纳远近诸坞土民，也就是因为土民民族意识模糊。这样的北方土民，是一点也不热心南朝的北伐的。

以上四者，决定了南方北伐的无成。

第十五篇　北魏前期的汉化（崔浩问题）

汉化在胡族中是一种潮流，但在这种潮流中，也有反汉化的逆流。汉化的正流，终究要战胜反汉化的逆流。不过在某一个时期，逆流也可能大于正流。在北魏前期的汉化中，逆流要大于正流。这可从崔浩事件得到说明。

北方当时最有势力的文化高门均系大族。当然，不是一族都有文化，而是有文也有武。如赵郡平棘李灵，"以学优，选授文成皇帝经，加中散、内博士"。子李恢却"拜长安镇副将"。李恢子李显甫，以"豪侠知名，集诸李数千家于殷州西山，开李鱼川方五六十里居之，显甫为其宗主"[1]。势力极为强大。北方兵戈扰攘之际，汉人未能南迁的，都筑坞堡以自保。其结聚或以宗党、或以婚姻、或以佃户为核心，关系极为密切，组织极为胶固。坞堡宗族有它自己的政治、经济与家族主义，形成地方上强大的势力。胡人最注意的便是此等大族。所谓汉化和反汉化的问题，从胡族的上层来讲，也就是与汉人大族特别是与文化高门或文化士族的关系问题。

《魏书》卷四《世祖纪上》略云：

> （神䴥四年九月）壬申诏曰："……访诸有司，咸称范阳卢玄、博陵崔绰、赵郡李灵、河间邢颖、勃海高允、广平游雅、太原张伟等，

---

[1] ［唐］李延寿:《北史》卷三十三《李灵传附恢子显甫传》,中华书局,1974年,第1201—1202页。

皆贤隽之胄，冠冕州邦，有羽仪之用……敕州郡以礼发遣。"遂征玄等及州郡所遣，至者数百人，皆差次叙用。

《魏书》卷四十八《高允传》略云：

> 高允，字伯恭，勃海人也。……（神𪊨四年）与卢玄等俱被征。

这是对汉人大族的一种笼络。

清河崔氏为北朝第一盛门，崔浩即出于此族。《魏书》卷三十五《崔浩传》（参《北史》卷二十一《崔宏传》附子《浩传》）云：

> 崔浩，字伯渊，清河人也，白马公玄伯之长子。

按《魏书》卷二十四《崔玄伯传》（参《北史》卷二十一《崔宏传》）云：

> 崔玄伯，清河东武城人也，名犯高祖庙讳，魏司空林六世孙也。祖悦，仕石虎，官至司徒左长史、关内侯。父潜，仕慕容晔，为黄门侍郎。并有才学之称。

《三国志·魏志》卷二十四《崔林传》裴注引《晋诸公赞》曰：

> （林子）述弟随，晋尚书仆射。为人亮济。赵王伦篡位，随与其事。伦败，随亦废锢而卒。林孙玮，性率而疏，至太子右卫率也。

《北齐书》卷二十三《崔㥄传》（参《北史》卷二十四《崔逞传》附《休子》）云：

> 崔㥄，字长孺，清河东武城人也。……每以籍地自矜，谓卢元明

> 曰："天下盛门，唯我与尔，博（陵）崔赵（郡）李何事者哉！"

可知魏晋以来，虽经五胡之乱，清河崔氏在政治上仍居最高地位。崔悛自称"天下盛门"，原因在此。

有一点可以注意，在六朝初期，所谓胜流，不必以高官为唯一的标准，即寒士有才亦可目为胜流，非若六朝后期魏孝文帝的品目门第胜流，专以官爵的高下为标准。《魏书》卷四十七《卢玄传论》云：

> 卢玄绪业著闻，首应旌命，子孙继迹，为世盛门。其文武功烈，殆无足纪，而见重于时，声高冠带，盖德业儒素有过人者。

范阳卢氏在政治上的地位不及清河崔氏，其所以见重于时，主要在"德业儒素有过人者"。德业儒素，即所谓人伦。东汉以来评论人物，标准有两条，一为姓族，讲整个家族；二为人伦，讲个人才智。郭林宗奖掖士人，即看人伦。（《后汉书》卷六十八《郭太传》："林宗虽善人伦，而不为危言覈论。"）姓族问题容易解决，人伦问题不易解决。崔浩是属于六朝前期的人物，论崔浩要抓住这两个问题。

崔浩事件为北魏前期重要的政治事件。崔浩问题最能代表北魏前期汉人士族的问题，也最能说明北魏前期汉化与反汉化两种势力的斗争。崔浩之死，或以为原因在民族方面（华夷问题），或以为原因在宗教方面（佛道问题），其实这二者都不是崔浩之死的主要原因，主因在社会阶级方面，即在崔浩欲"整齐人伦，分明姓族"方面。析之如下。

《宋书》卷七十七《柳元景传》（参《南史》卷三十八《柳元景传》及《资治通鉴》卷第一百二十六宋文帝元嘉二十八年（451）二月"魏中书学生卢度世亡命"条考异）云：

> 元景从祖弟光世，先留乡里，索虏以为折冲将军、河北太守，封西陵男。光世姊夫伪司徒崔浩，虏之相也。元嘉二十七年，虏主拓跋

秦南寇汝、颍，浩密有异图，光世要河北义士为浩应。浩谋泄被诛，河东大姓坐连谋夷灭者甚众。光世南奔得免。

又《北史》卷二十一《崔宏传》附《浩传》云：

> 始宏因苻氏乱，欲避地江南，为张愿所获，本图不遂。乃作诗以自伤，而不行于时，盖惧罪也。浩诛，中书侍郎高允受敕收浩家书，始见此诗，允知其意。允孙绰录于允集。

则崔浩似因具有民族意识，因而得祸。其实，崔浩为鲜卑出谋划策的地方正多，《魏书》卷三十五《崔浩传》（参《北史》卷二十一《崔宏传》附《浩传》）记神瑞二年（415）崔浩谏阻迁都于邺之议有云：

> 东州之人，常谓国家居广漠之地，民畜无算，号称牛毛之众。今留守旧都，分家南徙，恐不满诸州之地。参居郡县，处榛林之间，不便水土，疾疫死伤，情见事露，则百姓意沮。四方闻之，有轻侮之意，屈丐、蠕蠕必提挈而来，云中、平城则有危殆之虑，阻隔恒代千里之险，虽欲救援，赴之甚难，如此则声实俱损矣。

又记泰常元年（416）崔浩议刘裕假道伐姚秦事有云：

> 假令国家弃恒山以南，裕必不能发吴、越之兵，与官军争守河北也。

可知崔浩深晓当时南北两方的情势，他为鲜卑划策，可谓不遗余力。同传略云：

> 会闻刘裕死，太宗欲取洛阳、虎牢、滑台。浩曰："陛下不以刘

裕欲起，纳其使贡，裕亦敬事陛下。不幸今死，乘丧伐之，虽得之不令。……今国家亦未能一举而定江南，宜遣人吊祭，存其孤弱。……裕新死，党与未离，兵临其境，必相率拒战，功不可必。不如缓之，待其恶稔。如其强臣争权，变难必起，然后命将扬威，可不劳士卒，而收淮北之地。"

论者以此证《宋书·柳元景传》，谓崔浩心祖南朝，实则此正表明崔浩善于为鲜卑出谋。须知鲜卑当日武力虽强，而中国北部汉族及其他胡族的人数远远超过鲜卑，故境内未能统一，且西北方柔然及其他胡族部落势力强盛，成为北魏的边患，崔浩说"今国家亦未能一举而定江南"，是符合实际情势的。崔浩提出命将扬威收淮北之地，是建议节级徐进。此正是为北魏计的万全之策。

《资治通鉴》卷第一百二十六宋文帝元嘉二十八年（451）二月"魏主赦卢度世"条记卢度世"坐崔浩事亡命，匿高阳郑罴家"，系据《魏书》卷四十七《卢度世传》之言：

> 度世后以崔浩事，弃官逃于高阳郑罴家。……世祖临江，刘义隆使其殿中将军黄延年朝贡。世祖问延年曰："范阳卢度世坐与崔浩亲通，逃命江表，应已至彼。"延年对曰："都下无闻，当必不至。"世祖诏东宫赦度世宗族逃亡及籍没者，度世乃出赴京。

《通鉴·考异》卷五略云：

> 《宋（书）·柳元景传》……与魏（收所纪）事不同，今从《后魏书》。

《考异》所谓不同，指《宋书·柳元景传》所说，"浩密有异图，光世要河北义士与浩应。浩谋泄被诛，河东大姓坐连谋夷灭者甚众"，与《魏书·

卢度世传》所记卢度世"坐与崔浩亲通"，"弃官逃于高阳郑罴家"不同。
《卢度世传》没有提及崔浩密有异图的事，《柳元景传》所记为柳光世之
言。其言不过虚张夷夏之见，以自托于南朝而已，本不足为据。《通鉴》
记卢度世避祸从《魏书》，而不书《宋书》所谓"浩密有异图"等言，是
一个卓识。

　　华夷问题是有的，崔浩之死，即使有华夷之异的原因存在，但可以肯
定并非主要原因。至少在崔浩方面，并未将华夷之异，存于胸臆。

　　宗教方面的原因，是不是能够成立呢？

　　在宗教方面，人们谈论较多的是太子拓跋晃与崔浩在佛教问题上的矛
盾。论者多据《魏书》卷一百十四《释老志》所云太武帝拓跋焘西征盖吴
至长安，因从官见长安沙门便室大有弓矢矛盾，命"案诛一寺"。崔浩信
道教，"时从行，因进其说"。太武帝遂下诏"诛长安沙门，焚破佛像，敕
留台下四方，令一依长安行事"。又下诏"自王公已下，有私养沙门者，
皆送官曹，不得隐匿。限今年二月十五日，过期不出，沙门身死，容止者
诛一门"。其时恭宗拓跋晃为太子监国，拓跋晃"素敬佛道，频上表，陈
刑杀沙门之滥，又非图像之罪。今罢其道，杜诸寺门，世不修奉，土木丹
青，自然毁灭。如是再三，不许"。太武帝不仅不许，且复下诏"自今以
后，敢有事胡神及造形像泥人、铜人者，门诛。……有司宣告征镇将军、
刺史，诸有佛图形像及胡经，尽皆击破焚烧，沙门无少长悉坑之"。太子
拓跋晃"言虽不用，然犹缓宣诏书，远近皆豫闻知，得各为计。四方沙
门，多亡匿获免，在京邑者，亦蒙全济。金银宝像及诸经论，大得秘藏"。
可是，"土木宫塔，声教所及，莫不毕毁"。崔浩进言废佛，寇谦之曾谓崔
浩："卿今促年受戮，灭门户矣。"后四年（太平真君十一年，即公元450
年），崔浩被杀。"浩既诛死，帝颇悔之（后悔废佛），业已行，难中修
复。"论者因此以为崔浩的被杀，是因为在废佛问题上，与太子拓跋晃有
冲突。然而，拓跋晃所上的表文并未言及崔浩，即使这是崔浩之死的一个
原因，但也非主要的原因。

　　考《魏书》卷四十七《卢玄传》（参《北史》卷三十《卢玄传》）云：

（崔）浩大欲齐整人伦，分明姓族。玄劝之曰："夫创制立事，各有其时，乐为此者，讵几人也？宜其三思。"浩当时虽无异言，竟不纳。浩败颇亦由此。

此则指出了崔浩的死，有社会阶级的关系。华夷之异，宗教之冲突，社会阶级之分别，我们都可看作是崔浩之死的原因，但尤其应当从社会阶级上去了解。崔浩代表汉、魏、晋北方士族，崔浩的思想代表汉、魏、晋北方士族的思想，种族、宗教观念与他的阶级观念是一致的，是主从关系。要了解崔浩之欲齐整人伦，分明姓族，须先了解崔浩所代表的北方士族及其思想。

北方士族为承袭鲜卑慕容治下士族而来，渊源可上溯汉魏。大者为崔、卢、李、郑四姓。四姓中以崔、卢为显。卢氏又不及崔氏，博陵崔氏又不及清河崔氏。北方大姓有它自己的传统的社会阶级观念和一整套系统的齐家治国思想。《魏书》卷三十五《崔浩传》（参《北史》卷二十一《崔宏传》附子《浩传》）云：

初，浩父疾笃，浩乃剪爪截发，夜在庭中仰祷斗极，为父请命，求以身代，叩头流血，岁余不息，家人罕有知者。乃父终，居丧尽礼，时人称之……浩能为杂说，不长属文，而留心于制度、科律及经术之言。作家祭法，次序五宗，蒸尝之礼，丰俭之节，义理可观。性不好老庄之书，每读不过数十行，辄弃之，曰："此矫诬之说，不近人情，必非老子所作。老聃习礼，仲尼所师。岂设败法文书，以乱先王之教。袁生所谓家人筐箧中物，不可扬于王庭也。"

崔浩通经律，重礼法，不长于属文，不好老庄之书，都是东汉儒家大族的家世传统。同书同传又云：

浩从太宗幸西河、太原。登憩高陵之上，下临河流，傍览川域，慨然有感，遂与同僚论五等郡县之是非，考秦始皇、汉武帝之违失。好古识治，时伏其言。天师寇谦之每与浩言，闻其论古治乱之迹，常自夜达旦，竦意敛容，无有懈倦。既而叹美之曰："斯言也惠，皆可底行，亦当今之皋繇也。但世人贵远贱近，不能深察之耳。"因谓浩曰："吾行道隐居，不营世务，忽受神中之诀，当兼修儒教，辅助泰平真君（太武帝），继千载之绝统。而学不稽古，临事闇昧。卿为吾撰列王者治典，并论其大要。"浩乃著书二十余篇，上推太初，下尽秦汉变弊之迹，大旨先以复五等为本。

按《三国志·魏志》卷十五《司马朗传》记"朗以为天下土崩之势，由秦灭五等之制，而郡国无蒐狩习战之备故也"。同书卷四《陈留王奂传》记"（咸熙元年）五月庚申，相国晋王（司马昭）奏复五等爵"。崔浩的原书虽然不传，但其大旨既以先复五等为本，则与司马朗之说及司马昭、司马炎父子所施行的，实相符合。以"复五等为本"，为东汉儒家的共同理想。司马氏、崔氏同属于一个社会阶级——儒家大族，所以他们的政治理想相同。崔浩为北魏前期北方旧儒家大族的领袖，他欲齐整人伦，分明姓族，与他的家世传统有密切的关系。

崔浩欲"齐整人伦"，即郭林宗以人伦取士之意；崔浩欲"分明姓族"，即看重家族之意。崔浩选士，是想二者并进，既重家世，又重人伦。家世高卑根据官宦，人伦优劣根据儒学。在崔浩的心目中，能具备高官及儒学二条件的姓族，是他所理想的第一等门第。他可说是一个欲借鲜卑统治力，以施行其高官与儒学合一的贵族政治的人。施行高官与儒家之学合一的目的，即为复儒家所谓五等之制，而方法即"齐整人伦，分明姓族"。

崔浩的贵族政治理想与鲜卑统治者发生了矛盾。《魏书》卷四十八《高允传》（参《北史》卷三十一《高允传》）云：

初，崔浩荐冀、定、相、幽、并五州之士数十人，各起家郡守。

恭宗谓浩曰："先召之人，亦州郡选也，在职已久，劳勤未答。今可先补前召外任郡县，以新召者代为郎吏。又守令宰民，宜使便事者。"浩固争而遣之。允闻之，谓东宫博士管恬曰："崔公岂不免乎！苟逞其非，而校胜于上，何以胜济？"

同书卷四十六《李䜣传》（参《北史》卷二十七《李䜣传》）又略云：

> 李䜣……范阳人也……初，李灵为高宗博士、谘议，诏崔浩选中书学生器业优者为助教。浩举其弟子箫子与卢度世、李敷三人应之。给事高谠子佑、尚书段霸儿侄等以为浩阿其亲戚，言于恭宗。恭宗以浩为不平，闻之于世祖。世祖意在于䜣，曰："云何不取幽州刺史李崇老翁儿也？"浩对曰："前亦言䜣合选，但以其先行在外，故不取之。"世祖曰："可待䜣还，箫子等罢之。"䜣为世祖所识如此。遂除中书助教博士。

同书卷三十六《李顺传》（参《北史》卷三十三《李顺传》）记李敷等应选略云：

> 李顺，字德正，赵郡平棘人也。……长子敷，字景文，真君二年，选入中书教学，以忠谨给侍东宫。又为中散，与李䜣、卢遐、度世等并以聪敏内参机密，出入诏命。

《高允传》所记崔浩与恭宗（太子拓跋晃）争士，表示崔浩选举，不但重姓族，而且重个人才学。门第好，儒学不行的人，崔浩是不用的。恭宗所说"先召之人，亦州郡选"，只能表明这些人出身高，而不能表明这些人有才学。崔浩之重姓族与儒学，可从《李䜣传》及《李顺传》看出。他所举的李敷、卢度世，一则出自赵郡李氏，一则出自范阳卢氏，且堪称"器业优者"，后来都"内参机密，出入诏命"。崔浩之所以不选李䜣，是因为李䜣出自范阳李氏，范阳李氏非高门大族。恭宗与崔浩发生争论，说明恭宗于儒学标准上，与崔浩有矛盾。太武帝要崔浩选用李䜣，说明太武帝于门第标准上，也与崔浩有矛盾。

最反对崔浩齐整人伦、分明姓族的是原鲜卑的部落酋长。据《魏书》卷三十八《王慧龙传》（参《北史》卷三十五《王慧龙传》）云：

> 初，崔浩弟恬闻慧龙王氏子，以女妻之。浩既婚姻，及见慧龙，曰："信王家儿也。"王氏世齇鼻，江东谓之"齇王"。慧龙鼻大，浩曰："真贵种矣。"数向诸公称其美。司徒长孙嵩闻之，不悦，言于世祖，以其叹服南人，则有讪鄙国化之意。世祖怒，召浩责之。浩免冠陈谢，得释。

又同书卷二十七《穆崇传》附《亮传》（参《北史》卷二十《穆崇传》附《亮传》）略云：

> 高祖（孝文帝）曰："……世祖时，崔浩为冀州中正，长孙嵩为司州中正，可谓得人。"

当时汉人士族的首领为崔浩，原鲜卑部酋的首领为长孙嵩。而二人一为冀州中正，一为司州中正，在选举上不可能有共同标准。崔浩既然主张高官与儒学合一的贵族政治，鲜卑有政治势力而无学术文化，自必被排斥在崔浩所理想的贵族政治之外。长孙嵩作为鲜卑部酋的首领、司州中正，借崔浩称赞王慧龙为"真贵种"，在拓跋焘面前攻击崔浩"讪鄙国化"，反映了鲜卑部酋对崔浩的憎恨。崔浩的《国记》"备而不典"（《魏书·崔浩传》），鲜卑本无文化可言，其为不典，是很自然的。而崔浩却因此罹祸。

《魏书》卷三十五《崔浩传》云：

> 真君十一年六月诛浩，清河崔氏无远近，范阳卢氏、太原郭氏、

河东柳氏，皆浩之姻亲，尽夷其族。初，郗标等立石铭刊《国记》，浩尽述国事，备而不典。而石铭显在衢路，往来行者咸以为言，事遂闻发。有司按验浩，取秘书郎吏及长历生数百人意状。浩伏受赇，其秘书郎吏已下尽死。

崔浩想要建立的姓族与人伦、高官与儒学合而为一的贵族政治像梦影一样幻灭了，北方门第最高的两个士族清河崔氏与范阳卢氏，基本上被杀绝了。对原鲜卑部酋来说，如果不消灭崔浩、崔浩的姻亲及其姓族，那就是他们自身将被汉人所同化。当时所谓汉化，就是要推崇有文化的士族，要与他们合而为一。鲜卑部酋已经走在这条路上了，所以他们对《国记》"备而不典"反感。但这时他们的汉化是不自觉的，自觉的是鲜卑部酋对汉化的抵制。崔浩事件的发生，表明在北魏的政治上，鲜卑部酋反汉化的力量超过了汉人儒家大族的汉化力量。但是汉化对当时的少数民族来说，是大势所趋，挡不住。到孝文帝时，北魏进入了一个新的汉化时期。

第十六篇　北魏后期的汉化
（孝文帝的汉化政策）

北魏的汉化政策，应当说是一贯的政策，非孝文帝所特创。不然，鲜卑部酋便在北方待不下去，便须返回塞外。只是前期的汉化带有不自觉性、被迫性。

从北魏前期崔浩与鲜卑贵族的冲突来看，似乎汉化与鲜卑不能相容，因此，孝文帝推行汉化，目光落到了如何使鲜卑贵族接受汉人士族文化之上。即如何使鲜卑贵族与汉人士族合而为一，不仅使鲜卑贵族有政治地位，而且使鲜卑贵族有社会地位，以此来巩固北魏的统治，并进而并吞南朝。

孝文帝的汉化政策，是在迁都洛阳以后推行的。孝文帝迁都洛阳有政治的和经济的双重目的。政治上正如孝文帝所说：

> 国家兴自北土，徙居平城，虽富有四海，文轨未一。此间用武之地，非可文治，移风易俗，信为甚难。崤函帝宅，河洛王里，因兹大举，光宅中原。[1]

之所以要迁都洛阳，光宅中原，是因为崤函为帝宅，河洛为王里，是文治之地。要汉化，便须离开平城用武之地，把朝廷搬到洛阳去。此外，如拓

---

[1] ［北齐］魏收：《魏书》卷十九中《任城王云传附子澄传》，中华书局，1974年，第464页。

跋澄所云："伊洛中区，均天下所据。"要"制御华夏，辑平九服"，也以搬到洛阳去为好。（亦见《澄传》）

经济上，孝文帝看中了洛阳可以通漕运。《魏书》卷五十三《李冲传》有云：

> 高祖自邺还京，泛舟洪池，乃从容谓冲曰："朕欲从此通渠于洛，南伐之日，何容不从此入洛，从洛入河，从河入汴，从汴入清，以至于淮？下船而战，犹开户而斗，此乃军国之大计。今沟渠若须二万人以下，六十日有成者，宜以渐修之。"

同书卷七十九《成淹传》云：

> 高祖幸徐州，敕淹与闾龙驹等主舟楫，将泛泗入河，溯流还洛。军次碻磝，淹以黄河峻急，虑有倾危，乃上疏陈谏。高祖敕淹曰："朕以恒代无运漕之路，故京邑民贫，今移都伊洛，欲通运四方，而黄河急峻，人皆难涉，我因有此行，必须乘流，所以开百姓之心。"

据此可知孝文帝认为洛阳能通四方之运，都洛是关系到军国大计的问题。然而，这个目的要实现，须在鲜卑贵族汉化之后。

孝文帝汉化政策的中心，是在使鲜卑贵族向汉人士族转化。各项具体政策虽然收效有快慢、程度有深浅的不同，但都围绕着这个中心。今析之如下。

《魏书》卷七下《高祖纪下》云：

> （太和十八年十有二月）壬寅，革衣服之制。
>
> （太和十九年六月）丙辰，诏迁洛之民，死葬河南，不得还北。
>
> 于是代人南迁者，悉为河南洛阳人。

同书卷二十《广川王谐传》云:

> (太和十九年)诏曰:迁洛之人,自兹厥后,悉可归骸邙岭,皆
> 不得就茔恒代。其有夫死葬在北,妇今葬在南,妇人从夫,宜还代
> 葬。若欲移父就母,亦得任之。其有妻坟于恒代,夫死于洛,不得以
> 尊就卑,欲移母就父,宜亦从之,若异葬亦从之。若不在葬限,身在
> 代,丧葬之彼此,皆得任之。其户属恒燕,身官京洛,去留之宜,亦
> 从所择。其属诸州者,各得任意。

革衣服之制与改变迁居洛阳的鲜卑人的籍贯,不得再称代人,而称河南洛
阳人,是容易办到的。死葬洛阳,也易办到,何况孝文帝作了许多具体的
规定。衣冠、籍贯和丧葬地点的改变,一是要绝代人故土之恋,二是不如
此便不能将代北鲜卑部酋变成中原士族。看似外表或形式,实际能够决定
性质或内容。

《魏书》卷七下《高祖纪下》又云:

> (太和十九年)六月己亥,诏不得以北俗之语,言于朝廷。若有
> 违者,免所居官。……二十年春正月丁卯,诏改姓为元氏。

同书卷二十一上《咸阳王禧传》记孝文帝云:

> "今欲断诸北语,一从正音。年三十以上,习性已久,容或不可
> 卒革。三十以下,见在朝廷之人,语音不听仍旧。若有故为,当降爵
> 黜官。……王公卿士,咸以然不?"禧对曰:"实如圣旨。"……高祖
> 曰:"朕尝与李冲论此,冲言四方之语,竟知谁是。帝者言之,即为
> 正矣。何必改旧从新?冲之此言,应合死罪。"乃谓冲曰:"卿实负社
> 稷,合令御史牵下。"冲免冠陈谢。

在孝文帝的汉化政策中，"断诸北语，一从正音"，不得以北俗之语言于朝廷，是一项最重要的政策。变胡语即不说鲜卑复合语，而说单音汉语。随着语言的改变，姓也要改变，故改拓跋氏为元氏。其他所改诸姓，均见《魏书·官氏志》。如果不变胡语为汉语，不变复姓为单姓，就不配作文化士族。《魏书》卷四十《陆叡传》记陆叡：

> 娶东徐州刺史博陵崔鉴女……鉴谓所亲云："平原王（陆叡）才度不恶，但恨其姓名殊为重复（陆氏原为步六孤氏）。"时高祖未改其姓。

可知如果不改胡语、胡姓，就不能使鲜卑贵族与汉人士族合而为一，不能解决胡汉问题，北魏的统治也难巩固。李冲说四方之语竟知谁是，帝者之言为正。违反孝文帝意旨，故孝文帝说李冲"此言应合死罪"。

《陆叡传》说到崔鉴恨陆叡原来的姓名殊为重复。治史者对胡姓改汉姓，说得很多，但对胡名改汉名，则鲜见论述。这里略加考索。

魏收著《魏书》，其于胡人姓名，概用太和汉化以后的姓和名。胡人原来只有名，而无字和号，孝文帝改胡人姓名，其于名，是赐给他们一个汉名或雅名，而以他们原来的名或为字，或为号，或为小名。其于先世乃至汉人，也往往照此办理。举例释之如下：

拓跋焘。《宋书》卷九十五《索虏传》记"嗣死，谥曰明元皇帝，子焘字佛狸代立"。而在"史臣曰"中，又有"至于狸伐篡伪"之语。疑拓跋焘的胡名为"佛狸伐"。著史的人以为"伐"是"代"的重字，因而删去。实则应为"佛狸伐代立"。"焘"为雅名。

"伐"字与"拔"字同音，北燕冯拔小字莫里伐。莫里伐本来是冯拔的胡名，后取"伐"为"拔"，因名冯拔，"莫里伐"才成了他的小名。伐或拔大概是胡人的美称。胡字Bargatun为火神、勇士之意，伐或拔或系取义于此。

又《周书》卷四《明帝纪》记明帝宇文毓，"小名统万突"（生于统

万）。同书卷五《武帝纪》记武帝宇文邕，"字祢罗突"。《通鉴》卷第一百
四十八梁武帝天监十五年（516）末，记柔然西击高车，"大破之，执其王
弥俄突"。"突"字或亦取义于胡字Bargatun。

又李初古拔为汉人，疑本有汉名。如薛初古拔，"一曰车辂拔，本名
洪祚（汉名），世祖（太武帝拓跋焘）赐名"①。此二人以胡名显。

又《南齐书》卷四十七《王融传》记王融上疏语及北魏设官分职，有
"总录则邦姓直勒渴侯"之言。此指元勰。"邦姓"意即邦姓，国姓，为鲜
卑语的汉文对音。故虽有拓跋珪，而下邦之"邦"，邦姓之"邦"不改。
清亦如此，清帝虽有福临（世祖顺治），而福州之"福"不改。因为福临
之"福"，为满语的汉文对音。"直勒"即"直勤"或"特勤"，"直"为
"特"音，"勒"为"勤"之误。"特勤"为亲王之意，亲王与皇室同姓，
故云"邦姓直勒（勤）"。"渴侯"为人名，《魏书》卷八十七《节义传》
有《刘渴侯传》。此"渴侯"为《宋书》卷九十五《索虏传》中的"渴言
侯"，亦即《魏书》卷二十一下的彭城王勰。《魏书》记"彭城王勰，字彦
和。……太和九年，封始平王"。《宋书·索虏传》记北魏下书云：

> 泰始初……使持节征南大将军勃海王直勤天赐、侍中尚书令安东
> 大将军始平王直勤渴言侯、散骑常侍殿中尚书令安西将军西阳王直勤
> 盖户千，领幽冀之众七万，滨海而南。

这里的"始平王直勤渴言侯"，即《魏书·彭城王勰传》所记太和九年
（485）受封为始平王的元勰。渴侯或渴言侯为元勰本来的胡名，孝文帝推
行汉化，才改名为勰。"勰"是雅名。元勰字彦和，疑彦和为"言侯"的
变音。也就是说，元勰自改雅名为"勰"，而原来的胡名渴侯或"渴言侯"
变成了字。言侯又音转为彦和，去掉上一字"渴"，便成了"字彦和"。连
字也成了雅字。

---

① ［北齐］魏收：《魏书》卷四十二《薛辩传附谨子初古拔传》，中华书局，1974年，第
942页。

又宇文泰，字黑獭。宇文泰原来的胡名为黑獭，后改雅名为泰。《切韵序》云："秦陇则去声为入"，"泰"读为"獭"。胡人改雅名多采取本来胡名的最后一个字，如取"黑獭"之"獭"为"泰"，即是一例。

孝文帝还给汉人赐名。如清河崔光，"本名孝伯，字长仁，高祖赐名（光）"[①]。陇西李韶，字元伯，"与弟彦、虔、蕤并为高祖赐名"[②]。

如果只变胡姓而不变胡名，姓名仍然重复，仍然要被像崔鉴那样的汉人士族看不起。改胡名为汉名的问题，是与改胡姓为汉姓一样重要的问题，亟须研究。

变胡语、胡姓与胡名为汉语、汉姓与汉名，进入了汉化的实质性问题，鲜卑贵族变为文化士族的道路打通了。

《魏书》卷二十一上《咸阳王禧传》又云：

> 于时王国舍人应取八族及清修之门。禧取任城王隶户为之，深为高祖所责。诏曰：……此年为六弟娉室，长弟咸阳王禧可娉故颍川太守陇西李辅女，次弟河南王干可娉故中散代郡穆明乐女，次弟广陵王羽可娉骠骑谘议参军荥阳郑平城女，次弟颍川王雍可娉故中书博士范阳卢神宝女，次弟始平王勰可娉廷尉卿陇西李冲女，季弟北海王详可娉吏部郎中荥阳郑懿女。

"八族"即穆、陆、贺、刘、楼、于、嵇（应为奚）、尉。王国舍人本应取八族及清修之门为之，咸阳王元禧却取任城王的隶户充当。这与孝文帝欲使鲜卑贵族与汉人士族一致起来的想法与做法相冲突。为了使鲜卑贵族懂得门第的重要性，孝文帝遂为他的六个弟弟娉妇。所娉之妇均出八族及清修之门。然而，单是通婚尚不能使鲜卑贵族与汉人士族一致，于是而有定姓族。

《魏书》卷一百一十三《官氏志》云：

---

① [北齐]魏收：《魏书》卷六十七《崔光列传》，中华书局，1974年，第1487页。

② [北齐]魏收：《魏书》卷三十九《李宝传附承子韶传》，中华书局，1974年，第886页。

太和十九年诏曰：代人诸胄，先无姓族，虽功贤之胤，混然未分，故官达者位极公卿，其功衰之亲仍居猥任。比欲制定姓族，事多未就，且宜甄擢，随时渐铨。其穆、陆、贺、刘、楼、于、嵇、尉八姓，皆太祖已降，勋著当世，位尽王公，灼然可知者，且下司州、吏部，勿充猥官，一同四姓。

可注意的是，八族（八姓）之所以为八族，是因为他们自道武帝以来，"勋著当世，位尽王公"。此八族为勋臣八族。《官氏志》续云：

自此以外，应班士流者，寻续别敕。原出朔土，旧为部落大人，而自皇始已来，有三世官在给事已上，及州刺史、镇大将，及品登王公者为姓。若本非大人，而皇始已来，职官三世尚书已上，及品登王公而中间不降官绪，亦为姓。诸部落大人之后，而皇始已来官不及前列，而有三世为中散、监已上，外为太守、子都，品登子男者为族。若本非大人，而皇始已来三世有令已上，外为副将、子都、太守，品登侯已上者，亦为族。凡此姓族之支亲，与其身有缌麻服已内，微有一二世官者，虽不全充美例，亦入姓族；五世已外，则各自计之，不蒙宗人之荫也。虽缌麻而三世官不至姓班，有族官则入族官，无族官则不入姓族之例也。

据此可知孝文帝之定姓族，是专以官爵的高下，为姓族的高卑标准。他重姓族（或门第）也就是重官爵。穆、陆等八姓门第之高与他们"位尽王公"、政治地位之高完全一致。姓族一定，鲜卑贵族门第的高低也就分出来了。

定姓族包括汉人士族在内，与选官吏同时进行。《魏书》卷六十三《宋弁传》略云：

宋弁，字义和，广平列人人也。……以弁兼黄门（郎），寻即正，

> 兼司徒左长史。时大选内外群官，并定四海士族，弁专参铨量之任，
> 事多称旨。

从此传所云"定四海士族""姓族多所降抑"，可知孝文帝以官品定姓族的高卑，对象不仅是鲜卑贵族，而且包括了汉人士族。定四海士族是与大选内外群官同时进行的。宋弁参铨量之任，所谓"事多称旨"，即符合孝文帝以官爵定姓族高卑，据姓族高卑选举官吏之旨。

重官爵是看历代所任何官。如鲜卑穆、陆等八姓，是"太祖已降，勋著当世，位尽王公"，且为"灼然可知者"。孝文帝以为宋弁"应推郭祚之门"，也是因为郭祚为"晋魏名门"（《魏书·宋弁传》）。《北史》卷三十六《薛辩传》附《薛聪传》记载孝文帝"曾与朝臣论海内姓地人物"，与羽林监薛聪有过这样一段不愉快的对话：

> （孝文帝）戏谓聪曰："世人谓卿诸薛是蜀人，定是蜀人不？"聪对曰："臣远祖广德，世仕汉朝，时人呼为汉。臣九世祖永，随刘备入蜀，时人呼为蜀。臣今事陛下，是虏非蜀也。"帝抚掌笑曰："卿幸可自明非蜀，何乃遽复苦朕？"聪因投戟而去。帝曰："薛监醉耳。"其见知如此。（《资治通鉴》卷第一百四十齐明帝建武三年，薛聪作薛宗起，从元行冲《后魏国典》）

薛聪知道孝文帝是笑他的祖先无官爵名望，不是名族，因此十分恼怒，与孝文帝顶撞起来。

定姓族与选举制密不可分。从定姓族起，北魏选举便只问姓族的高卑。像鲜卑八姓，孝文帝即明言"下司州、吏部，勿充猥官，一同四姓"。

《魏书》卷六十《韩显宗传》记载了韩显宗关于选举问题的言论，以及孝文帝与韩显宗等人关于选举问题的对话，很能说明问题。其言云：

> 显宗又上言曰："进贤求才，百王之所先也。前代取士，必先正

名，故有贤良、方正之称。今之州郡贡察，徒有秀、孝之名，而无秀、孝之实。而朝廷但检其门望，不复弹坐，如此，则可令别贡门望，以叙士人，何假冒秀、孝之名也？夫门望者，是其父祖之遗烈，亦何益于皇家？益于时者，贤才而已。苟有其才，虽屠、钓、奴、虏之贱，圣皇不耻以为臣；苟非其才，虽三后之胤，自坠于皂隶矣。是以大才受大官，小才受小官，各得其所，以致雍熙。议者或云，今世等无奇才，不若取士于门，此亦失矣。岂可以世无周邵，便废宰相而不置哉？"……高祖曾诏诸官曰："自近代已来，高卑出身，恒有常分。朕意一以为可，复以为不可，宜相与量之。"李冲对曰："未审上古已来，置官列位，为欲为膏梁儿地，为欲为益治赞时？"高祖曰："俱欲为治。"冲曰："若欲为治，陛下今日何为专崇门品，不有拔才之诏？"高祖曰："苟有殊人之伎，不患不知。然君子之门，假使无当世之用者，要自德行纯笃，朕是以用之。"冲曰："傅岩、吕望岂可以门见举？"高祖曰："如此济世者希，旷代有一两人耳。"冲谓诸卿士曰："适欲请诸贤救之。"秘书令李彪曰："师旅寡少，未足为援，意有所怀，不敢尽言于圣日。陛下若专以门地，不审鲁之三卿，孰若四科？"高祖曰："犹如向解。"显宗进曰："陛下光宅洛邑，百礼唯新，国之兴否，指此一选。臣既学识浮浅，不能援引古今，以证此议，且以国事论之。不审中、秘书监令之子，必为秘书郎，顷来为监、令者，子皆可为不？"高祖曰："卿何不论当世膏腴为监、令者？"显宗曰："陛下以物不可类，不应以贵承贵，以贱袭贱。"高祖曰："若有高明卓尔、才具隽出者，朕亦不拘此例。"

所谓"朝廷但检其门望""取士于门"（韩显宗语）；"今日何为专崇门品，不有拔才之诏？""以门见举"（李冲语）；"专以门地"（李彪语）；"以贵承贵，以贱袭贱"（韩显宗语）。可以说明孝文帝取士的标准只有一条，即看门第或门望如何。婚姻同此。

北方的婚宦制度，在孝文帝前后有所不同。在孝文帝以前，如崔浩是姓族与人伦并重。寒士有才，亦可视为胜流；寒女有德，亦得偶配名族。而这在孝文帝实行汉化政策之后，是绝对不可能的。这是两种不同的观念。此处略加申述。

《世说新语·贤媛》"王汝南少无婚"条云：

> 王汝南（王湛）少无婚，自求郝普女。司空以其痴，会无婚处，任其意便许之。（刘注云："《魏氏志》曰：王昶字文舒，仕至司空。"）既婚，果有令姿淑德。生东海（王承），遂为王氏母仪。或问汝南何以知之？曰："尝见井上取水，举动容止不失常，未尝忤观，以此知之。"（刘注云："《汝南别传》曰：襄城郝仲，将门，至孤陋，非其所偶也。君尝见其女便求聘焉。果高朗英迈，母仪冠族，其通识余裕皆此类。"）

同书《贤媛》"王浑妻钟氏"条云：

> 王浑妻钟氏生女令淑，武子（王济）为妹求简美对而未得。有兵家子，有隽才。欲以妹妻之，乃白母曰："诚是才者，其地可遗。"

同书《贤媛》"王司徒妇钟氏女"条云：

> 王司徒（王浑）妇钟氏女，太傅曾孙。（刘注云："《王氏谱》曰："夫人黄门侍郎钟琰女。"）亦有俊才女德。（刘注云："《妇人集》曰："夫人有文才，其诗赋颂诔行于世。"）钟、郝为娣姒，雅相亲重。钟不以贵陵郝，郝亦不以贱下钟。东海家内，则郝夫人之法。京陵（王浑袭父王昶爵京陵侯）家内，范钟夫人之礼。

襄城郝氏至为孤陋，有女得配太原名族王氏。兵家地位至为低微，出身于太原名族王氏的王济，竟欲以妹妻之。这在孝文帝时，是绝对办不到的。

选举与婚姻由既问姓族，又问人伦（既问家世，又问个人）转到只问姓族，不问个人，是观念与制度上的一个很大的变化。

孝文帝在婚宦上，何以重姓族不重人伦？须知鲜卑本无文化可言，要有学术文化，非一朝一夕所能达到。孝文帝断北语，一从正音，只是为鲜卑贵族进入文化士族开了一扇门户而已。鲜卑贵族自不能等到懂得儒学或有了"隽才"之后，才取得与汉人士族同等的社会地位。崔浩因为在"分明姓族"之外，又强调"齐整人伦"，强调儒学才能，从而遭到了鲜卑贵族的反对，招致了灭门之祸。孝文帝不讲人伦，只讲姓族；不问个人如何，只问门第高低，正是从鲜卑贵族尚无文化的实际情况出发的，目的在使鲜卑贵族的政治社会地位，能与北方汉人崔、卢、李、郑等大姓迅速一致起来。韩显宗等人的思想停留在北魏前期崔浩时代，因此才与孝文帝发生争论。

《新唐书》卷一百九十九《儒学传中·柳冲传》云：

> 开元初，诏冲与薛南金复加刊窜，（姓系录）乃定。后柳芳著论甚详……芳之言曰："……山东之人质，故尚婚娅，其信可与也。江左之人文，故尚人物，其智可与也。关中之人雄，故尚冠冕，其达可与也。代北之人武，故尚贵戚，其泰可与也。"

重姓族门第是南北士族共同的特征，但不是没有区别。柳芳所说山东尚婚娅，江左尚人物，关中尚冠冕，代北尚贵戚，便是区别。江左尚人物，即尚人伦，尚才识。代北尚贵戚即尚姓族，尚高官。山东和关中所尚，与代北接近。代北、山东、关中都属于北方，其所尚是在孝文帝汉化政策实施以后形成的，故与南方所尚有异。南方所尚保持了汉魏以来虽重门第但不废弃人伦的传统。

自六镇、尔朱荣之乱起，北朝曾一度发生胡化的逆流。历北齐、北周至隋朝，又恢复了汉化，直至于唐。胡化无疑是一种退化，但并非全为退化，而是胡汉民族又一次交混产生的一种新局面。假使一直汉化下去，也可能使北朝变得更腐败。

第十七篇　六镇问题（附魏齐之兵）

一、六镇含义及北魏的设防问题

用"六镇"这个名词，应注意它的时代性，不然，便不能了解它的含义。六镇原指怀朔、武川、抚冥、柔玄、怀荒、沃野，后来变为北方城镇的总称，"六镇"应该是六镇及其他。

关于六镇的起源，前人每注重六镇的设立，在北御柔然。吾人研究六镇，不仅应注意防北，而且应注意防南；不仅应注意防边，而且应注意六镇对南北朝乃至隋、唐历史的影响。六镇起兵最大的现实问题，在改变了北朝的历史。

北魏之初，设防的范围，据《元和郡县图志》卷十四"云州"条云：

> 后魏道武帝又于此建都，东至上谷军都关，西至河，南至中山隘门塞，北至五原。地方千里，以为甸服。

甸服四面都在设防之列。北魏在尚未取得青徐的时候，南方威胁比之于北方柔然的威胁，似乎还要重一些，因此必须防南。《魏书》卷五十八《杨播传》附弟《椿传》云：

除定州刺史。自太祖平中山，多置军府，以相威摄。凡有八军，军各配兵五千，食禄主帅军各四十六人。自中原稍定，八军之兵，渐割南戍，一军兵才千余，然主帅如故，费禄不少。椿表罢四军，减其帅百八十四人。州有宗子稻田，屯兵八百户，年常发夫三千，草三百车，修补畦堰。椿以屯兵惟输此田课，更无徭役，及至闲月，即应修治，不容复劳百姓。椿亦表罢，朝廷从之。

传中明言道武帝南平中山之后，"多置军府，以相威摄"，"八军之兵，渐割南戍"。可见当时南边军府之多，南防之重要。传中还说到杨椿所在的定州有屯兵八百户，这种屯兵从何而来呢？考《魏书》卷四下《世祖纪下》太平真君五年（444）六月云：

北部民杀立义将军、衡阳公莫孤，率五千余落北走。追击于漠南，杀其渠帅，余徙居冀、相、定三州为营户。

同书卷七上《高祖纪上》延兴元年（471）冬十月云：

丁亥，沃野、统万二镇敕勒叛。诏太尉、陇西王源贺追击，至枹罕，灭之，斩首三万余级，徙其遗迸于冀、定、相三州为营户。

延兴二年（472）三月又云：

连川敕勒谋叛，徙配青、徐、齐、兖四州为营户。

同书卷七下《高祖纪下》太和二十一年（497）六月云：

壬戌，诏冀、定、瀛、相、济五州发卒二十万，将以南讨。

这说明配降人为营户，是北魏的旧制。定州的屯兵便是这种营户。营户不限于哪一州或哪几州，而是各州都有。州置营户为北魏防守要害的政策。冀、定、相等州配置营户，正是为了防南，且如《魏书》太和二十一年（497）所云，有利于发卒南讨。由此可以了解破六韩拔陵起兵失败后，北魏何以置六镇降附二十万人于冀、定、瀛三州。《北史》卷十六《太武五王传·广阳王深（渊）传》（参《魏书》卷五十八《杨播传》附《杨津传》）云：

> 先是别将李叔仁以（破六韩）拔陵来逼，请求迎援，深赴之，前后降附二十万人。深与行台元纂表求恒州北别立郡县，安置降户，随宜赈贵，息其乱心，不从。诏遣黄门侍郎杨昱分散之于冀、定、瀛三州就食。深谓纂曰："此辈复为乞活矣，祸乱当由此作。"既而鲜于修礼叛于定州，杜洛周反于幽州，其余降户犹在恒州，遂欲推深为主，深乃上书还京师，命左卫将军杨津代深为都督。

或谓北魏未采纳元深之言，于恒州北部别立郡县安置降户，而将降户分散处之于冀、定、瀛三州，实为失策。鲜于修礼之起即由于此。按此种论点未注意历史情况与恒州以北现实情况。从历史上说，配置降户于冀、定、瀛等州为北魏的旧制，这些地方本有军府，可以安插降户。从现实情况说，当时尔朱荣势力已在恒、代以北兴起。这是一种半独立的势力，北魏自不能把降户徙入尔朱氏所据之地。因此，我们不能说北魏未从元深之言为失策。

二、北魏的兵

北魏的兵有两种，一种是鲜卑兵，一种是非鲜卑兵。《文献通考》卷一百五十一《兵三》有云：

愚尝考之，拓跋氏起自云朔，据有中原，兵戎乃其所以为国也。羽林、虎贲，则宿卫之兵，六镇将卒，则御侮之兵，往往皆代北部落之苗裔，其初藉之以横行中国者。（自注：孝文诏军士自代来者皆以为羽林、虎贲）

"代北部落"指三十六大部落，九十九小部落。《魏书》卷一《序纪》所谓"积六十七世，至成皇帝讳毛立，聪明武略，远近所推，统国三十六，大姓九十九"是也。同书卷一百一十三《官氏志》亦谓："初，安帝统国，诸部有九十九姓。"代北部落之苗裔，即指此九十九姓之后。北魏的禁旅与六镇将卒，多由他们担当。这是鲜卑兵。这种兵带贵族性，地位颇高，"不但不废仕宦，至乃偏得复除"[1]。不过到孝文帝迁都洛阳，实行汉化之后，地位有改变。

非鲜卑兵中，最重要的是高车兵。在北魏的禁军和六镇兵中，高车人颇为不少。《魏书》卷一百一十三《官氏志》有高车羽林郎将，从第四品上；高车虎贲将军，从第四品下；高车虎贲将，从第五品下。此为禁军中有高车军之证。虽然，羽林、虎贲之名到孝文帝才有，但禁军与禁军中有高车兵，则魏初以来，已是如此。

六镇兵中，主要者似为高车人。北魏很早即配高车为营户。高车有东西二部，六镇以西部高车居多数。西即恒州代郡之西，沃野、怀朔、武川等镇均在代西。上引《魏书·高祖纪上》沃野、统万二镇敕勒（高车），即西部高车。《魏书》卷八十有《叱列延庆传》，谓叱列延庆"代西部人也，世为酋帅"。《通鉴》卷第一百五十二梁武帝大通二年记有："（尔朱）荣先遣并州人郭罗刹、西部高车叱列杀鬼侍帝侧。"可知叱列氏为西部高车。《魏书》卷九《肃宗纪》孝昌二年（526）有"西部敕勒斛律洛阳"。《北齐书》卷十七《斛律金传》谓斛律金为"朔州（原怀朔镇）敕勒部人"，高祖斛律倍俟利"道武时率户内属"。父斛律那瓌为光禄大夫、第一

---

① ［北齐］魏收：《魏书》卷十八《广阳王建传附嘉子渊传》，中华书局，1974年，第429页。

领民酋长，可知斛律氏亦为西部高车。《魏书·高祖纪上》延兴三年（473）有"柔玄镇二部敕勒"。此二部敕勒即高车东西二部。

《魏书》卷一百三《高车传》（《北史》卷九十八《高车传》同）略云：

> 高车……初号为狄历，北方以为敕勒，诸夏以为高车、丁零。其语略与匈奴同，而时有小异。或云其先匈奴之甥也。……太祖时分散诸部，唯高车以类粗犷，不任使役，故得别为部落。

按北魏解散部落，高车为一例外。孝文帝所改汉姓，大致说是部落已经解散的。当然，也有部落已经解散而仍保持胡姓者，如慕容氏。但此为少数。未改姓的，多是部落未解散的，且多是未迁至洛阳而仍留在边镇的人。此种人以高车为多，但不限于高车。如斛律氏、贺拔氏、库狄氏等都是。斛律氏未见改姓，贺拔氏据《魏书·官氏志》后改为何氏，然在边镇的如贺拔允、贺拔胜、贺拔岳仍姓贺拔。库狄氏据《魏书·官氏志》后改为狄氏，然在边镇的如库狄干、库狄迥洛、库狄盛、库狄昌、库狄丰乐仍姓库狄。六镇兵保持部落性质，特别善战，原因即在高车人多，部落未解散。

在北魏的兵中，鲜卑（就纯血统言）之次，恐即高车。此外还有其他少数民族及汉人的军队。《宋书》卷七十四《臧质传》记北魏太武帝拓跋焘南征，与宋盱眙守将臧质书云：

> 焘与质书曰："吾今所遣斗兵，尽非我国人，城东北是丁零与胡，南是三秦氐、羌，设使丁零死者，正可减常山、赵郡贼，胡死正减并州贼，氐、羌死正减关中贼。卿若杀丁零、胡，无不利。"

拓跋焘所谓"尽非我国人"，即尽非代北鲜卑。丁零来自常山、赵郡，胡来自并州，氐、羌来自关中。非国人的少数民族兵除了用于打仗，也用于戍守。《魏书》卷五十《尉元传》云：

> （太和十六年）元表曰："……今计彼（徐州）戍兵，多是胡人。臣前镇徐州之日，胡人子都将呼延笼达因于负罪，便尔叛乱，鸠引相类，一时煽动。赖威灵遐被，罪人斯戮。又团城子都将胡人王敕勤负衅南叛，每惧奸图，狡诱同党。（阙）诚所见，宜以彭城胡军换取南豫州徒民之兵转戍彭城，又以中州鲜卑增实兵数，于事为宜。"

此种兵地位甚低。又《宋书》卷七十七《柳元景传》写到汉兵，云：

> 虏众大溃……面缚军门者二千余人……多河内人。元景诘之曰："汝等怨王泽不浃，请命无所，今并为虏尽力，便是本无善心。顺附者存拯，从恶者诛灭，欲知王师正如此尔。"皆曰："虐虏见驱，后出赤族，以骑蹙步，未战先死，此亲将军所见，非敢背中国也。"

这是河内郡人被迫当兵。所谓"以骑蹙步"，是北魏以鲜卑本部人为骑兵，以非国人为步兵，打仗以鲜卑骑兵压迫非鲜卑步兵先出的反映。还有吴人被迫当兵。《魏书》卷四十三《毛修之传》略云：

> 刘裕之擒姚泓，留子义真镇长安，以修之为司马。及赫连屈丐破义真于青泥，修之被俘，遂没统万。世祖平赫连昌，获修之。神䴥中，以修之领吴兵讨蠕蠕大檀，以功拜吴兵将军，领步兵校尉。

此即吴兵。吴兵也是汉人为兵者。汉人为兵在北魏不占重要地位，重要的是鲜卑与高车军。

北魏的兵民是分开的，兵用于防守和打仗，民从事耕桑。《魏书》卷二十八《刘洁传》有云：

> 郡国之民虽不征讨，服勤农桑，以供军国，实经世之大本，府库
> 之所资。

说得很清楚，郡国之民，不用于征讨，而用于农桑，以供军国。

又《魏书》卷一百六上《地形志上》写到恒州、朔州、云州、蔚州、
显州、廓州、武州、西夏州、宁州、灵州等十州，而后有云：

> 前自恒州已下十州，永安已后，禁旅所出，户口之数，并不
> 得知。

这些州的户口数之所以不可得知，是因为它们都是军事重镇，是军府所在
地，军人众多。所谓户口数，指的是民户之数，不是军人之数。户口之数
不可得知，也表明在这些州中，兵是兵，民是民，兵民分离。

北魏的兵主要由鲜卑及其他少数民族充当，农业主要由汉人担负。兵
民之分在这个意义上，也就是胡汉之分。《魏书》卷一百一十三《官氏志》
记道武帝天赐元年（404）"又制诸州各置都尉以领兵"。文成帝太安三年
（457）五月，"以诸部护军各为太守"。这是兵民胡汉分治的反映。（参见
第七篇第二部分）

三、六镇起兵的原因

在研究六镇起兵原因的时候，要注意元深、魏兰根及明帝正光五年
（524）八月丙申诏所说的话。《魏书》卷十八《广阳王深传》云：

> 沃野镇人破六韩拔陵反叛……诏深为北道大都督，受尚书令李崇
> 节度。……深上书曰："……昔皇始以移防为重，盛简亲贤，拥麾作
> 镇，配以高门子弟，以死防遏，不但不废仕宦，至乃偏得复除，当时
> 人物忻慕为之。及太和在历，仆射李冲当官任事，凉州土人悉免厮

役，丰沛旧门仍防边戍，自非得罪当世，莫肯与之为伍，征镇驱使，但为虞候、白直，一生推迁，不过军主。然其往世房分，留居京者，得上品通官，在镇者便为清途所隔，或投彼有北，以御魑魅。多复逃胡乡，乃峻边兵之格，镇人浮游在外，皆听流兵捉之。于是少年不得从师，长者不得游宦，独为匪人，言者流涕。自定鼎伊洛，边任益轻，唯底滞凡才，出为镇将，转相模习，专事聚敛。或有诸方奸吏，犯罪配边，为之指踪，过弄官府，政以贿立，莫能自改。咸言奸吏为此，无不切齿憎怒……尚书令臣（李）崇时即申闻，求改镇为州，将允其愿，抑亦先觉。朝廷未许。而高阙戍主率下失和，拔陵杀之，为逆命，攻城掠地，所见必诛。"

元深提及的李崇"求改镇为州"事，见《魏书》卷六十六《李崇传》。其言云：

诏曰：……崇乃上表求改镇为州，罢削旧贯，朕于时以旧典难革，不许其请。

所谓改镇为州，罢削旧贯，意即将有军贯的兵改之为民，将特殊情形改为普通情形。李崇求改镇为州，在于听了魏兰根的话。《北齐书》卷二十三《魏兰根传》云：

正光末，尚书令李崇为本郡都督，率众讨茹，茹以兰根为长史，因说崇曰："缘边诸镇，控摄长远，昔时初置，地广人稀，或征发中原强宗子弟，或国之肺腑，寄以爪牙。中年以来，有司乖实，号曰府户，役同厮养，官婚班齿，致失清流。而本宗旧类，各各荣显，顾瞻彼此，理当愤怨。更张琴瑟，今也其时，静境宁边，事之大者。宜改镇立州，分置郡县，凡是府户，悉免为民，入仕次叙，一准其旧，文武兼用，威恩并施。此计若行，国家庶无北顾之虑矣。"

元深说的北镇军人情况与魏兰根所说一致。从魏兰根说的"或征发中原强宗子弟，或国之肺腑，寄以爪牙"；元深说的"配以高门子弟，以死防遏，不但不废仕宦，至乃偏得复除"来看，可知沿边诸镇军人有贵族性。元深说的"往世房分，留居京者得上品通官，在镇者便为清途所隔"；魏兰根说的"官婚班齿，致失清流。而本宗旧类，各各荣显"，是指一个姓的人有的去边镇当兵，有的留在京师当官，此之谓"房分"。本来当兵的不废仕宦，并可享受复除的特权，可是在孝文帝太和以后，特别是在"定鼎伊洛"以后，留居平城的迁到洛阳，受到汉化的洗礼，各各荣显；到边镇当兵的，却被"有司乖实，号曰府户，役同厮养"。六镇一带，无法汉化，在六镇，军人仍是军人，胡化仍是胡化，可社会地位在孝文帝太和以后，则被降为府户。

总之，从魏兰根、元深所说，可以了解六镇镇人原来具有职业为军人，社会阶级为贵族，种族文化为鲜卑三种特性。孝文帝迁都之后，职业军人、鲜卑文化这二者未变，但社会阶级则被降低，以前的仕宦、复除权利也没有了。

魏兰根、元深讲的"官婚班齿，致失清流"，"便为清途所隔"的现象，不仅可以在边镇看到，而且可以在北魏的新都洛阳看到。《魏书》卷六十四《张彝传》略云：

> （征西将军彝）第二子仲瑀上封事，求铨别选格，排抑武人，不使预在清品。由是众口喧喧，谤讟盈路，立榜大巷，克期会集，屠害其家。……神龟二年二月，羽林、虎贲几将千人，相率至尚书省诉骂，求其长子尚书郎始均不获，以瓦石击打公门，上下畏惧，莫敢讨抑。遂便持火虏掠道中薪蒿，以杖石为兵器，直造其第，曳彝堂下，捶辱极意，唱呼嗷嗷，焚其屋宇。始均、仲瑀当时逾北垣而走，始均回救其父，拜伏群小，以请父命。羽林等就加殴击，生投之烟火中，及得尸骸，不复可识，唯以鬓中小钗为验。仲瑀伤重走免，彝仅有余命，沙门寺与其比邻，舆致于寺。远近闻见，莫不惋骇。……彝遂

卒，时年五十九，官为收掩羽林凶强者八人斩之。

排斥武人，"不使预在清品"，在洛阳犹如此，在边镇就更加可想而知了。须知北魏的禁军和六镇将卒，"往往皆代北部落之苗裔，其初藉之以横行中国者"。自孝文帝迁都洛阳，推行汉化，"以夏变夷"，遂至崇文鄙武，把武人排斥在清途之外。洛阳羽林虎贲起来发难，实际是六镇起兵的前奏。

沃野镇人破六韩拔陵起于明帝正光五年（524）三月，八月丙申，明帝下了一道诏书。其言云：

> 赏贵宿劳，明主恒德；恩沾旧绩，哲后常范。太祖道武皇帝应期拨乱，大造区夏；世祖太武皇帝纂戎丕绪，光阐王业，躬率六师，扫清遐秽；诸州镇城人，本充牙爪，服勤征旅，契阔行间，备尝劳剧。逮显祖献文皇帝，自北被南，淮海思乂，便差割强族，分卫方镇。高祖孝文皇帝，远遵盘庚，将迁嵩洛，规遏北疆，荡辟南境，选良家酋附，增戍朔垂，戎捍所寄，实惟斯等。先帝以其诚效既亮，方加酬锡，会宛郢驰烽，胸泗告警，军旗频动，兵连积岁，兹恩仍寝，用迄于今，怨叛之兴，颇由于此。朕叨承乾历，抚驭宇宙，调风布政，思广惠液，宜追述前恩，敷兹后施。诸州镇军贯，元非犯配者，悉免为民，镇改为州，依旧立称。此等世习干戈，率多劲勇，今既甄拔，应思报效。可三五简发，讨彼沙陇。当使人齐其力，奋击先驱，妖党狂丑，必可荡涤。冲锋斩级，自依恒赏。[1]

此诏有两个地方值得注意。一是从道武帝到孝文帝迁都以前，北魏一直实行"差割强族，分卫方镇""选良家酋附，增戍朔垂"的政策。二是此诏把州镇凡是有军贯或军籍的人，都看作了低下阶级——府户。这与魏兰根

① ［北齐］魏收：《魏书》卷九《肃宗孝明帝纪》，中华书局，1974年，第236—237页。

所说"有司乖实，号曰府户"不同。虽然"悉免为民，镇改为州"，可是仍要"三五简发，讨彼沙陇"。而自魏初起，六镇军人的贵族成分是一直保持下来的。直到孝文帝，仍是"选良家酋附，增戍朔垂"。明帝的丙申诏使边镇军卒中那些强宗子弟、良家酋附彻底失望了，他们震惊自己真的成为府户了，不仅仕宦、复除从此绝望，而且将永远被人贱视。因此，丙申诏丝毫也未起到平息叛乱的作用，而只能是火上浇油。

六镇之叛也有其他的原因，但魏兰根等所说军卒中的强宗子弟、国之肺腑、高门子弟、良家酋附在孝文帝迁都洛阳后，被当作弃儿，社会地位降低，变成低下阶级府户，却是最重要的原因。这种人在六镇军卒中最占势力。

六镇之叛，就基本性质来说，是对孝文帝汉化政策的一大反动。

四、六镇兵的转手，北齐的建立

六镇兵经过三次转手。第一次由破六韩拔陵转到葛荣手上，葛荣赖之以继续与洛阳统治者作斗争。第二次从葛荣转到葛荣的镇压者尔朱荣手上，尔朱荣欲倚之以壮大自己的势力。第三次从尔朱氏手上转到高欢手上，高氏赖之以建立东魏与北齐。

尔朱荣为北秀容羯人，保持部落组织，未改姓氏。《魏书》卷七十四《尔朱荣传》记尔朱荣家世出身云：

> 北秀容人也。其先居于尔朱川，因为氏焉。常领部落，世为酋帅。高祖羽健，登国初为领民酋长，率契（羯）胡武士千七百人，从驾平晋阳，定中山，论功拜散骑常侍，以居秀容川，诏割方三百里封之，长为世业。太祖初以南秀容川原沃衍，欲令居之，羽健曰："臣家世奉国，给侍左右，北秀容既在划内，差近京师，岂以沃塉更迁远地。"

"契胡"即羯胡，为魏收所改。这支北边的羯人是一支落后的羯人，尔朱氏世为这支羯人的部落酋帅。魏初尔朱羽健为领民酋长，从征有功，受封居于北秀容。魏初解散部落，《魏书·官氏志》只记高车部落未解散，其实这支羯人部落也未解散。

《魏书》卷七十四《尔朱荣传》记尔朱荣之起云：

> 加使持节、安北将军、都督恒朔讨虏诸军。……荣率众至肆州，刺史尉庆宾畏恶之，闭城不纳。荣怒，攻拔之，乃署其从叔羽生为刺史，执庆宾于秀容。自是荣兵威渐盛，朝廷亦不能罪责也。

由此尔朱氏兴起为恒朔一大势力。然而尔朱氏成为左右北魏政局的力量，却在起兵赴洛，大杀朝士及打败葛荣以后。《尔朱荣传》续云：

> 武泰元年四月十三日，荣惑武卫将军费穆之说，乃引迎驾百官于行宫西北，云欲祭天。朝士既集，列骑围绕，责天下丧乱、明帝卒崩之由，云皆缘此等贪虐，不相匡弼所致。因纵兵乱害，王公卿士皆敛手就戮，死者千三百余人，皇弟、皇兄并亦见害，灵太后、少主其日暴崩。……十四日，舆驾入宫。于时或云荣欲迁都晋阳，或云欲肆兵大掠，迭相惊恐，人情骇震，京邑士子不一存，率皆逃窜，无敢出者。

杀洛阳朝士，逐京邑士子，是六镇鲜卑化军人的目的，尔朱荣代替他们办到了。尔朱荣发动河阴之变，是"惑武卫将军费穆之说"。费穆是禁军将领，禁军已经发动过一次反张仲瑀求铨别选格的暴乱，杀朝士可以说是费穆假手羯胡武士完成的。《尔朱荣传》续云：

> 葛荣为贼既久，横行河北，时众寡非敌，议者谓无制贼之理。……葛荣自邺以北列阵数十里，箕张而进。……（尔朱荣）大破

之，于阵禽葛荣，余众悉降。（尔朱）荣以贼徒既众，若即分割，恐其疑惧，或更结聚，乃普告勒各从所乐，亲属相随，任所居止。于是群情喜悦，登即四散，数十万众一朝散尽。待出百里之外，乃始分道押领，随便安置，咸得其宜。擢其渠帅，量力授用，新附者咸安。时人服其处分机速。乃槛车送葛荣赴阙。

这段记载详细说明了六镇数十万军人是怎样从葛荣手上转到尔朱荣手上的。这几十万人尔朱荣交给了他的侄子尔朱兆率领。

自杀朝士，擒葛荣，尔朱氏的势力不可一世。但是后来却败在高欢手上。这是什么原因呢？最重要的原因是尔朱氏所得六镇军人又转入了高欢之手。《隋书》卷二十四《食货志》曾云：

> 寻而六镇扰乱，相率内徙，寓食于齐晋之郊，齐神武（高欢）因之，以成大业。

《隋书》指明了高欢的兴起，依赖六镇降卒。《隋书》所说的齐，指武州齐郡（见《魏书》卷一百六《地形志上》）。钱大昕《廿二史考异》卷二十九云：

> 武州，武定元年置，治雁门川。武定三年始立州城。按《隋志》，雁门郡繁畤县后魏置，并置繁畤郡。
>
> 有东魏武川及吐京、齐、新安三郡，寄在城中。此志之雁门川即繁畤郡，且寄治郡城，非别立州城也。

由此可知《隋书》所谓“齐晋之郊”，即六镇镇人寓食之地，是尔朱氏的势力范围。六镇降卒是怎样落到高欢手上来的呢？《北齐书》卷一《神武纪上》云：

葛荣众流入并、肆（齐晋之郊）者二十余万，为契胡陵暴，皆不聊生，大小二十六反，诛夷者半，犹草窃不止。（尔朱）兆患之，问计于神武，神武曰："六镇反残，不可尽杀，宜选王素腹心者，私使统焉，若有犯者，直罪其帅，则所罪者寡。"兆曰："善！谁可行也？"贺拔允时在坐，请神武。神武奉殴之，折其一齿，曰："生平天柱时，奴辈伏处分如鹰犬，今日天下安置在王，而阿鞠泥敢诬下罔上，请杀之。"兆以神武为诚，遂以委焉。

"六镇反残"二十余万就是这样转到高欢手上来的，高欢"因之以成大业"。

《北齐书》卷十三《赵郡王琛传》有"六州大都督""领六州九酋长大都督"。卷十八《孙腾传》有"六州流民大都督"。卷十七《斛律金传》记斛律金曾"领恒、云、燕、朔、显六州大都督"。钱大昕《廿二史考异》卷三十一《北齐书斛律金传考异》云：

> "留金守信都，领恒、云、燕、朔、显六州大都督。"此六州即神武所领六镇兵。《赵郡王琛传》所云"六州大都督""六州九酋长大都督"，《孙腾传》"六州流民大都督"，皆此六州也。但六州之名，尚少其一，史有脱文，盖脱蔚州也。

钱说是对的，《北齐书》卷二十四《孙搴传》有云：

> 又大括燕、恒、云、朔、显、蔚、二夏州、高平、平凉之民以为军士……所获甚众，搴之计也。

此处蔚州与上五州燕、恒、云、朔、显连称，可知《斛律金传》脱蔚州。这六州都是北魏以北边军镇改置的州。关于北魏改镇为州，钱氏《廿二史考异》卷二十九言及：

　　蔚州，永安中改怀荒、御夷二镇置。按六镇改州，魏收史言之不详，惟怀朔镇为朔州，御夷、怀荒为蔚州，薄骨律为灵州，见于本志。

概言之，六州即六镇及其他。钱氏谓恒、云、燕、朔、显、蔚六州"即神武所领六镇兵"，也是对的，此六州既为六镇兵所出之地，又是六镇流人聚居之处。

　　宇文泰是武川镇人，西魏北周的出现也与六镇军人有关。

　　六镇军人是北齐、北周的统治者。从这个意义上说，六镇起兵提高了六镇军人的地位。

五、北齐的兵

　　东魏及北齐之初，兵制继承北魏，兵民（兵农）分离，兵由鲜卑充当，汉人主要是从事耕织。《资治通鉴》卷第一百五十七梁武帝大同三年（537）九月条云：

　　（高）欢每号令军士，常令丞相属代郡张华原宣旨。其语鲜卑则曰："汉民是汝奴，夫为汝耕，妇为汝织，输汝粟帛，令汝温饱，汝何为陵之？"其语华人则曰："鲜卑是汝作客，得汝一斛粟，一匹绢，为汝击贼，令汝安宁，汝何为疾之？"时鲜卑共轻华人，唯惮高敖曹。欢号令将士，常鲜卑语，敖曹在列，则为之华语。（《隋书》卷三十二《经籍志》经部小学类有《鲜卑号令》一卷，周武帝撰）

这与前引《魏书·刘洁传》所云"郡国之民虽不征讨，服勤农桑，以供军国"，征讨由鲜卑及其他少数民族担任，是一致的。东魏兵制无疑是北魏兵制的承袭。

到北齐文宣帝时，有所谓"百保鲜卑"与"勇夫"。《隋书》卷二十四《食货志》云：

> 魏武西迁，连年战争，河洛之间，又并空竭。天平元年，迁都于邺，出粟一百三十万担，以振贫人。是时六坊之众从武帝而西者，不能万人，余皆北徙，并给常廪，春秋二时赐帛，以供衣服之费。……（齐）文宣受禅，多所创革。六坊之内徙者，更加简练，每一人必当百人，任其临阵必死，然后取之，谓之"百保鲜卑"。又简华人之勇力绝伦者，谓之"勇夫"，以备边要。

禁卫军中"百保鲜卑"和边防军中华人"勇夫"的出现，说明北齐文宣帝对兵制确有所创革，但并未改变兵民（兵农）、胡汉之分的性质。

武成帝河清三年（564），实现了一种新的制度。《隋书》卷二十四《食货志》续云：

> 至河清三年定令，乃命人居十家为比邻，五十家为闾里，百家为族党。男子十八以上，六十五已下为丁；十六已上，十七已下为中；六十六已上为老；十五已下为小。率以十八受田，输租调，二十充兵，六十免力役，六十六退田，免租调。

同书卷二十七《百官志中》"尚书省五兵尚书"条又云：

> 五兵统左中兵，掌诸郡督告身、诸宿卫官等事；右中兵，掌畿内丁帐、事力、蕃兵等事；左外兵，掌河南及潼关已东诸州丁帐，及发召征兵等事；右外兵，掌河北及潼关已西诸州，所典与左外同；都兵，掌鼓吹、太乐、杂户等事。

按北魏在实行均田制与三长制之后，就胡汉职业而言，胡人虽同为编户并被圈给土地，但仍不耕织，专讲骑射。耕织交给奴婢，状如清兵入关圈地之制。农业与纺织主要仍在汉人之手。河清三年（564），北齐规定男子"率以十八受田，输租调，二十充兵，六十免力役，六十六退田，免租调"，如果结合北齐五兵尚书的职责：掌畿内及诸州丁帐、发召征兵等事来看，就知这是一种新法。在河清三年以前，军镇与州县、当兵与种田、胡人与汉人是分离的。河清三年十八受田，二十充兵的法令，把军镇与州县、当兵与种田结合起来了，即兵由州县受田农民充当，兵民、兵农不再各成一个系统。胡人当兵、汉人耕织的时代，军镇与州县分治的时代过去了，这是北朝兵制上的一个很大的变化。

六、杨隋、李唐非出自六镇

北齐高氏出自怀朔镇，六镇军人为高氏所得，高齐由此建立。北周宇文氏出自武川镇。凡此旧史均有明文，毋庸置疑。或谓杨隋、李唐亦出自六镇，此种看法难以成立。先说杨隋。

《周书》卷十九《杨忠传》略云：

> 杨忠，弘农华阴人也，小名奴奴。高祖元寿，魏初为武川镇司马，因家于神武树颓焉。……父祯，以军功除建远将军。属魏末丧乱，避地中山。结义徒以讨鲜于修礼，遂死之。……（忠）年十八，客游泰山，会梁兵攻郡陷之，遂被执，至江左。在梁五年，从北海王颢入洛。……颢败，尔朱度律召为帐下统军。及尔朱兆以轻骑自并州入洛阳，忠时预焉。……从独孤信破梁下溠戍，平南阳，并有功。……（后）忠出武川，过故宅，祭先人。

杨忠之父死于中山，何以杨忠本人客游泰山？此疑与邢杲之乱有关。《魏书》卷十四《高凉王孤传》附《上党王天穆传》云：

初，杜洛周、鲜于修礼为寇，瀛、冀诸州人多避乱南向。幽州前北平府主簿河间邢杲拥率部曲，屯据鄚城，以拒洛周、葛荣，垂将三载。及广阳王深（渊）等败后，杲南度居青州北海界。灵太后诏流人所在皆置命属郡县，选豪右为守令以抚镇之。时青州刺史元世儁表置新安郡，以杲为太守，未报。会台申汰简授郡县，以杲从子子瑶资荫居前，乃授河间太守。杲深耻恨，于是遂反。所在流人先为土人凌忽，闻杲起逆，率来从之，旬朔之间，众逾十万。劫掠村坞，毒害民人，齐人号之为'蹹榆贼'。先是河南人常笑河北人好食榆叶，故因以号之。

疑杨忠在鲜于修礼破灭之后，随河北流民入青州，追随邢杲，因而得以"客游泰山"。《隋书》卷七十九《外戚传·高祖外家吕氏传》谓吕氏为齐人。其言略云：

> 高祖（文帝）外家吕氏，其族盖微，平齐之后，求访不知所在。至开皇初，济南郡上言有男子吕永吉，自称姑字苦桃，为杨忠妻。勘验知是舅子，始追赠外祖双周为……齐郡公……外祖母姚氏为齐敬公夫人。诏并改葬，于齐州立庙，置守冢十家。

吕苦桃为杨忠之妻，文帝之母。吕双周为杨忠的岳父，文帝的外祖父。从文帝母系来看，疑杨家本系山东杨氏。《杨忠传》谓杨忠"出武川，过故宅，祭先人"，是因为他的高祖杨元寿，魏初曾作武川镇司马，因家于神武树颓。吾人不能据此谓杨氏出于武川。

李唐曾自称其李氏源出陇西，曾家于武川。《册府元龟》卷一《帝王部帝系门》有云：

> 唐高祖神尧帝姓李氏，陇西狄道人。……李暠，是为凉武昭王。子歆……歆子重耳……生熙，起家金门镇将，后以良家子镇于武川，都督军戎百姓之务，终于位，因遂家焉。生天赐……（天赐）生太祖景皇帝

虎……（虎）生世祖元皇帝昞……高祖（李渊）即元皇帝之世子。

李氏是否出自陇西，姑且不论。李氏如出自武川，则从李熙起，应葬武川。然而，《唐会要》卷一《帝号上》云：

> 献祖宣皇帝讳熙，武德元年六月二十二日追尊为宣简公，咸亨五年八月十五日追尊宣皇帝，庙号献祖，葬建初陵。（在赵州昭陵（庆）县界，仪凤二年五月一日追封为建昌陵，开元二十八年七月十八日诏改为建初陵）
>
> 懿祖光皇帝讳天赐，武德元年六月二十二日追尊懿王，咸亨五年八月十五日追尊光皇帝，庙号懿祖，葬启运陵。（在赵州昭庆县界，仪凤二年三月一日追封为延光陵，开元二十八年七月十八日诏改为启运陵）

按《元和郡县图志》卷十七"赵州昭庆县"条说到昭庆二陵，其言略云：

> 本汉广阿县，属巨鹿郡。皇十三代祖宣皇帝建六（初）陵，高四丈，周回八十丈。皇十二代祖光皇帝启运陵，高四丈，周回六十步。二陵共茔，周回一百五十六步，在县西南二十里。

又河北省隆平县《唐光业寺碑》略云：

> 皇祖宣简公谨追上尊号，谥宣皇帝，皇祖妣夫人张氏谨追上尊号，谥宣庄皇后。皇祖懿王谨追上尊号，谥光皇帝，皇祖妣妃贾氏谨追上尊号，谥光懿皇后。词曰：维王桑梓，本际城池。

李熙、李天赐父子共茔而葬，光业寺碑颂词有"维王桑梓"之语，则李氏累代所葬之地，即其家世居住之地，绝无疑义。谓李唐出自武川，与李熙父子墓在昭庆及隆平光业寺碑"维王桑梓"之言均不合。

第十八篇　北齐的鲜卑化及西胡化

我国历史上的民族，如魏晋南北朝时期的民族，往往以文化来划分，而非以血统来划分。少数民族汉化了，便被视为"杂汉""汉儿""汉人"。反之，如果有汉人接受某少数民族文化，与之同化，便被视为某少数民族人。南北朝时期，北方便有汉人因为久居鲜卑地区，接受鲜卑的文化，与之同俗，不仅被人们目为鲜卑人，他们自己也把自己视作鲜卑人。在少数民族中间也是这样。某一少数民族人如果接受另外一个少数民族的文化、风俗习惯，与之同化，便被视为另一个民族的人，他的本民族反而隐蔽不显。我们说的北魏的鲜卑族便是一个很杂的民族。在研究北朝民族问题的时候，不应过多地去考虑血统的问题，而应注意"化"的问题。

一、北齐的鲜卑化

北齐最高统治者皇室高氏为汉人而鲜卑化者。首先可以注意高谧这个人物。《魏书》卷三十二《高湖传》附《高谧传》云：

> 显祖之御宁光宫也，谧恒侍讲读，拜兰台御史，寻转治书，掌摄内外，弹纠非法，当官而行，无所畏避，甚见称赏。延兴二年九月卒，年四十五。

《北齐书》卷一《神武纪上》略云：

> 湖生四子，第三子谧，仕魏位至侍御史，坐法徙居怀朔镇。谧生皇考树。……及神武生而皇妣韩氏殂，养于同产姊婿镇狱队尉景家。神武既累世北边，故习其俗，遂同鲜卑。……孝昌元年，柔玄镇人杜洛周反于上谷，神武乃与同志从之，丑其行事……遂奔葛荣，又亡归尔朱荣于秀容。

这两段史料记高欢父祖十分清晰，高欢的祖父高谧为北魏的治书侍御史，深得献文帝的信任。后因事坐法徙怀朔镇。曾祖父为高湖。或云此为冒认，然远祖可冒认，三代以内要冒认是不可能的。毫无疑问，高欢为高湖之后，籍贯为渤海蓨县，民族为汉人。说他是汉人，为就血统而言。

《北齐书·神武纪上》所说："神武既累世（高谧、高树、高欢三世）北边，故习其俗，遂同鲜卑。"这就是"化"的问题。高欢在血统上虽是汉人，在"化"上因为累世北边，已经是鲜卑化的人了。"化"比血统重要，鲜卑化人也就是鲜卑人。"化"指文化习俗而言。

高欢的妻子娄氏为鲜卑人。《北齐书》卷九《神武娄后传》略云：

> 神武明皇后娄氏讳昭君，赠司徒内干之女也。少明悟，强族多聘之，并不肯行。及见神武于城上执役，惊曰："此真吾夫也！"乃使婢通意，又数致私财，使以聘己，父母不得已而许焉。……太后寝疾……用巫媪言，改姓石氏。

《魏书》卷一百一十三《官氏志》"神元皇帝时余部诸姓内入者"有"匹娄氏，后改为娄氏"。娄昭君即匹娄昭君，就血统、文化论娄氏都是鲜卑人。

高齐皇室自认自己是鲜卑人，原因即在已经鲜卑化。《北齐书》卷二十四《杜弼传》云：

> 显祖（高洋）尝问弼云："治国当用何人？"对曰："鲜卑车马客，
> 会须用中国人。"显祖以为此言讥我。

高洋之所以"以为此言讥我"，是因为他自认为"鲜卑车马客"。

同书卷三十四《杨愔传》说杨愔死的时候，废帝高殷曾谓："岂敢惜此汉辈?!"也是自认为鲜卑人。

不仅皇室认为自己是鲜卑人，而且与皇室并不亲的如高德政、高隆之等人，虽然血统上为汉人，但亦自以为鲜卑人。《北齐书》卷九《文宣李后传》略云：

> 文宣皇后李氏讳祖娥，赵郡李希宗女也。容德甚美，初为太原公
> 夫人。及帝将建中宫，高隆之、高德政言："汉妇人不可为天下母，
> 宜更择美配。"杨愔固请依汉魏故事，不改元妃，而德正犹固请废后，
> 而立段昭仪，欲以结勋贵之援。帝竟不从，而立后焉。

同书卷三十《高德政传》云：

> 高德政，字士贞，渤海蓚人。父显，魏沧州刺史。

同书卷十八《高隆之传》略云：

> 高隆之，字延兴，本姓徐氏，云出自高平金乡，父干魏白水郡
> 守，为姑婿高氏所养，因从其姓。……隆之后有参议之功，高祖（高
> 欢）命为从弟，仍云渤海蓚人。

高德政、高隆之血统上都是汉人，但他们却反对高洋立李祖娥为后，说"汉妇人不可为天下母"。这是因为他们已经鲜卑化，自认为鲜卑人了。

北齐鲜卑化的风气极盛。鲜卑化贵族所反对的是汉人和汉化的胡人。

汉人如杨愔、李祖娥已如上述，兹再举汉化的胡人和士开、源师为例说明。

和士开，清都临漳人。"其先西域商胡，本姓素和氏"①。此人深得武成帝及后主的信任，后为琅邪王高俨所杀。高俨为后主弟，斛律光云："天子弟杀一汉，何所苦。"②是直认和士开为汉人。胡人汉化者即被认为是汉人，于此又得一例。

源师之源，为秃发氏所改。《魏书》卷四十一《源贺传》云：

> 源贺，自署河西王秃发傉檀之王子也。傉檀为乞伏炽盘所灭，贺自乐都来奔。……（世祖）谓贺曰："卿与朕源同，因事分姓，今可为源氏。"

由此可知源师血统上为鲜卑人。齐后主时，源师为尚书郎中，曾与高阿那肱谈"龙星见，须雩祭"，被高阿那肱骂为"汉儿强知星宿"③。民族以"化"分，不以血统分，这又是一例。

北齐统治者反对汉人的最大的事件，是齐后主因韩长鸾之言，对"汉儿文官"崔季舒等人的屠杀。韩长鸾名凤，是昌黎人，父韩永兴，做过青州刺史。韩长鸾自己做过都督，血统为汉人，可是鲜卑化了，自以为是鲜卑人。对于朝士十分仇视，经常骂"狗汉大不可耐，唯须杀却"④。后主要去晋阳，崔季舒"与从驾文官连名进谏"，韩长鸾上奏："汉儿文官连名总署，声云谏止向并，其实未必不反，宜加诛戮。"后主竟"即召已署表官人集含章殿，以季舒、张雕、刘逖、封孝琰、裴泽、郭遵等为首，并斩之殿庭"⑤。由此可见北齐的民族成见很深。这种民族成见以"化"分，非以血统分。其表现为占据统治地位的鲜卑化人，反对、排斥与杀害汉人

---

① [唐]李百药：《北齐书》卷五十《和士开传》，中华书局，1972年，第686页。
② [唐]李百药：《北齐书》卷十二《琅邪王俨传》，中华书局，1972年，第162页。
③ [唐]李百药：《北齐书》卷五十《高阿那肱传》，中华书局，1972年，第690页。
④ [唐]李百药：《北齐书》卷五十《韩凤传》，中华书局，1972年，第693页。
⑤ [唐]李百药：《北齐书》卷三十九《崔季舒传》，中华书局，1972年，第513页。

或汉化之人。北齐之所以会出现这样一种反常情况，是因为北齐的建立，依靠六镇军人。而六镇军人作为一个保持鲜卑化的武装集团，本是洛阳汉化文官集团的反对者。六镇起兵是对孝文帝汉化政策的反动。这种反动，在北齐的鲜卑化中，表现出来了。

二、北齐的西胡化

在北齐，西胡化的风气也很盛。所谓"西胡化"，是指那些鲜卑或鲜卑化贵族，沉溺于西域的歌舞、游戏与玩物中，甚至想做"龟兹国子"。北齐起用了大批西域胡人，专门从事游乐。按照"化"的原则，如果那些鲜卑贵族继续沉溺下去，将会为西胡所同化，变成西胡人或西胡化人。

《北齐书》卷五十《恩幸传》有云：

> 西域丑胡、龟兹杂伎，封王者接武，开府者比肩，非直独守弄臣，且复多干朝政。
>
> ⋯⋯⋯⋯
>
> 和士开，字彦通，清都临漳人也。其先西域商胡，本姓素和氏。⋯⋯天保初，世祖封长广王，辟士开开府参军。世祖性好握槊，士开善于此戏，由是遂有斯举。⋯⋯又能弹胡琵琶，因此亲狎。⋯⋯世祖践祚，累除侍中，加开府。⋯⋯武平元年，封淮阳王，除尚书令、录尚书事。⋯⋯世祖时，恒令士开与太后握槊，又出入卧内，无复期依，遂与太后为乱。
>
> ⋯⋯⋯⋯
>
> （韩凤）与高阿那肱、穆提婆共处衡轴，号曰三贵。⋯⋯寿阳陷没，凤与穆提婆闻告败，握槊不辍，曰："他家物，从他去。"后帝使于黎阳临河筑城戍，曰："急时且守此作龟兹国子，更可怜人生如寄，唯当行乐，何因愁为？"君臣应和若此。
>
> ⋯⋯⋯⋯

（齐主）犹以波斯狗为仪同、郡君，分其干禄。……又有何海及子洪珍，皆为王，尤为亲要。洪珍侮弄权势，鬻狱卖官。又有史丑多之徒胡小儿等数十，咸能舞工歌，亦至仪同、开府，封王。……胡小儿等眼鼻深崄，一无可用，非理爱好，排突朝贵，尤为人士之所疾恶。

据此可知北齐朝廷西域胡人之多。胡小儿能以工于歌舞封王，波斯狗也能受封为仪同郡君，说明北齐鲜卑贵人爱好西胡习俗到了何种程度！鲜卑贵人包括武成帝皇后胡氏在内，都喜爱握槊。这是一种什么游戏呢？《资治通鉴》卷第一百五十七梁武帝大同三年（537）九月"（高）敖曹与北豫州刺史郑严祖握槊"句下胡注云：

握槊，亦博塞之戏也。刘禹锡《观博》曰："初主人执握槊之器，寘于庑下，曰：主进者要约之。既揖让，即次。有博齿，齿异乎古之齿，其制用骨，觚棱四均，镂以朱墨，耦而合数，取应日月，视其转止，依以争道。是制也，行之久矣，莫详所祖，以其用必投掷，以博投诏之。"又尔朱世隆与元世隽握槊，忽闻局上谹然有声，一局子尽倒立，世隆甚恶之，既而及祸。李延寿曰：握槊，此盖胡戏，近入中国，云胡王有弟一人，遇罪，将杀之，从狱中为此戏上之，意言孤则易死也。

可知握槊不过是一种胡戏，可惊的是北齐鲜卑贵人如胡后、韩长鸾陷溺之深。韩长鸾且欲作"龟兹国子"。此事《资治通鉴》言之更详，其言云：

齐穆提婆、韩长鸾闻寿阳陷，握槊不辍，曰："本是彼物，从彼取去。"齐主闻之，颇以为忧。提婆等曰："假使国家尽失，黄河以南，犹可作一龟兹国。更可怜人生如寄，唯当行乐，何用愁为！"左右嬖臣因共赞和之，帝即大喜，酣饮鼓舞，仍使于黎阳临河筑城戍。①

所谓"黄河以南，犹可作一龟兹国……唯当行乐"，据此，就不是韩长鸾、穆提婆等少数人的思想，连齐后主及左右嬖臣也无不作此等想法。由此才有于黎阳临河筑城戍之举。此举是真欲划河作龟兹国，一以自保，二以与韩、穆、何海、何洪珍、胡小儿、波斯狗等及时行乐。这些鲜卑贵人最反对汉化，却最热心西胡化。

北齐的西胡化要有条件，首先是要有西胡人。北齐的西胡人从何而来呢？考《洛阳伽蓝记》卷三城南永桥以南，圜丘以北，伊洛之间，夹御道有四夷馆条云：

> 西夷来附者，处崦嵫馆，赐宅慕义里。自葱岭已西至于大秦，百国千城，莫不欢附，商胡贩客，日奔塞下，所谓尽天地之区已，乐中国之土风，因而宅者，不可胜数。是以附化之民，万有余家，门巷修整，阊阖填列，青槐荫陌，绿柳垂庭，天下难得之货，咸悉在焉。

由此可见自孝文帝迁都洛阳以来，北魏洛阳西胡众多。北齐的西胡也就是他们的子孙。像和士开，其先即西域胡商，本姓素和氏。父名安，魏末做过中书舍人、仪州刺史②。魏亡后，这众多的西胡，都归入北齐政权之下。他们不仅影响到北齐的历史，而且影响到隋唐的历史。

---

① [宋]司马光编著，[元]胡三省音注：《资治通鉴》卷第一百七十一陈宣帝太建五年（573）九月条，中华书局，1956年，第5329页。

② [唐]李百药：《北齐书》卷五十《和士开传》，中华书局，1972年，第686页。

第十九篇　宇文氏之府兵及关陇集团
（附乡兵）

一、北周统治者宇文氏之由来

《周书》卷一《文帝纪上》记宇文氏的由来及宇文泰的家世、经历略云：

> 太祖文皇帝姓宇文氏，讳泰，字黑獭，代武川人也。其先出自炎帝神农氏。……九世至侯豆归，为慕容晃所灭。其子陵……率甲骑五百归魏。……天兴初，徙豪杰于代都，陵随例迁武川焉。陵生系，系生韬……韬生肱。……正光末，沃野镇人破六汗拔陵作乱，远近多应之，其伪署王卫可孤徒党最盛，肱乃纠合乡里斩可孤，其众乃散。后避地中山。遂陷于鲜于修礼。修礼令肱还统其部众，后为定州军所破，殁于阵。……太祖（宇文泰）……少随德皇帝（宇文肱）在鲜于修礼军，及葛荣杀修礼……荣遂任以将帅。……会尔朱荣擒葛荣，定河北，太祖随例迁晋阳。……荣遣贺拔岳讨（元）颢……太祖与岳有旧，乃以别将从岳。……万俟丑奴作乱关右，孝庄帝遣尔朱天光及（贺拔）岳等讨之，太祖遂从岳入关。

《元和姓纂》卷六上声九麌韵宇文下记宇文之所从出及其含义云：

本辽东南单于之后……或云以远系炎帝神农，有尝草之功，俗呼草为俟汾，音转为宇文。

《隋书》卷六十一《宇文述传》记武川与宇文氏云：

代郡武川人也。本姓破野头，役属鲜卑俟（侯）豆归，后从其主为宇文氏。

《周书》卷十一《晋荡公护传》记有宇文护母（宇文泰嫂）给宇文护写的一封信，信中提及六镇起兵后，宇文氏经历，所云与《周书·文帝纪上》一致。其言云：

昔在武川镇生汝兄弟。……鲜于修礼起日，吾之阖家大小，先在博陵郡住。相将欲向左入城，行至唐河之北，被定州官军打败。汝祖（宇文肱）及二叔时俱战亡。……汝叔（宇文泰）将兵邀截，吾及汝等，还得向营。汝时年十二，共吾并乘马随军，可不记此事缘由也？于后，吾共汝在受阳住。（《魏书》卷一百六上《地形志上》并州太原郡有受阳县）……其后尔朱天柱亡岁，贺拔阿斗泥（贺拔岳，字阿斗泥）在关西，遣人迎家累。时汝叔（宇文泰）亦遣奴来富迎汝及（贺兰）盛洛等。

据此可知：一，宇文氏本辽东匈奴南单于之后，宇文为俟汾的音转，有"草"意。然而宇文氏所居的辽东之地，乃鲜卑之地。宇文之先有葛乌菟者，"鲜卑慕之，奉以为主"[1]。后代鲜卑化了，故《隋书·宇文述传》谓宇文俟（侯）豆归为鲜卑。宇文俟豆归为宇文泰的九世祖。二，宇文俟豆

---

① [唐]令狐德棻等:《周书》卷一《文帝纪上》,中华书局,1971年,第1页。

归之子宇文陵"率甲骑五百归魏",道武帝天兴初"徙豪杰于代都,陵随例迁武川"。从此以后,宇文氏即屡世在武川镇居住,职业为军人。三,六镇起兵之初,宇文肱曾纠合乡里,斩破六汗拔陵所署王卫可孤,后乃流移中山。从宇文护母亲的信中,可知宇文氏家族都到了中山。由此追随鲜于修礼与葛荣。葛荣失败,宇文氏随六镇军人一起,被迁往晋阳。宇文护的母亲说她与宇文护在受阳住,受阳、晋阳均属于太原郡。《文帝纪上》所谓"随例迁晋阳",当是以晋阳为重镇,包举旁县而言。宇文泰之所以能到关中去,是由于贺拔岳的关系。孝庄帝派尔朱天光和贺拔岳西征万俟丑奴,宇文泰随贺拔岳入关。以此,宇文泰得以在关中崛起。

二、东西魏的形势,府兵制的创立

六镇军人主要为高欢所得,宇文泰底下"军士多是关西之人"[1]。从高欢与宇文泰之间的战争来看,西魏宇文泰弱于东魏高欢。对宇文泰来说,如果不建立一支新的军队,是难以与高欢争衡于中原的。

《北齐书》卷二十四《杜弼传》记宇文泰曾招诱过六镇军人。其言云:

> 弼以文武在位,罕有廉洁,言之于高祖(高欢)。高祖曰:"弼来,我语尔,天下浊乱,习俗已久,今督将家属多在关西,黑獭常相招诱,人情去留未定,江东复有一吴儿老翁萧衍者,专事衣冠礼乐,中原士大夫望之,以为正朔所在。我若急作法网,不相饶借,恐督将尽投黑獭,士子悉奔萧衍,则人物流散,何以为国?尔宜少待,吾不忘之。"

这确实是高欢面临的问题。可是宇文泰利用家属招诱高欢督将的计谋,并未奏效。在战争中,宇文泰虽有胜利之时,但基本上处于劣势。《周书》

---

① [唐]令狐德棻等:《周书》卷一《文帝纪上》,中华书局,1971年,第6页。

卷二《文帝纪下》记沙苑等战役云:

> (大统三年)冬十月壬辰,至沙苑,距齐神武(高欢)军六十余
> 里……遂进军至渭曲,背水东西为阵……大破之。……齐神武夜遁,
> 追至河上。……前后虏其卒七万,留其甲士二万……还军渭南。……
> (大统四年)八月庚寅,太祖至谷城,莫多娄贷文、可朱浑元来逆,
> 临阵斩贷文,元单骑遁免,悉虏其众送弘农。……及旦,太祖率轻骑
> 追之,至于河上。……大捷,斩高敖曹……虏其甲士一万五千。

这可说是很大的胜利,可是《文帝纪下》续云:

> 是日置阵既大,首尾悬远。……独孤信、李远居右,赵贵、怡峰
> 居左,战并不利。……开府李虎、念贤等为后军,遇信等退,即与俱
> 还。由是乃班师,洛阳亦失守。

此即芒山之役,先胜后败。此役失利,影响不小。紧接"洛阳亦失守",
《文帝纪下》续云:

> 大军至弘农,守将皆已弃城西走,所虏降卒在弘农者,因相与闭
> 门拒守。进攻,拔之。……大军之东伐也,关中留守兵少,而前后所
> 虏东魏士卒,皆散在民间,乃谋为乱。及李虎等至长安,计无所出,
> 乃与公卿辅魏太子出次渭北,关中大震恐,百姓相剽劫,于是沙苑所
> 俘军人赵青雀、雍州民于伏德等遂反。……魏帝留止阌乡,遣太祖讨
> 之……关中于是乃定。

由此可见大统四年(538)芒山之败,对西魏震动之大。《文帝纪下》
续云:

（大统九年）太祖以邙山之战，诸将失律，上表请自贬。魏帝报曰："……宜抑此谦光，恤予一人。"于是广募关陇豪右以增军旅。

这是大统九年（543）的邙山之败。大统九年是建立府兵制的后一年。从中可以看到建立府兵制及广募关陇豪杰以增军旅，与邙山之战的关系。

关于府兵制的建立，《北史》卷五《魏本纪·文帝纪》云：

（大统）八年春三月，初置六军。

又《文献通考》卷一百五十一《兵考三·兵志》云：

周太祖辅西魏时，用苏绰言，始仿周典，置六军。

《周书》卷十六传末云：

初，魏孝庄帝以尔朱荣有翊戴之功，拜荣柱国大将军，位在丞相上。荣败后，此官遂废。大统三年，魏文帝复以太祖建中兴之业，始命为之。其后功参佐命，望实俱重者，亦居此职。自大统十六年以前，任者凡有八人。太祖位总百揆，督中外军。魏广陵王欣，元氏懿戚，从容禁闱而已。此外六人，各督二大将军，分掌禁旅，当爪牙御侮之寄。当时荣盛，莫与为比。故今之称门阀者，咸推八柱国家云。（柱国大将军八人是：宇文泰、元欣、李虎、李弼、独孤信、赵贵、于谨、侯莫陈崇）

所谓"六军"，即指六柱国大将军所领之军。在大统十六年（550）以前，柱国大将军名义上有八个，实际上为六个。宇文泰"位总百揆，督中外军"；元欣以"元氏懿戚，从容禁闱而已"。始建府兵，所以设八柱国，是仿照鲜卑八部、八国之制。而六军则是依据周官之文。

《北史》卷六十传末写到府兵的组织与性质。其言云：

> （柱国大将军六人，各督二大将军）每大将军督二开府，凡为二十四员，分团统领，是二十四军。每一团，仪同二人。自相督率，不编户贯。都十二大将军。十五日上，则门栏陛戟，警昼巡夜；十五日下，则教旗习战。无他赋役。每兵唯办弓刀一具，月简阅之。甲槊戈弩，并资官给。

《玉海》卷一百三十八《兵制三》引《邺侯家传》及《文献通考》卷一百五十一《兵考三·兵志》写到府兵的成分。《邺侯家传》云："初置府兵，皆于六户中等以上家有三丁者，选材力一人，免其身租庸调。"《文献通考》云："籍六等之民，择魁健材力之士以为之首，尽蠲租调。"所谓"六户中等已上""六等之民"，即中下户以上六等。在它们中间选择府兵，与大统九年（543）广募关陇豪右以增军旅一致。

尤可注意者，府兵并非只是一个军事团体，《周书》卷三《孝闵帝纪》（《北史》卷九《周本纪上》同）云：

> 今二十四军宜举贤良堪治民者，军列九人。

可见府兵二十四军有选举治民官吏之权。

概而言之，从仿照鲜卑八部（八国）之制设八柱国看，从分团统领，自相督率，不编户贯看，从广募关陇豪右，籍六等之民为府兵看，从府兵有选择官吏之权看，府兵制初建，是鲜卑兵制，是部酋分属制，是兵农分离制，是特殊贵族制。此制之创立，实以鲜卑旧俗为依归，所以要比附周官之文，不过是笼络他部下的汉人而已。

三、关陇本位政策与关陇集团的形成

（一）关陇物质本位政策（关于府兵与乡兵）

宇文泰和高欢都是承六镇鲜卑化集团反对魏孝文帝汉化政策而兴起的人物。只是宇文泰所凭借的人才、地利，远在高欢之下。如果要与高欢抗争，一则须随顺当时鲜卑反对汉化的潮流，二则要有异于高齐的鲜卑化、西胡化，采取汉化的政策。而这种汉化，又须有异于高氏治下洛阳、邺都及萧氏治下建康、江陵的二文化系统。宇文泰的办法是：使苏绰、卢辩之徒以周官之文比附鲜卑部落旧制，建立府兵制度；广募关陇豪右、籍六等之民以增军旅；改易西迁关陇地区的山东人的郡望为关内郡望；府兵将领（及其士卒）改从鲜卑姓，并使之与土地结合。宇文泰比附周官之文，是把自己与鲜卑化的东魏和继承汉、魏、晋的梁朝都区别开来；宇文泰以鲜卑部落旧制为依归，建立有贵族性质的府兵制，改易府兵将领的郡望与姓氏，并使之与土地结合，是要建立起一个足以与东魏、梁朝相抗衡的强有力的关陇集团。

建立府兵，改易府兵将领的郡望与姓氏，并命府兵军士改从其将领之姓，是宇文泰关中物质本位政策的重要表现之一，也是关陇集团得以形成的重要条件之一，下面加以申述。

关于改郡望。《隋书》卷三十三《经籍志》史部谱系篇序云：

> 后魏迁洛，有八氏十姓，咸出帝族；又有三十六族，则诸国之从魏者；九十二姓世为部落大人者，并为河南洛阳人。其中国士人，则第其门阀，有四海大姓、郡姓、州姓、县姓。及周太祖入关，诸姓子孙有功者，并令为其宗长，仍撰谱录，纪其所承。又以关内诸州为其本望。

又《周书》卷四《明帝纪》(《北史》卷九《周本纪上》同)云：

> （二年三月）庚申诏曰："三十六国九十九姓，自魏氏南徙，皆称河南之民。今周室既都关中，宜改称京兆人。"

这是两次更改郡望，第一次是以关内诸州为入关鲜卑及中国士人的本望，事在周文帝宇文泰时；第二次是改称京兆人，事在周明帝时。

在这两次更改郡望之间，在魏恭帝元年（554），宇文泰曾改府兵诸将的姓为鲜卑姓，诸将所统军人也改从将领所改之姓。《周书》卷二《文帝纪下》魏恭帝元年（554）记此事云：

> 魏氏之初，统国三十六，大姓九十九，后多绝灭。至是以诸将功高者为三十六国后，次功者为九十九姓后，所统军人，亦改从其姓。（《资治通鉴》卷第一百六十五梁元帝承圣三年，"所统军人"作"所将士卒"）

改姓完全根据功高与功低，并非一姓改一姓。如杨忠为普六茹氏，杨绍为叱利氏，杨纂为莫胡卢氏；李弼为徒何氏，李虎为大野氏；王雄为可频氏，王勇为库汗氏。也有原非同姓而改为同姓者，如改大野氏的，既有李虎，又有阎庆。这是给中原故家易赐蕃姓。

至于"所统军人（所将士卒），亦改从其姓"，也可找到实例。《隋书》卷四十一《高颎传》云：

> 自云渤海蓚人也。父宾，背齐归周，大司马独孤信引为僚佐，赐姓独孤氏。

同书卷五十五《独孤楷传》云：

　　本姓李氏，父屯，从齐神武帝与周师战于沙苑，齐师败绩，因为柱国独孤信所禽，配为士伍，给使信家，渐得亲近，因赐姓独孤氏。

高宾为独孤信僚佐，李屯为独孤信士伍，均改姓独孤氏，即改从主将之姓。

　　改姓包括鲜卑人与汉人。鲜卑人是改回去，如刘氏复为独孤氏。汉人是将汉姓改为鲜卑姓。所改姓氏根据鲜卑"统国三十六，大姓九十九"，一共应为一百三十五姓。据此来看周明帝二年（558）更改"三十六国、九十九姓"的郡望，即一律改称京兆人，就不仅止是鲜卑人，而且包括改为三十六国、九十九姓之后的汉人在内。

　　按：陈寅恪老师在《唐代政治史述论稿》上篇中，以为《隋志》改郡望之文，"自'其中国士人'至'又以关内诸州为其本望'止一节，实专指汉人而言"。《周书》《北史》周明帝二年三月庚申诏"指胡人而言"。（按《述论稿》出版于一九四四年，上述系据一九四七年听课笔记）

　　宇文泰更改府兵将士的郡望与姓氏，是要使他所带来的山东人与关内人混而为一，使汉人与鲜卑人混而为一，组成一支籍隶关中、职业为军人、民族为胡人、组织为部落式的强大的军队，以与东魏、梁朝争夺天下。这就在关中地区形成了一个集团———关陇集团。这个集团是一个统治集团。

　　然而，单是改郡望与姓氏，并不能使这个集团巩固并持续下去。为使这个集团扎根于关中，宇文泰、苏绰使府兵将领与关中土地发生了关系。府兵将领都有赐田与乡兵，他们既是府兵将领，又是关中豪族。将领与关陇豪族的混而为一，使这个集团在关中生了根。下面谈一下赐田与乡兵的问题。

　　《周书》卷三十六《裴果传》略云：

及齐神武败于沙苑，果乃率其宗党归阙。太祖（宇文泰）嘉之，赐田宅、奴婢、牛马、衣服、什物等。……以功加大都督。

同书卷十八《王思政传》略云：

尝被赐园地（《太平御览》卷第二百七十六，"地"作"池"），思政出征后，家人种桑果。

同书卷十六传末有云：

自大统十六年以前，十二大将军外，念贤及王思政亦作大将军。然贤作牧陇右，思政出镇河南，并不在领兵之限。

这只是举两个例子，其实每一个府兵将领都有他的赐田。

乡兵最初指部曲、奴隶。《周书》卷十九《宇文贵传》写到"元颢入洛，贵率乡兵从尔朱荣焚河桥"。这里所谓乡兵，恐即宇文贵的佃户、家奴。府兵将领既有赐田，也就一定有佃客、家奴。西魏每用奴婢来作赏赐，于谨征梁还，宇文泰"亲至其第，宴语极欢。赏谨奴婢一千口"[1]。前引《裴果传》，宇文泰除赏赐给他田宅之外，亦赏赐给他奴婢。用于耕田，是佃客奴隶；用于打仗，又是部曲。乡兵的意义后来有扩大，但是乡兵的最初含义、乡兵的核心力量，无疑是豪族私人的部曲家兵。

府兵为中央军队，乡兵为豪族的私军，府兵与乡兵为两个系统。

下举《周书》有关乡兵的史料，以明乡兵与府兵二十四军，实为两个系统。

《周书》卷二十三《苏绰传》附弟《椿传》云：

---

① ［唐］令狐德棻等：《周书》卷十五《于谨传》，中华书局，1974年，第248页。

（大统）十四年，置当州乡帅。自非乡望，允当众心，不得预焉。（太祖）乃令驿追椿，领乡兵。其年……加大都督。

大统十四年（548）是建立府兵制（大统八年）后的第六年，此年"置当州乡帅"，领乡兵，可表明乡兵为府兵之外的一个军事系统。即在十四年，苏椿因破槃头氏有功，加大都督。表明他既是乡帅，又是一个府兵将领。

同书卷三十二《柳敏传》云：

加帅都督，领本乡兵。俄进大都督。

柳敏是以府兵将领帅都督的身份为乡帅，领本乡兵。同书卷三十三《王悦传》略云：

太祖初定关陇，悦率募乡里从军。……东魏将侯景攻围洛阳，太祖赴援，悦又率乡里千余人从军。……又领所部兵从达奚武征梁、汉。……及梁州平，太祖即以悦行刺史事。……魏废帝二年征还本任，属改行台为中外府……以仪同领兵还乡里。

由此传可看出乡兵的私有性质。王悦"率募乡里从军"，打侯景，征梁、汉，所率都是本部乡兵。后来"以仪同领兵还乡里"。仪同是府兵将领名称，所谓"领兵还乡里"，是说此兵本为王悦率募的乡兵，不属于府兵范围，故可以还乡里。这种兵实际上是王悦的私人的军队。

同书卷三十五《裴侠传》云：

大统三年，领乡兵从战沙苑，先锋陷阵。

这是裴侠的私军。

同书卷三十七《郭彦传》云：

> 大统十二年，初选当州首望，统领乡兵，除帅都督。

同书卷三十九《韦瑱传》云：

> 征拜鸿胪卿，以望族兼领乡兵，加帅都督。

这里说得很明白，乡兵是"兼领"。之所以兼领，是因为郭彦、韦瑱皆为望族或州望。加帅都督是别领府兵。

同书卷四十三《魏玄传》云：

> 及魏孝武西迁，东魏北徙，人情骚动，各怀去就。玄遂率募乡曲，立义于关南。……每率乡兵，抗拒东魏。

魏玄所率抗拒东魏的兵，是他自己的乡曲，非府兵。

同书卷四十四《泉企传》略云：

> 泉企，字思道，上洛丰阳人也。世雄商洛。……萧宝夤反，遣其党郭子恢袭据潼关。企率乡兵三千人拒之。……齐神武率众至潼关，企遣其子元礼督乡里五千人，北出大谷以御之。（后元礼）遂率乡人袭（洛）州城，斩（东魏刺史杜）窋。

泉企、泉元礼两代人率乡兵、乡里、乡人打仗，表明乡兵可以世袭。之所以能够世袭，是由乡兵的私有性质决定。

同书卷四十四《任果传》云：

> 太祖以益州未下，复令果乘传归南安，率乡兵二千人，从（尉

迟）迥征蜀。

任果已做府兵大都督，宇文泰以益州未下，叫他回南安领乡兵从尉迟迥征蜀。南安为任果的故乡，叫他去率南安乡兵从征，也就是叫他去率私军从征。

凡此皆可说明乡兵和府兵的不同。乡兵是地方豪族的部曲。宇文泰使府兵将领与土地发生联系，把府兵将领都变成了关陇地区的豪族。府兵将领豪族化，有土地，有部曲（乡兵），是关陇集团变得牢不可去的关键所在。

《旧唐书》卷五十八《柴绍传》附《平阳公主传》略云：

> 高祖第三女也，太穆皇后所生。义兵将起，公主与绍并在长安，遣使密召之。……绍即间行赴太原。公主乃归鄠县庄所，遂散家资，招引山中亡命，得数百人，起兵以应高祖。时有胡贼何潘仁聚众于司竹园，自称总管，未有所属。公主遣家僮马三宝说以利害，潘仁攻鄠县，陷之。三宝又说群盗李仲文、向善志、丘师利等，各率众数千人来会。……及义军渡河……公主引精兵万余与太宗军会于渭北。

同书卷二《太宗纪上》略云：

> 高祖第二子也。……隋开皇十八年十二月戊午，生于武功之别馆。

平阳公主在鄠县既有庄所，也就有佃户、奴婢（如马三宝）。此种佃奴也就是她的部曲。她所招引的何潘仁等人，都是她的乡曲。唐取关中，进展迅速，平阳公主的接应，是一个重要的原因。须知李氏从西魏大将军李虎起，已变成关中豪族，拥有自己的田庄与部曲。平阳公主在鄠县的庄所与家僮反映了这个情况。唐太宗李世民的出生地武功似为唐室所依托之地。

武功在渭北，渭北为李世民与平阳公主会师之地。唐室为关陇集团最后一个代表，宇文泰将带来的人与新地区发生密切关系，变成豪族，形成集团，至唐可以看得很清楚。

（二）关陇文化本位政策（关于行周礼）

宇文泰的关陇本位政策的另一个表现，是关陇文化本位政策。宇文泰为了对抗高氏与萧梁，必应别有一个精神上独立的、自成系统的文化政策，以维系关陇地区胡汉诸族的人心，使之成为一家，从思想文化上巩固关陇集团。

宇文泰的关陇文化本位政策，要言之，即阳傅《周礼》经典制度之文，阴适关陇胡汉现状之实。内容是上拟周官的古制。但终是出于一时的权宜之计，以故创制未久，子孙已不能奉行。兹略作诠释。

《周书》卷二《文帝纪》（《北史》卷九《周本纪》同）略云：

> （魏恭帝）三年春正月丁丑初行《周礼》，建六官。……初，太祖以汉魏官繁，思革前弊，大统中，乃命苏绰、卢辩依周制改创其事，寻亦置六卿官，然为撰次未成，众务犹归台阁，至是始毕，乃命行之。

《北史》卷五《魏本纪》云：

> （大统十四年）五月以安定公宇文泰为太师，广陵王欣为太傅，太尉李弼为大宗伯，前太尉赵贵为大司寇，以司空于谨为大司空。

《资治通鉴》卷第一百六十一梁太清二年（548）五月载此事，胡注云：

> 宇文相魏，仿成周之制建官。

按《北史》《资治通鉴》所云，即《周书》卷二《文帝纪》所谓大统中置六卿官。

《周书》卷二十四《卢辩传》(《北史》卷三十《卢同传》附《辩传》略同)又云：

> 卢辩，字景宣，范阳涿人，累世儒学。……初太祖欲行周官，命苏绰专掌其事，未几而绰卒，乃令辩成之。于是依《周礼》建六官，置公、卿、大夫、士，并撰次朝仪、车服、器用，多依古礼，革汉魏之法，事并施行。……辩所述六官，太祖以魏恭帝三年始命行之。自兹厥后，世有损益。……于时虽行周礼，其内外众职又兼用秦汉等官，今略举其名号及命数附之于左……：
>
> 柱国大将军、大将军。
>
> 右正九命。
>
> 骠骑、车骑等大将军、开府仪同三司、雍州牧。
>
> 右正九命。
>
> 骠骑、车骑等将军、左右光禄大夫、户三万以上州刺史。
>
> 右正八命。
>
> (下略)

《隋书》卷二十七《百官志》略云：

> 周太祖初据关内，官名未改魏号，乃方隅粗定，改创章程，命尚书卢辩远师周之建职，置三公、三孤以为论道之官，次置六卿以分司庶务。……制度既毕，太祖以魏恭帝三年始命行之。

观上所引，可知宇文泰模仿成周，创建官制的梗概始末。《周礼》一书的真伪及著作年代，古今论者甚多，大致为儒家依据旧资料加以系统理想化，欲行托古改制之作。自西汉以来，模仿《周礼》建设制度的，有王

莽、周文帝、武则天、宋神宗四人。王莽、武则天、宋神宗受到后人讥
笑，独宇文泰之制，则甚为前代史家所称道，至今日论史者尚复如此。其
原因在于宇文泰、苏绰等人并非拘泥于周官的旧文，而为利用周官的名
号，以适应鼎立时期关陇胡汉的特殊需要。故能收到模仿的功效，少见滞
格不通的弊病。

宇文泰、苏绰不拘泥于周官的旧制，从西魏的地方官制和官吏的选举
制可看得非常清楚。宇文泰虽然仿效《周礼》以建六官，可是地方政治仍
然采用郡县之制，不搞成周的封建制度。特别是选举制，据《周书》卷二
十三《苏绰传》(《北史》卷六十三《苏绰传》同)云：

> 又为六条诏书奏施行之。……其四擢贤良，曰："……今刺史守
> 令悉有僚吏，皆佐治之人也。刺史府官则命于天朝，其州吏以下并牧
> 守自置，自昔以来，州郡大吏但取门资……夫门资者乃先世之爵禄，
> 无妨子孙之愚瞽；……今之选举者当不限资荫，唯在得人。苟得其
> 人，自可起厮养而为卿相，伊尹、傅说是也，而况州郡之职乎？苟非
> 其人，则丹朱、商均虽帝王之胤，不能守百里之封，而况公卿之
> 胄乎？"

北朝自北魏孝文帝以来，选举只据门资。苏绰的不尚门资之论，不仅与成
周的封建制度毫无共同之处，而且与魏晋以来的九品中正制度也大相
径庭。

至于苏绰作《大诰》，据《周书》卷二十三《苏绰传》(《北史》卷六
十三《苏绰传》同)云：

> 自有晋之季，文章竞为浮华，遂成风俗，太祖欲革其弊，因魏帝
> 祭庙，群臣毕至，乃命绰为大诰，奏行之。……自是之后，文笔皆依
> 此体。

但一检《周书》卷四《明帝纪》所载武成元年（559）后的诏书，就不是皆依苏绰《大诰》之体，而是渐同晋后之文。可知《大诰》不过是一种模仿《周诰》，矫枉过正的伪体。一传之后，周室君臣即已不复遵用。《明帝纪》载有明帝"幸同州，过故宅"，所赋的诗一首，诗云：

> 玉烛调秋气，金舆历旧宫。还如过白水，更似入新丰。霜潭渍晚菊，寒井落疏桐。举杯延故老，令闻歌大风。

这种体裁与南朝羁旅之臣庾信、王褒的诗歌相似，与《大诰》则相距何止十万八千里。

总之，除推行关陇物质本位政策如府兵制之外，宇文泰还需要一种独立于东魏及萧梁之外的关陇文化本位政策，以维系胡汉各族的人心。关中为姬周的旧土，宇文泰自然想到周官。他采用周官古制，用心只在维系人心，巩固关陇集团，而不是像王莽一样，事事仿古，拟古。就整个关陇本位政策而言，物质是主要的，文化是配合的。

四、周武帝、隋文帝对府兵制度的改革

周武帝对府兵制度作过一些改变。《周书》卷五《武帝纪上》云：

> （建德三年）十二月戊子，大会卫官及军人以上，赐钱帛各有差。辛卯……诏荆、襄、安、延、夏五州总管内，有能率其从军者，授官各有差。其贫下户给复三年。丙申，改诸军军士并为侍官。

《隋书》卷二十四《食货志》又云：

> 建德二年，（应依《周书》卷五《武帝纪上》作"三年"）改军士为侍官。募百姓充之，除其县籍，是后夏人半为兵矣。

周武帝改军士为侍官，即变更府兵的部属观念，使府兵直隶于君主。这是涮洗鲜卑部落思想最有意义的措施，不可以为只是改易空名而加以忽视。又最初府兵制下的将卒都是胡姓，即同胡人。有军籍为胡人，有州县籍为夏人。周武帝"募百姓充之，除其县籍"，即募夏人充之，变夏人为军人，亦即变为胡人。"是后夏人半为兵矣"，反映了府兵的扩大化，即平民化。然而，经过周武帝作了改变以后的府兵，仍然是兵农分离的。兵是兵，民是民。兵属军府，籍在军府；民属州县，籍在州县。兵为职业军人，民则从事农桑。又因兵从胡姓，兵民或兵农之分，仍然是胡汉之分。

《资治通鉴》卷第一百六十八陈文帝天嘉二年（561）（周武帝保定元年）三月胡三省注释"改八丁兵为十二丁兵"，谓"八丁兵者，凡境内民丁分为八番，递上就役。十二兵丁者，分为十二番，月上就役，周而复始"，绝不及一"兵"字。胡意大概以为其时兵民全无区别。但既称"丁兵"，当为丁、兵两类，否则，自可依隋制，但云役丁为八番或十二番。《隋书·食货志》称保定元年（561）后的周制为"十二丁兵"，称隋制为"役丁为十二番"，便已作了区别。周是丁、兵各役十二番，隋则但役丁为十二番。周所以要提丁兵，原因即在兵民的分离。

关于隋文帝对府兵制度的改革，《隋书》卷二《高祖纪下》有云：

（开皇十年）五月乙未诏曰："魏末丧乱，宇县瓜分，役车岁动，未遑休息，兵士军人，权置坊府，（《通鉴》卷第一百七十七隋文帝开皇十年胡注云："元魏之季，兵制有六坊，后齐因之，亦曰六府。"）南征北伐，居处无定，家无完堵，地罕包桑，恒为流寓之人，竟无乡里之号。朕甚愍之。凡是军人，可悉属州县，垦田籍帐，一与民同，军府统领，宜依旧式。罢山东、河南及北方缘边之地新置军府。"六月辛酉，制人年五十免役收庸。

按《隋书》卷二十四《食货志》云隋文帝代周，"其丁男、中男、永业、露田皆遵后齐之制"。前篇语及北齐武成帝河清三年（564）定令"率以十八受田，输租调，二十充兵，六十免力役，六十六退田，免租调"，其制已开兵民或兵农合一之端。今隋朝丁男、中男、永业、露田既皆遵北齐之制，则兵民至隋事实上已无可别。故在服役问题上，《食货志》但云"仍依周制役丁为十二番"，而不再云"丁兵"。开皇十年（590）的五月乙未诏，只是给予事实上已经出现的兵民合一或兵农合一制，以法令上的承认而已。此令使军人悉属州县，已大反西魏初创府兵时，"自相督率，不编户贯"即兵民分立之制。"垦田籍帐，一与民同"之语，与《北史》所载府兵初起之制，兵士绝对无暇业农，也迥然有异。唐代府兵的基本条件，即兵民合一，实已完成于隋文帝之世。

隋文帝对府兵的另一个改变是：当他尚未代周但已掌握政权的时候，下令恢复府兵的汉姓。《周书》卷八《静帝纪》大象二年（580）十二月癸亥诏略云：

> 《诗》称"不如同姓"，《传》曰"异姓为后"。盖明辩亲疏，皎然不杂。太祖受命……多所改作……文武群官，赐姓者众，本殊国邑，实乖胙土。……故君临区宇，累世于兹，不可仍遵谦抱之旨，久行权宜之制。诸改姓者，悉宜复旧。

府兵将卒改从胡姓，便变成胡人；恢复汉姓，便仍为汉人。复姓，表明汉化的主流，终究战胜了鲜卑化的逆流。复姓，表明府兵不再是一支胡人的军队，而是一支名实相符的汉人或夏人的军队。军与民的胡汉之分，至此消除。

但隋文帝只改了府兵的姓氏，而未恢复府兵军将原来的郡望。故隋、唐皇室杨、李二氏的郡望，仍为关内郡望。杨为弘农杨氏，李为陇西李氏。

无论是周武帝或隋文帝的改革，都未影响到关陇集团的存在，只是这个集团原来所带的鲜卑化色彩，经周武帝及隋文帝的改革，已经褪色。隋文帝的改姓，表明这个集团事实上、名义上都是关陇地区的汉人的一个集团。

　　由胡化而汉化，由西部而东部化（如隋遵后齐之制），由北朝而南朝化，变异大体如此。

第二十篇　南北社会的差异与学术的沟通

一、南北社会的差异

南北朝有先后高下之分，南朝比北朝要先进，这可从经济生活、社会习俗等各方面的情况看出。兹分别言之。

经济。

《魏书》卷六十八《甄琛传》略云：

> 琛表曰："今伪弊相承，仍崇关廛之税，大魏恢博，唯受谷帛之输。"

《隋书》卷二十四《食货志》云：

> 晋自过江，凡货卖奴婢马牛田宅，有文券，率钱一万，输估四百入官，卖者三百，买者一百。无文券者随物所堪，亦百分收四，名为散估。历宋、齐、梁、陈，如此以为常。以此人竞商贩，不为田业。

甄琛的话，说出了南朝与北朝经济生活的差别。甄琛说南朝"仍崇关廛之税"，并非说南朝的农业不重要。古代以农业为本，工商为末。统治者总是强调重本轻末，只有少数经济思想家才说要兼开本末之途。北朝要到孝文帝以后，方始注意到工商业的问题，南朝的工商业特别是商业，无疑要比北朝发达。商税是南朝的一项重要收入。"人竞商贩，不为田业"之言有些夸张，但可知南朝的商税如值百抽四，并不为重。要突破古代闭塞的农业社会，只有工商业特别是民间工商业得到发展，才有可能。南朝商业的发达，表明在经济生活上，南比北要进步。

嫡庶。

《颜氏家训》卷一《后娶篇》云：

> 江左不讳庶孽，丧室之后，多以妾媵终家事。疥癣蚊虻，或未能免，限以大分，故稀斗阋之耻。河北鄙于侧出，不预人流，是以必须重娶，至于三四。母年有少于子者。后母之弟与前妇之兄，衣服饮食，爰及婚宦，至于士庶贵贱之隔，俗以为常。身没之后……谤辱彰道路，子诬母为妾，弟黜兄为佣，播扬先人之辞迹，暴露祖考之长短，以求直己者，往往而有。悲夫！

《魏书》卷二十四《崔玄伯传》附《崔道固传》云：

> （崔道固，清河东武城人）琰八世孙也。……道固贱出，适母兄攸之、目连等轻侮之。……时刘义隆子骏为徐、兖二州刺史，得辟他州民为从事。（父）辑乃资给道固，令其南仕。既至彭城，骏以为从事。……会青州刺史新除，过彭城，骏谓之曰："崔道固人身如此，岂可为寒士至老乎？而世人以其偏庶，便相陵侮，可为叹息。"青州刺史至州，辟为主簿。

南朝不讳庶孽，丧室之后，多以妾媵管理家事。北朝则鄙于侧出（庶出），不预人流。崔道固因为是庶出，为嫡出兄崔攸之、崔目连等所侮，不得不跑到南朝去。从社会的发展来看，南朝不讳庶孽比北朝鄙于侧出要进步。

家族。

《魏书》卷七十一《裴叔业传》附《裴植传》略云：

> 植（河东闻喜人），字文远，叔业兄叔宝子也。……植母，夏侯道迁之姊也。……植虽自州送禄奉母及赡诸弟，而各别资财，同居异爨，一门数灶，盖亦染江南之俗也。

《宋书》卷八十二《周朗传》记周朗之言云：

> 今士大夫以下，父母在而兄弟异计，十家而七矣；庶人父子殊产，亦八家而五矣。凡甚者乃危亡不相知，饥寒不相恤，又嫉谤谗害，其间不可称数。

同书卷四十六《王懿传》略云：

> 字仲德，太原祁人……晋太元末，徙居彭城。……北土重同姓，谓之骨肉，有远来相投者，莫不竭力营赡。若不至者，以为不义，不为乡里所容。仲德闻王愉在江南，是太原人，乃往依之。愉礼之甚薄，因至姑熟投桓玄。

裴植所染江南之俗，即周朗所说"父母在而兄弟异计"，"父子殊产"之俗。"北土重同姓，谓之骨肉"，王愉为太原人，王懿以为王愉会重他这个同姓，却不知王愉几代人都在江左，习俗是江南之俗而非北土之俗了。王懿去投王愉，王愉礼之甚薄，是必然的。从社会历史发展的角度来看，江南士大夫与庶人的异计、殊产，比之北土保持大家族制度不变，也是一个进步。

《颜氏家训》卷二《风操篇》写到南北对族人称呼的不同，从中亦可见南北家族观念的不同。其言云：

　　凡宗亲世数，有从父，有从祖，有族祖。江南风俗，自兹已往，高秩者通呼为尊，同昭穆者，虽百世犹称兄弟。若对他人称之，皆云族人。河北士人虽三二十世，犹呼为从伯从叔。梁武帝尝问一中土士人曰："卿北人，何故不知有族？"答云："骨肉易疏，不忍言族耳。"当时虽为敏对，于礼未通。

梁武帝所问的中土士人，即夏侯亶。《南史》卷五十五《夏侯祥传》附子《亶传》云：

　　亶侍御座，（梁武）帝谓亶曰："夏侯溢于卿疏近？"亶答云："是臣从弟。"帝知溢于亶已疏，乃曰："卿伧人，如何不辨族从？"亶对曰："臣闻服属易疏，所以不忍言族。"时以为能。

"从"与"族"不同。从兄弟是堂兄弟的意思，族兄弟便疏远了。江南对同昭穆的人，见面都称兄弟，在他人面前，则都称族人。北方不同，如夏侯溢和夏侯亶亲属关系已很疏远，夏侯溢只能是夏侯亶的族弟，在江南，二人见面只能称兄弟，在他人面前，只能称族人。可是夏侯亶却称夏侯溢是他的"从弟"。故梁武帝说夏侯亶这个北人，"何故不知有族？""如何不辨族从？"夏侯亶说"服属易疏，所以不忍言族"，即虽为族弟，还是不称族弟而称从弟为好。颜之推以为"于礼未通"。

　　称"从"，是"重同姓，谓之骨肉"。这是北方的习俗。这种习俗与北方的大家族制度相应。称"族人"，则与南朝大家族的离析，父子兄弟异计殊产相应。大家族的瓦解是社会进步的反映。在这个问题上，南朝也比北朝先进。

　　不愿分居而要保持大家族制度的人，总是有的。出于保守观念，统治者对这种人也加以旌表。如《南史》卷七十三《孝义传上·封延伯传》所说："义兴陈玄子四世同居，一百七口。武陵邵荣兴、文献叔并八世同居。"等等。齐高帝"诏俱表门闾，蠲租税"。但这种家族制度在南朝毕竟过时了，再旌表也难扶起来。

士族。

南朝士族与城市相联系，北朝士族与农村相联系。

南朝商业的发达，大家族制度的破坏，带来的一个结果是，士族喜欢住到城市中去，且喜欢住在建康、江陵。大家族制度的破坏，为士人脱离土地、宗族，迁居城市，创造了条件或提供了可能性。当然，迁居城市，并不意味着他们抛弃农村的产业。第十二篇说到建康、江陵两大士族集团的灭亡问题，便与他们迁居城市有关。城市被打下之日，也就是他们灭亡之时。

"大魏恢博，唯受谷帛之输"。这决定了北方的士族与农业土地的难分的关系。北方大家族制度的继续维持，又决定了北方的士人与宗族的难分的关系。北方士族除了在京城和地方上做官，都不在都市。都市被攻破，士族很少受到影响。因此，北方士族的势力可以延长或延续下来。这影响到隋唐的历史。在隋唐史籍中，我们犹能见到北方崔、李等姓，而难发现南朝王、谢还有什么人物。原因便在南北士族所联系的事物的不同。一个主要与农村、土地、宗族相联系，一个主要与城市、商业相联系，宗族则已分解。

二、南北学术的沟通

这里说的南北学术的沟通，主要是指南学的北传。

经学。

永嘉之乱，中州士族南迁，魏晋新学如王弼的《易》注，杜预的《左传》注，均移到了南方，江左学术文化思想从而发达起来。宋时青徐二州为北魏所占，新学北传。至隋王弼《易》注、杜预《左传》注盛行，旧学浸微。

《隋书》卷七十五《儒林传序》云：

　　江左《周易》则王辅嗣（王弼），《尚书》则孔安国，《左传》则
杜元凯（杜预）。河、洛《左传》则服子慎，《尚书》《周易》则郑康
成。《诗》则并主于毛公，《礼》则同遵于郑氏。大抵南人约简，得其
英华，北学深芜，穷其枝叶。

这说出了南北学术的不同处。就王氏《易》、杜氏《左传》而言，南有北
无，南尚新学，北尚旧学。南学约简，北学深芜。南北相较，南学胜于
北学。

《北史》卷八十一《儒林传上·序》云：

　　晋世杜预注《左氏》。预玄孙坦，坦弟骥，于宋朝并为青州刺史，
传其家业，故齐地多习之。

又云：

　　河南及青齐之间，儒生多讲王辅嗣所注（《周易》），师训盖寡。

按魏取青、徐在宋明帝泰始五年（魏献文帝皇兴三年，即469年）。此年慕
容白曜攻拔东阳，宋青州刺史沈文秀被俘，青、冀之地尽入于魏。《资治
通鉴》卷第一百三十六齐武帝永明五年（487）语及：

　　显祖（献文帝）平青、徐，悉徙其望族于代。

则青徐新学杜预《左传》注、王弼《易》注传入北朝，当在献文帝之时。
　　《隋书》卷三十二《经籍志一》中的《周易》类云：

　　梁、陈郑玄、王弼二注，列于国学。齐代唯传郑义。至隋，王注

　　　　盛行，郑学浸微，今殆绝矣。

《春秋》类又云：

　　　　至隋，杜氏盛行，服义及《公羊》《谷梁》浸微，今殆无师说。

据此可知南方新学王氏《易》、杜氏《传》，到隋朝的时候，在北方也占了统治的地位。

　　佛学。

　　这里主要是谈南朝佛教新义的北传。先说写经。

　　南朝齐、梁时期，佛教最盛。可是从敦煌写经题记（北京图书馆所辑敦煌石室写经题记汇编）所记写经时间与地点来看，其著有南方地名或南朝年号的，前后七百年间，却仅得六卷。此六卷除齐武帝永明元年（483）所译的《佛说普贤经》一卷外（汇编误题为《妙法莲华经》），其余五卷皆写于梁武帝之时，而其中天监五年（506）所写的《大涅槃经》，特注明造于荆州。这有两个问题，其一，永明之世，佛教甚盛，梁武帝尤崇内法，而江左篇章之盛，无过于梁时（见《广弘明集》卷三阮孝绪《七录·序》），则齐、梁时代写经必多，何以仅此六卷？其二，写经题记中又何以全不见梁武帝以后南朝帝王的年号？何以全不见隋唐统一时代南方郡邑的名称？（汇编惟仁寿元年所写《摄论疏》有辰州崇敬寺之语，赵万里先生以为"辰"字当是"瓜"字的误认，甚是。）

　　考道宣《续高僧传》卷十六《僧实传》云：

　　　　逮太祖（宇文泰）平梁荆后，益州大德五十余人各怀经部，送像至京（长安）。以真谛妙宗，条以问实。既而慧心潜运，南北疏通，即为披抉，洞出情外，并神而服之。

五十余蜀僧各怀经部，北至长安，使僧实得通南朝佛教的新义，这件事说明宇文泰取得江陵之后，益州经典曾大量输入长安，即南经北输。

天监五年（506）造于荆州的《大涅槃经》一卷，颇疑为梁元帝承圣三年（554）江陵陷没时，西魏将士虏获的战利品。考西魏所遣攻梁诸大将中有杨忠（隋文帝杨坚之父），其人最为信佛。周武帝保定四年（564），杨忠出任泾、幽、灵、云、盐、显六州总管、泾州刺史，在州五年①。梁武帝时荆州所写佛典，可能是杨忠随军所收，因而携往西北，遂散在人间，流传至于今日。

又《续高僧传》卷十三《吉藏传》略云：

王（晋王杨广）又于京师（长安）置日严寺，别教延藏，往彼居之。欲使道振中原，行高帝壤。既初登京辇，道俗云奔。……在昔陈、隋废兴，江阴凌乱，道俗波迸，各弃城邑，乃率其所属，往诸寺中，但是文疏，并皆收聚，置于三间堂内。及平定后，方沆简之，故目学之长，勿过于藏，注引宏广，咸由此焉。

吉藏因陈亡之际，得大收经卷，其后入长安，则他所沆简的南朝精本，当亦随之入北。

又《广弘明集》卷二十二隋炀帝《宝台经藏愿文》略云：

至尊（隋文帝）……平陈之日，道俗无亏，而东南愚民余燖相煽。爰受庙略，重清海滨。……深虑灵像尊经，多同煨烬，结叠绳墨，湮灭沟渠。是以远命众军，随方收聚。未及期月，轻舟总至。乃命学司，依名次录，并延道场义府，覃思澄明所由，用意推比，多得本类。庄严修葺，其旧惟新。宝台四藏，将十万轴。因发弘誓，永事流通，仍书愿文，悉连卷后。频属朝觐，著功始毕。今止宝台正藏，亲躬受持。其次藏已下，则慧日、法灵道场，日严、弘善灵刹。此外

---

① ［唐］令狐德棻等：《周书》卷十九《杨忠传》，中华书局，1971年，第318页。

京都寺塔，诸方精舍，而梵宫互有大小，僧徒亦各众寡，并随经部多少，斟酌分付。……必欲传文，来入寺写。

《隋书》卷三《炀帝纪上》略云：

> 江南高智慧等相聚作乱，徙上为扬州总管，镇江都。每岁一朝。……及太子勇废，立上为皇太子。

按隋平陈后，江南高智慧等曾起兵反隋。杨广以扬州总管镇江都，命令军队随方收聚佛经。所收佛经分为正藏与次藏，次藏以下所分贮的寺院慧日等道场，都不在南而在北。正藏杨广用以自随，到他被立为皇太子时，也必运往北方，以便"亲躬受持"。然则，隋炀帝所广为搜集的南朝佛典，到他被立为皇太子后，已经尽数输入北方了。

吉藏所收，炀帝所藏，都在陈亡之后。数量很大，其中必有写在陈时及造于吴地的佛典。又从唐初至北宋末年，历四百年，其间佛教流行既然南北相同，则南方写经的数量也不会比北方少。吾人不能因为汇编所收写经题记无梁武以后南朝帝王年号及隋唐南方郡邑之名，而否定陈朝及南方写经的存在。

切韵。

我国音韵学上的切韵，也是南朝士大夫带到北方的。故宫博物院影印唐写本《王仁煦刊误补缺〈切韵〉》，载陆法言序文略云：

> 昔开皇初，有刘仪同臻、颜外史之推、卢武阳思道、李常侍若、萧国子该、辛谘议德源、薛吏部道衡、魏著作彦渊等八人，同诣法言宿，夜永酒阑，论及音韵，古今声调，既自有别，诸家取舍，亦复不同。吴、楚则时伤轻浅，燕、赵则多涉重浊，秦、陇则去声为入，梁、益则平声似去。吕静《韵集》，夏侯该（巴黎国民图书馆藏敦煌写本伯希和号二一二九及伦敦博物院藏敦煌写本斯坦因号二〇五五之

《切韵》残卷并作"咏"）《韵略》，阳休之《韵略》，李季节《音谱》，杜台卿《韵略》等，各有乖互。江东取韵，与河北复殊。因论南北是非，古今通塞，欲更捃选精切，除削疏缓，颜外史、萧国子多所决定。魏著作谓法言曰："向来论难，疑处悉尽，何为不随口记之？我辈数人，定则定矣。"法言即烛下握笔，略记纲纪。后博问辩，殆得精华。今返初服，遂取诸家音韵，古今字书，以前所记者，定为《切韵》五卷，剖析毫厘，分别黍累，非是小子专辄，乃述群贤遗意。于时岁次辛酉大隋仁寿元年也。

此有二事可注意。

一，陆法言自述其书之成，乃用开皇初年刘臻等八人论难的记录为准则，以抉择诸家音韵古今字书的是非而写成。决定原则的刘臻等八人，为关东及江左儒学文艺之士。特别是颜之推、萧该二人值得注意。序文谓"颜外史、萧国子多所决定"，即主要取决于颜、萧二人。考《北史》卷八十三《文苑传·颜之推传》（《北齐书》卷四十五《文苑传·颜之推传》同）略云：

> 颜之推，字介，琅邪临沂人也。祖见远，父协，并以义烈称。……之推年十二，遇梁湘东王自讲庄老，之推便预门徒。……湘东遣世子方诸镇郢州，以之推为中抚军府外兵参军，掌管记。……（侯）景平，还江陵。时湘东即位，以之推为散骑侍郎，奏舍人事。后为周军所破，大将军李穆重之，送往弘农，令掌其兄阳平公远书翰。遇河水暴长，具船将妻子奔齐……文宣见，悦之，即除奉朝请，引于内馆中……后……以为中书舍人……寻除黄门侍郎。……齐亡入周。大象末，为御史上士。隋开皇中，太子召为文学，深见礼重。寻以疾终。

按琅邪颜氏乃江左侨姓高门。据《颜氏家训·终制篇》云："先君先夫人，皆未还建邺旧山。"知颜氏世居建邺。颜之推入北，在江陵被西魏军攻破之后。

又《隋书》卷七十五《儒林传·何妥传》附《萧该传》略云：

> 兰陵萧该者，梁鄱阳王恢之孙也。少封攸侯。梁荆州陷，与何妥同至长安。……开皇初……拜国子博士，奉诏书与妥正定经史……该后撰《汉书》及《文选》音义，咸为当时所贵。

按萧该为梁的宗室，即梁武帝的从孙（鄱阳王萧恢为梁武帝的第九弟）。他入北也在江陵陷于西魏之后。

其他数人，刘臻也是南朝的侨人，原籍沛国相县。江陵陷没，归于萧詧。后宇文护辟为中外府记室。（见《隋书》卷七十六《文学传·刘臻传》。《北史》卷八十三《文苑传·刘臻传》同）卢思道属于北方四姓之一的范阳卢氏。（《隋书》卷五十七有传）李若属于顿丘李氏。（见《北史》卷四十三《李崇传》）辛德源为陇西狄道人。族人皆出仕于北齐，陇西为其郡望。（见《隋书》卷五十八、《北史》卷五十《辛德源传》）薛道衡为河东汾阴人。（《隋书》卷五十七、《北史》卷三十六有传）魏澹，字彦深（渊），为巨鹿下曲阳人。（《隋书》卷五十八、《北史》卷五十六有传）陆法言之"陆"本鲜卑步六孤氏，魏孝文帝迁都洛阳，改步六孤氏为陆氏，籍贯改为河南洛阳。《隋书》卷五十八《陆爽（陆法言之父）传》称陆爽为魏郡临漳人，这是由于北齐自洛阳迁都于邺的缘故。

二，陆法言编撰《切韵》所用的主要材料，据序文于叙述五家之书"各有乖互"下，即接之以"江东取韵，与河北复殊"之句，似多为河北人士的著作。按《韵略》的作者夏侯该（咏），据《颜氏家训·书证篇》云：

> 《易》有蜀才注，江南学士，遂不知是何人。王俭四部目录，不言姓名，题云王弼。后人谢炅、夏侯该并读数千卷书，皆疑是谯周。

则夏侯该本南朝儒流。李涪刊误（百川学海本）下又云：

> 切韵始于后魏校书令李启（登）撰《声韵》十卷，游（当是"梁"字之形伪）夏侯咏撰《四声韵略》十二卷。

则夏侯该（咏）实为梁人。

《韵集》的作者吕静，本贯为任城。（见《魏书》卷九十一《艺术传·江式传》）《韵略》的作者阳休之为右北平无终人，终于洛阳。（见《北齐书》卷四十二《阳休之传》）《音谱》的作者李季节（名概）为赵郡平棘人。（见《北史》卷二十三《李灵传》附《公绪传》）《韵略》的作者杜台卿为博陵曲阳人。（见《隋书》卷五十八《杜台卿传》）此四人是河北士人。要知陆法言写定《切韵》，主要取材于江左、关东名流的著作。

由上二者可知决定《切韵》原则的人既是江左、关东的儒学文艺之士，《切韵》据以取材的韵书，又是江左、关东名流的著作。而东晋南朝建邺的衣冠礼乐及士族所操的音声，实源自永嘉南渡以前的京邑洛阳。高齐邺都文物亦承自太和迁都以后的洛阳。是《切韵》的语音系统，特与洛阳及其附近的地域有关。

须知永嘉南渡，侨寓建邺的胜流，都是出仕西晋，居于洛阳的名流。其远祖则又是东汉时期以经明行修致身通显的儒士。而东晋、南朝的侨姓高门，源出此数百年来一脉绵延的士族，所操的语言为北语，这种北语以洛阳及其近傍语言为标准。即南朝史料中常见的"洛生咏"或"洛下书生咏"。江表士族自吴平以后，便羡慕"上国众事"，乃至"转易其声音，以效北语"[1]。史籍记载"宋世江东贵达者，会稽孔季恭，季恭子灵符，吴兴丘渊之及（顾）琛，吴音不变"[2]。则其余江东贵达不操吴音可知。《世说新语·雅量》记谢安"方作洛生咏"，《南齐书》卷四十一《张融传》记

---

① ［晋］葛洪：《抱朴子·外篇》卷二十六《讥惑篇》，清嘉庆年间兰陵孙氏刻平津馆丛书本。

② ［梁］沈约：《宋书》卷八十一《顾琛传附丘渊之传》，中华书局，1974年，第2078页。

张融"方作洛生咏",一北方士族,一南方士族,在语言上统一起来了。

南方庶人仍操吴语,颜之推说,"易服而与之谈,南方士庶,数言可辨",即从语音便可辨别对方为士族还是庶族。颜之推又说:"隔垣而听其语,北方朝野,终日难分。"这是说洛阳朝野士庶语言无所差别。颜之推以为"冠冕君子,南方为优。闾里小人,北方为愈"。(上引均见《颜氏家训·音辞篇》)可知颜之推以建邺士族所操的洛阳语音为最上,以洛阳本地士庶共同操用的洛阳语音为次,以建邺庶人所操的吴语为最下。为什么呢?

江左二百余年来,乃侨人统治的世局,当初侨人以操洛阳正音标异于南人,洛生咏遂得见重于江表。此后北语、吴语成为士、庶阶级的表征,洛阳旧音的保守,自必因此而愈牢固。而中原地区则几经大乱,洛阳的音辞,经二百年嬗蜕变化,到魏孝文帝迁洛,禁断胡语,一从正音之时,已非永嘉之旧。颜之推以为南方士族的语音更胜于北方朝野,是以洛阳旧音为标准,比较而言。

明乎此,则陆法言《切韵》的语音系统的来源便可了然了。《切韵》准则既由南朝来的士族颜之推、萧该"多所决定",《切韵》音辞无疑为南朝士族所保持的永嘉以前的洛阳旧音。颜之推以此为优。"洛生咏"疑即东晋以前洛阳太学生诵读经典的雅音。洛阳旧音中又以此为正。

第二十一篇　佛教三题

一、佛教之于中国（夷夏之辨）

《魏书》卷一百十四《释老志》略云：

> 诸服其道者，则剃落须发，释累辞家，结师资，遵律度，相与和居，治心修净，行乞以自给。谓之沙门，或曰桑门，亦声相近，总谓之僧，皆胡言也。……其为沙门者，初修十诫，曰沙弥，而终于二百五十，则具足成大僧。妇入道者曰比丘尼，其诫至于五百，皆以□为本，随事增数，在于防心，摄身，正口。心去贪、忿、痴，身除杀、淫、盗，口断妄杂诸非正言，总谓之十善道。能具此，谓之三业清静。

所谓"律度"，即戒律。释迦牟尼为一贵族，佛教戒律可谓为贵族的民主宪法。"和居"表示为一个教会团体。这个团体有自己的律度，因而具有独立的性质。佛教的移植中国，可视为一个以宪法结合的外国（夷）贵族集团，插入到中国（华）社会中来。

胡汉分别不在种族而在文化。说它是"外国"，是因为最初在文化上，僧侣实为一个天竺化的集团或阶级。从姓氏上说，竺、支等姓本来代表天竺、大月氏集团。如晋时天竺僧竺昙无兰，汉末大月氏僧支谦。而中国人出家为僧，也改姓竺，或改姓支。如晋时的竺道潜，本琅邪人，为晋大将军王敦之弟。竺法壹，俗姓陆，出于吴郡陆氏。支遁为陈留人，或云河东林虑人。这是改姓外国姓或胡姓。既然从其文化，姓其姓氏，也便可以外国人、胡人目之。

僧徒姓释，始自道安（释道安俗姓卫，常山扶柳人）。在姓释的僧徒中原无外国人。晋时如释道慈，豫章人。释僧叡，魏郡长乐人。他是释道安的弟子，从师父之姓。释慧远，俗姓贾，雁门楼烦人，释慧持，为释慧远之弟，兄弟二人俱师事释道安，从其姓。释道恒，蓝田人，师事鸠摩罗什。鸠摩罗什一作句摩罗耆婆，天竺人。释僧肇，京兆人，亦师事鸠摩罗什。总之，"释"姓为道安所创，非外国姓、胡姓，而只具有宗教的意义。这也可以说是夷夏之防的一个表现。但自道安以后，并非中国僧徒都姓释，姓释的僧徒中也有外人。

说它有贵族性，是因为佛教团体享有种种特权，一如社会上的大贵族。北方寺院有僧祇户为之种田输粟，有佛图户（寺户）担负各种杂役。（见《魏书·释老志》）南方僧尼也有白徒、养女。（见《南史》卷七十《循吏传·郭祖深传》）僧徒所享受的特权，最重要的是不服兵役，其次才是逃避课税。

僧侣本身也有上下、高低、贵贱之分。佛教如念"南无阿弥陀佛"之类，自易为下级贫民所接受。然有玄理之处，则待士人去研究。下级僧侣多为贫民，名僧则多为有文化的高等社会阶级的人物。说它具有贵族性，是指上层享有特权的高谈玄理的高级僧侣而言。

僧侣或沙门不拜俗。一不拜父母，二不拜皇帝、王者、官长。前者为社会问题，后者为政治问题。不拜父母不合中国的习俗，唐华严宗圭峰大师宗密故疏《盂兰盆经》以阐扬行孝之义，缓和矛盾。不拜王者则使僧徒集团的外国色彩、独立色彩更浓。僧徒为遵守释迦牟尼的教条，不拜王者，在中国社会中是很难行得通的。但沙门却不屈服。《资治通鉴》卷第一百二十九宋孝武帝大明六年（462）有云：

初，晋庾冰议使沙门敬王者，桓玄复述其议，并不果行。至是，上使有司奏曰："儒、法枝派，名、墨条分，至于崇亲严上，厥猷靡爽。唯浮图为教，反经提传，拘文蔽道，在末弥扇。夫佛以谦卑自牧，忠虔为道，宁有屈膝四辈（佛、菩萨、圆觉、声闻）而简礼二亲，稽颡耆腊而直体万乘者哉！臣等参议，以为沙门接见，比当尽虔，礼敬之容，依其本俗。"九月戊寅，制沙门致敬人主。及废帝即位，复旧。（参《宋书》卷九十七《夷蛮传·天竺迦毗黎国传》）

可见佛徒致敬王者的问题，一直未解决。拜不拜王者，现象上是僧俗的区别，实质上是夷夏的区别。

然而，同佛教徒疏《盂兰盆经》，在行孝上作出解释、让步一样，在"忠"字问题上，佛教徒也必须作出解释。不然，中国的君主政治将难容忍佛教的存在。忠孝都是儒家的观念，早在东晋，释慧远即已提出了佛儒二教可合而明的论点。其言略云：

佛经所明，凡有二科，一者处俗弘教，二者出家修道。处俗则奉上之礼，尊亲之敬，忠孝之义，表于经文。在三之训，彰乎圣典。斯与王制同命，有若符契。……出家则是方外之宾……内乖天属之重而不违其孝，外阙奉主之恭而不失其敬。……如令一夫全德，则道洽六亲，泽流天下。虽不处王侯之位，固已协契皇极，大庇生民矣。（《答桓玄书》。见《高僧传》卷六，《全晋文》卷一百六十一）

又云：

因此而求圣人之意，则内外之道，可合而明矣。常以为道法之与名教，如来之与尧、孔，发致虽殊，潜相影响，出处诚异，终期则同。（《沙门不敬王者论》。见《弘明集》卷五，《全晋文》卷一百六

十一）

唐宗密作《原人论》，兼采儒、道二家之说。慧远的二科或佛、儒二教可合而明之说，被宗密发展成了释、儒、道三教可合而明之说。调和夷夏，慧远已开其端。

下面，再论佛教的宗旨。

《魏书》卷一百一十四《释老志》云：

> 浮屠正号曰佛陀，佛陀与浮图声相近，皆西方言，其来转为二音。华言译之则为净觉，言灭秽成明，道为圣悟。凡其经旨，大抵言生生之类，皆因行业而起。有过去、当今、未来，历三世，识神常不灭。凡为善恶，必有报应。渐积胜业，陶冶粗鄙，经无数形，澡练神明，乃致无生而得佛道。其间阶次心行，等级非一，皆缘浅以至深，藉微而为著。率在于积仁顺，蠲嗜欲，习虚静而成通照也。故其始修心则依佛、法、僧，谓之"三归"，若君子之三畏也。又有五戒，去杀、盗、淫、妄言、饮酒，大意与仁、义、礼、智、信同，名为异耳。云奉持之，则生天人胜处，亏犯则坠鬼畜诸苦。又善恶生处，凡有六道焉。

从魏收此言，可以略窥佛家的大旨。佛家有轮回之说，所谓"生生之类，皆因行业而起"。人的识神是常不灭的，为善为恶，都有报应。如果要修成佛、菩萨，一生不行，须多生"渐积胜业""经无数形，澡练神明"，才可以"致无生而得佛道"。如先修畜生，再修女身，再修男身，以至于佛。此为一层层修来，有阶次、等级的划分。关于"澡练神明"，《世说新语·文学》"佛经以为祛练神明"条云：

> 佛经以为祛练神明，则圣人可致。简文云："不知便可登峰造极不？然陶练之功，尚不可诬。"

所谓"祛练""陶练"，即《魏书·释老志》所云"澡练"，亦即所云"渐积"之功。

谢灵运著《辨宗论》，其主旨为：渐与顿之辨为夷夏之辨。他说：

> 华民易于见理，难于受教，故闭其累学，而开其一极。夷人易于受教，难于见理，故闭其顿了，而开其渐悟。渐悟虽可至，昧顿了之实，一极虽知寄，绝累学之冀。良由华人悟理无渐，而诬道无学；夷人悟理有学，而诬道有渐。（《广弘明集》卷十八《辨宗论》答法勖问，《全宋文》卷三十二）

谢灵运说得很清楚，华人易于见理，故闭其累学与渐悟，而开其顿了；夷人易于受教，故闭其顿了，而开其累学与渐悟。顿与渐之分为华夷之分。

印度佛教宗旨原以为人须从"渐积"以成佛，无顿悟之说。佛教传入中国，在东晋以前，也无顿悟之说。但到南朝刘宋时有了。《宋书》卷九十七《夷蛮传·天竺迦毗黎国传》云：

> 宋世名僧有道生。道生，彭城人也。父为广武令。生出家为沙门法大弟子。幼而聪悟，年十五，便能讲经。及长有异解，立顿悟义，时人推服之。元嘉十一年，卒于庐山。沙门慧琳为之诔。

《高僧传》卷七《竺道生传》又云：

> （竺道生以为）自经典东流，译人重阻，多守滞文，鲜见圆义。若忘筌取鱼，始可与言道矣。于是校阅真俗，研思因果，乃言善不受报，顿悟成佛。……于时《大涅槃经》未至此土，孤明先发，独见忤众。……俄而《大涅槃经》至于京都，果称阐提皆有佛性。

竺道生实际上提出了两个命题：一，"一切众生，皆有佛性，皆有佛性，学得成佛。"（竺道生《喻疑》。见《全宋文》卷六十二，释藏迹五）这就是"一阐提人（断善根人）皆得成佛"。二，成佛不须"渐积""澡练神明"。顿悟即可以成佛。"渐积胜业""澡练神明"本是与因果报应之说联系在一起的。道生说"善不受报"，等于否定了因果报应。这为他的顿悟义开了大门。两个命题结合，就是人人都可以顿悟成佛，包括一阐提人在内。

《大涅槃经》所说与竺道生的观点相合。道生创立一阐提皆有佛性、顿悟可以成佛之说的时候，《大涅槃经》尚未到建康。此经既到，道生以为他的说法有了经典根据。按《大涅槃经》得自于阗，北凉昙无谶曾译此经，但不全。这是北本。另有南本，为释法显所译。《大涅槃经》为佛教中最左派的经典。佛教在新环境中，有被新环境影响而产生新理论的可能。此经既得自于阗，说法可能是于阗地方的说法，而非佛教的初旨。竺道生的新说被僧徒目之为外道，此经帮助道生挡了众僧之口。

竺道生创立顿悟之说，是有社会背景的。东汉以来，大族在政治上占有极大的势力，社会阶级区别明显。东晋末年孙恩、卢循的起兵，有反抗贵族的意识存在。孙恩、桓玄反晋都未取得成功，成功的是刘裕。刘裕自匹夫而至天子，在他当政之时，军政大权由世家大族移于非贵族。这是有形的人事阶级的破坏。竺道生顿悟之说则为无形的精神阶级的破坏。而精神是不能脱离人事的影响的。顿悟成佛说的产生，与晋末有形的人事阶级的破坏，有密切的关系。道生创立顿悟义，非凭空想，而是阶级、人事变动的反映。

顿悟义之立，对于华为"顿了"，夷为"渐悟"，也是一种调和。原来"夷"自有顿了之说。

二、佛教之于道教

（一）寇谦之的家世

这里要说的是道教的清整者寇谦之与佛教的关系。先说寇氏。
《魏书》卷一百一十四《释老志》略云：

> 世祖时，道士寇谦之，字辅真，南雍州刺史赞之弟，自云寇恂之十三世孙。早好仙道，有绝俗之心。少修张鲁之术。

《北史》卷二十七《寇赞传》略云：

> 寇赞，字奉国，上谷人也，因难徙冯翊万年。父修之，字延期，苻坚东莱太守。赞弟谦。……姚泓灭……秦、雍人来奔河南、荥阳、河内者，户至万数。拜赞南雍州刺史、轵县侯，于洛阳立雍之郡县以抚之。

据《寇赞传》所载，姚泓灭亡之后，魏侨置南雍州于洛阳，以赞为刺史，招抚秦、雍的流民，可知寇氏实为秦、雍的大族豪家。否则，寇赞决不能充任此职。
又《高僧传》卷十一《习禅》类《宋伪魏平城释玄高传》云：

> 释玄高姓魏，本名灵育，冯翊万年人也。母寇氏，本信外道。

则冯翊寇氏不仅为一大族，而且世奉天师道。不仅寇谦之一房的信仰如此，而且从释玄高的本名"灵育"来看，"灵育""道育""灵宝"之类，都是天师道的教名。想释玄高出生时，实受道教之名，后来才改信佛教。

《寇赞传》谓寇氏因难徙冯翊。据《元和姓纂》卷九"去声五十候"条云：

> 寇，上谷昌平，恂，后汉执金吾雍奴侯，曾孙荣，荣孙孟，魏冯翊太守，徙家冯翊。

又《芒洛冢墓遗文》三编《后魏寇臻墓志铭》云：

> 寇臻，字仙胜，春秋甫履从心，寝疾薨于路寝。……上谷昌平人，汉相威侯之裔，侍中荣十世之胤。荣之子孙前魏因官遂寓冯翊，……皇魏秦州刺史冯翊哀公之孙，南雍州使君河南宣穆公之少子。

可知寇氏之徙冯翊，实在前魏即曹魏时。所谓因官遂寓于冯翊，不过是托词。真实的是《寇赞传》所云"因难"。考《三国志·魏志》卷十五《张既传》略云：

> 从征张鲁……鲁降，既说太祖拔汉中民数万户以实长安及三辅。

颇疑寇氏一族原从汉中被曹操徙至冯翊。寇氏自称源出上谷，为东汉寇恂之后，其为依托，不待详辨。正是因为寇氏原从张鲁治下的汉中徙至冯翊，"张鲁之术"为寇氏家传之学，《魏书·释老志》谓寇谦之"少修张鲁之术"，就不是偶然的了。

（二）佛教医药天算之学对寇谦之的影响

《魏书》卷一百一十四《释老志》略云：

> （寇谦之）服食饵药，历年无效。幽诚上达，有仙人成公兴，不

知何许人，至谦之从母家佣赁。谦之……请回赁兴代己使役，乃将还。……后谦之算七曜，有所不了，惘然自失。兴谓谦之曰："先生何为不怿？"谦之曰："我学算累年，而近算《周髀》不合，以此自愧。且非汝所知，何劳问也。"兴曰："先生试随兴语布之。"俄然便决。谦之叹伏，不测兴之浅深，请师事之。……共入华山，令谦之居一石室，自出采药。还与谦之食药，不复饥。乃将谦之入嵩山。

按这一段话包含了我国接受外来学说及技术的一项重要的公案。寇谦之少修张鲁之术，即其家世代所传的旧道教，而服食饵药，历年无效；再寇谦之学算累年，而算七曜、《周髀》有所不合，则其旧所传的医学和生理学、天文和算学，均有待于新学的改进。要明了这个问题，弄清寇谦之为学医、学算，曾跟随多年的成公兴的来历，是一个关键。

考《魏书》卷九十一《术艺传·殷绍传》略云：

殷绍，长乐人也。少聪敏，好阴阳术数，游学诸方，达《九章》、七曜。世祖时为算生博士，给事东官西曹，以艺术为恭宗所知。太安四年夏，上《四序堪舆》，表曰："臣以姚氏之世，行学伊川，时遇游遁大儒成公兴，从求《九章》要术。兴字广明，自云胶东人也。山居隐迹希在人间，兴时将臣南到阳翟九崖岩沙门释昙影间。兴即北还，臣独留住，依止影所，求请《九章》。影复将臣向长广东山见道人法穆。法穆时共影为臣开述《九章》数家杂要，披释章次意况大旨。又演隐审五藏六府心髓血脉，商功大算端部，变化玄象，土圭、《周髀》。练精锐思，蕴习四年，从穆所闻，粗皆仿佛。穆等仁矜，特垂忧闵，复以先师和公所注黄帝《四序经》文三十六卷，合有三百二十四章，专说天地阴阳之本……传授于臣……以甲寅之年……奉辞影等。……（今）依先撰录奏，谨以上闻。"……其《四序堪舆》，遂大行于世。

殷绍在伊川遇成公兴，与《魏书·释老志》所载寇谦之和成公兴的关系，时间与空间二者均相适合，可见成公兴确有其人。在《殷绍传》中，最可注意的，是成公兴所介绍的传授医学、算学的名师释昙影以及法穆、和公，都是佛教徒。自来宗教的传播，多假医药、天算之学以为工具，于此又可得到一个证明。从《殷绍传》可知我国旧时医药、天算之学，所受佛教影响之深。

关于医学。可注意的是《高僧传》卷九神异门上《晋洛阳耆域传》记述的天竺人耆域，于晋惠帝末年来洛阳行医的故事。其言云：

> 耆域者，天竺人也。……晋惠之末，至于洛阳。……时衡阳太守南阳滕永文在洛，寄住满水寺，得病，经年不差，两脚孪屈，不能起行。域往看之……因以手搦永文膝，令起，即起，行步如故。……尚方署中有一人病症将死，域以应器著病者腹上，白布通覆之……病者遂活。洛阳兵乱，辞还天竺。……既还西域，不知所终。

此传记耆域治病，有不少神话。然于此传可见六朝佛教徒输入天竺医方的一段因缘。兹更取于法开事迹以证天竺医学的传入与佛教徒的关系。

《高僧传》卷四"义解门"《晋剡白山于法开传》略云：

> 于法开，不知何许人，事兰公为弟子。……祖述耆婆（即耆域，耆婆为梵文，耆域为中央亚细亚文），妙通医法。……或问："法师，高明刚简，何以医术经怀？"答曰："明六度以除四魔之病，调九候以疗风寒之疾，自利利人，不亦可乎？"

《世说新语·术解》"郗愔行道甚精勤"条云：

> 郗愔信道甚精勤，常患腹内恶，诸医不可疗，闻于法开有名，往迎之。既来，便脉云："君侯所患，正是精进太过所致耳。"合一剂汤

与之，一服即大下，去数段许纸，如拳大。剖看乃先所服符也。（刘注云："《晋书》曰：法开善医术。尝行，莫投主人，妻产而儿积日不堕。法开曰：此易治耳。杀一肥羊，食十余脔而针之。须臾儿下，羊膂裹儿出。其精妙如此。"）

于法开"祖述耆婆，妙通医法"，表明他的医学知识，来自天竺。于法开为道教徒郗愔治病，表明张鲁的"服食饵药"之术，远不及佛教医学，亟须改进。可郗愔未能改进，寇谦之成了用佛教医学改进张鲁之术的第一个道徒。

关于天算之学。天算之学于道教的重要性不下于医药之学。寇谦之、殷绍从成公兴、释昙影、法穆等人所受的《周髀》算法，为当时刚由佛教徒输入的新盖天之说，而非旧盖天之说。下略言之。

《周髀》算法为盖天之术。今传《周髀算经》出于何时，是一个问题。按今传《周髀算经》下卷所列二十四气，启蛰在雨水之后。此与《汉书》卷二十一下《律历志》所云惊蛰在雨水前不同。《汉书》云：

> 中营室十四度，惊蛰（今日雨水，于夏为正月，商为二月，周为三月），终于奎四度。降娄，初奎五度，雨水（今日惊蛰）。

但与《后汉书·律历志下》所云一致。《后汉书》云：

> （二十四气。冬至，小寒，大寒，立春，雨水，惊蛰。）论曰：……太初历到章帝元和，旋复疏阔。征能术者，课校诸历，定朔稽元，追汉三十五年庚辰之岁，追朔一日，乃与天合，以为四分历元。加六百五元一纪，上得庚申。

从《后汉书》所云可以判断：今所传《周髀算经》既列雨水于启蛰之前，则此书必出于章帝元和废太初历，改用四分历之后，非旧盖天术之书。

尤可注意的是今传《周髀算经》用"启蛰"而不用"惊蛰"之名，表明此书不避汉讳（汉景帝名刘启）。此书传本当出于魏晋之后。

杨雄、蔡邕所见《周髀》盖天之术为旧术。信都芳尝谓："汉成帝时，学者问盖天，杨雄曰：'盖哉，未几也。'问浑天，曰：'洛下闳为之，鲜于妄人度之，耿中丞象之。几乎，莫之息矣。'"信都芳说："此言盖差而浑密也。"[①]之所以盖差而浑密，即是因为在扬雄之时，盖天尚为旧术。东汉灵帝时，蔡邕说："《周髀》术数具存，考验天状，多所违失。惟浑天近得其情。"[②]这表明蔡邕当日所见盖天之术，仍是旧法。如果联系今传《周髀算经》以惊蛰为启蛰来看，就更可明了今天的传本实非汉本。

今之《周髀算经》为新盖天之说，此种新说来自天竺。《隋书》卷十九《天文志上》有云：

> 梁武帝于长春殿讲义，别拟天体，全同《周髀》之文，盖立新义，以排浑天之论而已。

梁武帝的说法，今虽不可都见到，但从《开元占经》所引，犹可窥见其大概。按《开元占经》卷一"天地名体天地浑宗"条云：

> 梁武帝云：四大海之外，有金刚山，一名铁围山，金刚山北又有黑山，日月循山而转，周回四面，一昼一夜，围绕环匝。

此则明为天竺之说。梁武帝欲持此说以排浑天，当是此说必有胜过浑天之处。又《隋志》既言此说"全同《周髀》之文"，即全同盖天，可知此说是一种新盖天说。而这种新盖天说，来自天竺。则所谓《周髀》之文，即今传《周髀》，实为天竺之学。

寇谦之、殷绍从成公兴、释昙影、法穆受《周髀》算术，即从佛教受

---

① ［唐］李延寿：《北史》卷八十九《术艺传·信都芳传》，中华书局，1974年，第1934页。
② ［唐］房玄龄等：《晋书》卷十一《天文志上·天体》，中华书局，1974年，第278页。

天竺输入的新盖天说。寇谦之家世旧传的天算之学，为旧盖天说，所以累年算七曜、《周髀》不合。

（三）佛教律学对寇谦之的影响

寇谦之采用佛教徒输入的天竺医药、天算之学，以改进他家世传的道教，是道教史上的重要的事件。寇谦之复袭取当时佛教徒输入的天竺的律学，以清整旧传的天师道，在道教史上，则尤为重要。《魏书》卷一百一十四《释老志》云：

> 谦之守志嵩岳，精专不懈。以神瑞二年十月乙卯，忽遇大神……称太上老君，谓谦之曰："往辛亥年，嵩岳镇灵集仙宫主表天曹，称自天师张陵去世已来，地上旷诚，修善之人，无所师授。嵩岳道士上谷寇谦之，立身直理，行合自然，才任轨范，首处师位，吾故来观汝，授汝天师之位，赐汝《云中音诵新科之诫》二十卷，号曰并进。"言："吾此经诫，自天地开辟以来，不传于世，今运数应出。汝宣吾《新科》，清整道教，除去三张伪法租米钱税及男女合气之术。大道清虚，岂有斯事？专以礼度为首，而加之以服食闭练。"……泰常八年十月戊戌，有牧土上师李谱文来临嵩岳，云："……地上生民，末劫垂及，其中行教甚难。但令男女立坛宇，朝夕礼拜，若家有严君，功及上世。其中能修身炼药，学长生之术，即为真君种民。"药别授方，销炼金丹、云英、八石、玉浆之法，皆有决要。

这段史料记载的寇谦之假托神道，以《云中音诵新科之诫》清整道教，革去三张租米钱税及男女合气的伪法，专以礼度为首，是我国道教发展史上的一个里程碑。两晋天师道信徒属于士大夫阶级的固然不少，但大多数仍是庶民，士族儒家的礼法，自不可能见于当时的天师道中。所能见到的是租米钱税及男女合气的淫秽浊乱之术。这成了反对道教的人的借口。寇谦之生活的时代适值江左孙恩、卢循政治运动失败以后，天师道的非礼无法，尤为当时的士大夫所诟病，清整天师道已成了道教本身的一个要求。寇谦之既从佛教徒采用天竺的医药天算之学，以改进天师旧教，则模袭佛教徒输入的天竺律藏，以清整天师旧教，就是他必然要走的第二步了。

寇谦之生于后秦之时，当时佛教一切有部的十诵律才刚刚传入，盛行于关中。后秦灭亡，兵燹之余，律师避乱南渡，其学遂不传于北方而远流江东。寇谦之当是在这时掇拾遗散，取其地僧徒不传的新学，以清整其世代相传的旧道教。兹录当时有关佛教律学传授流布的史料如下。

《高僧传》卷二"译经门"《晋寿春石磵寺卑摩罗叉传》略云：

> 先在龟兹，弘阐律藏，四方学者，竞往师之，鸠摩罗什时亦预焉。……又欲使毗尼胜品，于是杖锡流沙，复洽东国，冒险东入。以伪秦弘始八年达自关中，什以师礼敬待。……及罗什弃世，叉乃出游关左，逗于寿春，止石涧寺。律徒云集，盛阐毗尼。……顷之南适江陵，于辛寺夏坐，开讲《十诵》。……律藏大弘，叉之力也。

同书卷十一"明律门"《宋江陵释慧猷传》略云：

> 少出家止江陵辛寺。……时有西国律师卑摩罗叉来适江陵，大弘律藏，猷从之受业，沉思积时，乃大明《十诵》，讲说相续，陕西律师莫不宗之。

同书同卷"明律门"《宋吴闲居寺释僧业传》略云：

> 游长安，从什公受业，见新出《十诵》，遂专功此部。……值关中多难，避地京师，吴国张邵挹其贞素，乃请还姑苏，为造闲居寺。……业居宗秉化训诱无辍，三吴学士辐凑肩联。业弟子慧光袭业风轨，亦数当讲说。

同书同卷"明律门"《宋京师长乐寺释慧询传》略云：

> 经游长安，受学什公，研精经论，尤善《十诵》《僧祇》。……宋永初中还止广陵，大开律席。元嘉中至京，止道场寺，寺僧慧观亦精于《十诵》，以询德为物范，乃令更振他寺，于是移止长乐寺。

同书同卷"明律门"《宋京师庄严寺释僧璩传》略云：

> 出家为僧业弟子，总锐众经，尤明《十诵》。……宋孝武钦其风闻，敕出京师为僧正……少帝准从受五戒，豫章王子尚崇为法友，袁粲、张敷并一遇倾盖。

同书同卷"明律门"《彭城郡释道俨传》略云：

> 善于《毗尼》，精研四部，融会众家。又以律部东传，梵汉异音，文颇左右，恐后人咨访无所，乃会其旨归，名曰《决正四部毗尼论》。后游于彭城，弘通律藏。……时栖玄寺又有释慧曜者，亦善《十诵》。

如果将《释老志》中寇谦之与天神交接一节及《高僧传》中十诵律传播的记载综合起来看，就不难明白，《云中音诵新科之诫》之名，明是与佛教拟配的戒律，更不消说"诵"与十诵律之"诵"同字，"科""诫"与"律"字义无别了。寇谦之的《新科》"专以礼度为首"，则是当时格义之学礼、律互相拟配的必然的结果。（参见第三篇《清谈误国（附"格义"）》）

寇谦之所清整的三张伪法，租米钱税已见前史。但男女合气之术既出于寇谦之之口，则佛教徒所言，并非全出于诬构。兹略取两《弘明集》中有关记载以为参证。《弘明集》卷八《辨惑论》"合气释罪三逆"条注云：

至甲子，诏冥醮录男女媟合尊卑无别。吴陆修静复勤勤行此。

又"畏鬼带符妖法之极一"条云：

> 至于使六甲神而跪拜圊厕。（如郭景纯亦云仙流，登圊度厄，竟
> 不免灾）

又"解厨纂门不仁之极三"条注云：

> 又道姑、道男冠、女官、道父、道母、神君、种民，此是合气之
> 后赠物名也。

《广弘明集》卷九后周甄鸾《笑道论》"道士合气三十五"云：

> 真人内朝律云：真人曰礼，男女至朔、望日先斋三日，入私房诣
> 师立功德，阴阳并进，日夜六时。此诸猥杂，不可闻说。

这与佛教戒淫形成尖锐的对照。寇谦之清整这种东西，借用了佛教的淫
戒，是很清楚的。

上引《辨惑论》"解厨纂门不仁之极三"条注，说到"种民"是"合
气之后赠物名"之一。何谓种民？道藏太平部（外字一）《太平经钞》甲
部卷之一略云：

> 昔之天地与今天地，有始有终，同无异矣。初善后恶，中间兴
> 衰，一成一败，阳九百六，六九乃周，周则大坏，天地混斋，人物糜
> 溃，唯积善者免之，长为种民。……君圣师明，教化不死，积炼成
> 圣，故号"种民"。种民，圣贤长生之类也。
> …………

　　后圣帝君……撰长生之方，宝经符图，三古妙法……垂谟立典，施之种民。不能行者，非种民也。

　　…………

　　凡大小甲申之至也。除凶民，度善人。善人为种民，凶民为混蓄……大道神人更遣真仙上士出经行化，委曲导之，劝上励下，从者为种民，不从者沉没，沉没成混蓄。

可知"种民"与"混蓄"为对文，所以以种为言，是因为含有种姓的意义。种民之义，实包含了道德的善恶、阶级的高下两个方面。

　　旧道教本来是要在合气之后，赠以种民之名，寇谦之既然废除了合气之术，故提出了立坛宇，朝夕礼拜，其中能修身炼药，学长生之术的，即为真君种民之说。寇谦之对种民所持的见解，与他出身于秦雍的豪家大族，是相适应的。

三、佛教之于四声

　　南朝文学界极重要的发明为四声。四声，除去本易分别，自为一类的入声以外，复分别其余之声为三声——平，上，去。之所以分别其余之声为三声，是据并摹拟当日转读佛经的三声。而中国当日转读佛经之三声，又出于印度古时《声明论》的三声。天竺围陀的《声明论》所说的声"Svara"，与中国四声之声相类似，即指声的高低而言。围陀《声明论》依声的高低，分别为三：一称"Udātta"，二称"Svarita"，三称"Aundātta"。佛教输入中国，教徒转读经典时，此三声的分别，当亦随之输入。至于当日佛教徒转读经典的三声，是否即与中国的平、上、去三声切合，则难详知。然二者均依声的高下分为三阶，则相同无疑。中国语的入声都附有"k"，"p"，"t"等辅音的缀尾，可视为一特殊种类，最易与其他声相分别。而平、上、去三声，其声响高低相互距离之间虽有分别，但若分别为若干数的声，则殊不易决定。故中国文士乃据当日转读佛经之声，分别定为平、上、去三声，合入声适成四声。

四声何以发明于南方而不是发明于北方？须知南朝能文之士，每人至少可说两种语言，一为洛阳语，一为吴语，对声音的高下重浊能够辨别。而"燕、赵则多重浊，秦、陇则去声为入，梁、益则平声似去"（《切韵·序》），都不可能成为四声的发明地。故发明四声，舍南方莫属。

四声何以发明于南齐永明之世？按四声的发明是善声沙门与审音文士合作的结果。释慧皎《高僧传》所载善声沙门居住的地点及活动的时代值得密切注意。列举如下：

《高僧传》卷十三《支昙籥传》云：

> 支昙籥，本月支人，寓居建康。少出家，清苦蔬食，憩吴虎丘山。晋孝武初敕请出都，止建初寺。孝武从受五戒，敬以师礼。籥特禀妙声，善于转读。（同书同卷论云："天竺方俗，凡是歌咏法言，皆称为呗。至于此土，咏经则称为转读，歌赞则号为梵呗。"转读，不备管弦而有声律）尝梦天神授其声法，觉因裁制新声。

又《释法平传》云：

> 释法平姓康，康居人，寓居建康。与弟法等俱出家，止白马寺，为昙籥弟子，共传师业。响韵清雅，运转无方。……兄弟并以元嘉末卒。

又《释僧饶传》云：

> 释僧饶，建康人。出家，止白马寺。……偏以音声著称，擅名宋孝武帝之世。响调优游，和雅哀亮，与道综齐肩。……宋大明二年卒，年八十六。时同寺复有超明、明慧，少俱为梵呗，长斋时转读，亦有名当世。

又《释道慧传》云：

> 释道慧姓张，寻阳柴桑人，年二十四出家，止庐山寺。……特禀自然之声，故偏好转读。……后出都，止安乐寺。转读之名大盛京邑。……宋大明二年卒，年五十有一。

又《释智宗传》云：

> 释智宗姓周，建康人。出家，止谢寺。博学多闻，尤长转读。……大明三年卒，年三十一。时有慧宝、道诠，虽非同时，作法相似。甚丰声而高调，制用无取焉。宋明勿赏道诠，讥者谓逢时也。

又《释昙迁传》云：

> 释昙迁姓支，本月支人，寓居建康。……巧于转读，有无穷声韵。……彭城王义康、范晔、王昙首并皆游狎。……及范晔被诛，门有十二丧，无敢近者，迁抽货衣物，悉营葬送。孝武闻而叹赏，谓徐爰曰："卿著《宋书》，勿遗此士。"……齐建元四年卒，年九十九。时有道场寺释法畅、瓦官寺释道琰并富声哀婉，虽不竞迁等，抑亦次之。

又《释昙智传》云：

> 释昙智姓王，建康人。出家，止东安寺。……既有高亮之声，雅好转读。……宋孝武、萧思话、王僧虔等并深加识重。……齐永明五年卒于吴国，年七十九。

又《释僧辩传》云：

　　释僧辩姓吴，建康人。出家，止安乐寺。少好读经，受业于迁、畅二师。初虽祖述其风，晚更措意斟酌，哀婉折衷，独步齐初……声振天下，远近知名，后来学者莫不宗事。永明七年二月十九日，司徒竟陵文宣王梦于佛前咏《维摩》一契……便觉韵声流好，著工恒日。明旦即集京师善声沙门龙光、普智、新安、道兴、多宝、慧忍、天保、超胜及僧辩等，集第作声。辩传古《维摩》一契，《瑞应》七言偈一契，最是命家之作。……辩以齐永明十一年卒。

此传所记齐武帝永明七年（489）二月二十日，竟陵王萧子良大集善声沙门于鸡笼山邸，"造经呗新声"一事，是当时考文审音的一件大事。可参阅《南齐书》卷四十《武十七王传·竟陵文宣王子良传》。又《释昙凭传》云：

　　释昙凭姓杨，犍为南安人。少游京师，学转读。止白马寺。音调甚工，而过旦自任，时人未之推也。于是专精规矩，更加研习，晚遂出群，翕然改观。

又《释慧忍传》云：

　　释慧忍姓蒉，建康人。少出家，住北多宝寺。无余行解，止是爱好音声。初受业于安乐辩公，备得其法，而哀婉细妙，特欲过之。齐文宣感梦之后，集诸经师，乃共忍斟酌旧声，诠品新异。制《瑞应》四十二契。忍所得最为长妙。于是令慧满、僧业、僧尚、超朗、僧期、超猷、慧旭、法昙、慧满、僧胤、慧篆、法慈等四十余人皆就忍受学，遂传法于今。忍以隆昌元年卒，年四十余。

　　（释法邻、释昙辩、释慧念、释昙干、释昙进、释慧超、释道首、释昙调）凡此诸人并齐代知名。其浙左、江西、荆陕、庸蜀亦颇有转读。然止是当时咏歌，乃无高韵，故不足而传也。

上录《高僧传》所载善声沙门，几乎全部都是居住在建康的西域胡人，或建康的土著。住在建康的胡人依其本来娴习的声调，转读佛经，建康土著的僧徒受此特殊环境熏习，天赋优厚的变成善声沙门，与今日中国都邑之商港的居民善唱基督教祀天赞主之歌，理无二致。又根据《高僧传》所记善声沙门的生卒年月推算，建康经呗之盛，实始于南朝刘宋的中期，而极于萧齐的初年。在此期间，建康审音文士所受的影响之大，可以想见。若再取旧史及他书以为参证，则知四声说成立于永明之世，并非出于偶然。

僧祐《出三藏记集》卷十二《齐竟陵文宣王法集·目录》内载：

　　《与何祭酒书赞法滋味》一卷。《赞梵呗偈文》一卷。《梵呗序》一卷。……《转读法并释滞》一卷。

又《齐竟陵王世子抚军巴陵王法集·目录》内载：

　　《经声赋》。

《南齐书》卷四十《竟陵文宣王子良传》（《南史》卷四十四同）云：

　　移居鸡笼山西邸，集学士抄五经、百家，依《皇览》例，为《四部要略》千卷。招致名僧，讲论佛法，造经呗新声。（萧子良所造新声为转读之声，非梵呗之声）道俗之盛，江左未有也。

《梁书》卷一《武帝纪》（《南史》卷六同）云：

　　竟陵王子良开西邸，招文学，高祖与沈约、谢朓、王融、萧琛、范云、任昉、陆倕等并游焉，号曰"八友"。（参阅《梁书》卷十三、

《南史》卷五十七《沈约传》）

按齐竟陵王萧子良鸡笼西邸既是审音文士抄撰的学府，又是善声沙门结集的道场。其于文士与沙门之间所起的沟通作用，不可忽视。

《南齐书》卷二十一《文惠太子传》（《南史》卷四十四同）云：

> 太子与竟陵王子良俱好释氏。

同书卷四十一《周颙传》略云：

> 建元初，为……山阴令。……还为文惠太子中军录事参军，随府转征北。……颙音辞辩丽，出言不穷，宫商朱紫，发口成句。泛涉百家，长于佛理。著《三宗论》。

《南史》卷三十四《周颙传》云：

> 转国子博士，兼著作。太学诸生慕其风，争事华辩。始著《四声切韵》行于时。后卒于官。子舍。舍……善诵诗书，音韵清辩。

《梁书》卷十三《沈约传》（《南史》卷五十七同）云：

> 又撰《四声谱》，以为在昔词人，累千载而不寤，而独得胸衿，穷其妙旨，自谓入神之作。

《南史》卷四十八《陆厥传》（参阅《南齐书》卷五十二《陆厥传》）略云：

> （永明末）盛为文章，吴兴沈约、陈郡谢朓、琅邪王融以气类相

推毂，汝南周颙善识声韵。约等文皆用宫商，将平、上、去、入四声，以此制韵，有平头、上尾、蜂腰、鹤膝。五字之中，音韵悉异，两句之内，角、徵不同，不可增减。世呼为"永明体"。……时有王斌者，不知何许人。著《四声论》行于时。斌初为道人，博涉经籍，雅有才辩，善属文，能唱导。

《梁书》卷四十九《庾肩吾传》（《南史》卷五十同）云：

> 齐永明中，文士王融，谢朓、沈约文章始用四声，以为新变。至是转拘声韵，弥尚丽靡，复逾于往时。

上引《四声切韵》的作者周颙，为好佛的齐文惠太子萧长懋的掾属。《四声谱》的作者沈约，为齐竟陵王萧子良西邸的宾僚，且是"竟陵八友"之一。《四声论》的作者王斌与沈约同时，"初为道人"，即为佛徒。周颙"音辞辨丽，出言不穷，宫商朱紫，发口成句"；其子周舍"善诵诗书，音韵清辩"，均为四声转读的问题。永明新体的词人已将四声用到文章中去。之所以称为新体，也就是"文章始用四声，以为新变"。在永明体词人中，谢朓、王融亦属于"竟陵八友"之列。这些人都在佛化文学环境陶冶之中，都熟知转读佛经的三声。我国声韵学中的四声发明于此时，并在此时运用，是自然之理，或者说是文学潮流到这个时候，必然要推出的东西。

　　总之，四声与经声的关系，迄今千四百余年，尚未有人略能言及。故司马光《资治通鉴》卷第一百三十六于永明二年（484）记竟陵王萧子良招致名僧，讲论佛法事，全袭用《南齐书》《南史》旧文，而删去"造经呗新声"之语。谢氏《小学考》卷二十九录《南史·陆厥传》亦不载王斌附传。这都是"不了此处"。兹特为发其覆如此。

编后记

历时四载,经过大家的辛勤努力,《万绳楠全集》今天与大家见面了!

万绳楠(1923—1996),江西南昌人,安徽师范大学教授,著名历史学家。1942年万绳楠先生考入西南联合大学历史系,受教于翦伯赞、陈寅恪、吴晗等。1946年大学毕业后他考取清华大学历史研究所,师从陈寅恪教授。新中国成立后,先生先后任教于安徽大学、合肥师范学院、安徽师范大学,是安徽师范大学历史系创办者之一。

万绳楠先生在其近50年的治学生涯中,始终潜心育人,笔耕不辍,在魏晋南北朝史、宋史、区域经济社会史等诸多领域都作出了重要学术贡献,而于魏晋南北朝史研究用力最勤。先生著述宏富,发表专业论文近百篇,著有《魏晋南北朝史论稿》《魏晋南北朝文化史》《陈寅恪魏晋南北朝史讲演录》《文天祥传》《中国长江流域开发史》等著作。先生治学不因陈说,锐意创新,持之以恒,晚年生病住院期间,仍坚持写作,带病完成《中国长江流域开发史》等著作。除了在史学研究上的成就外,先生在人才培养方面也做出了杰出贡献,他于20世纪80年代即招收研究生,为史学界培养了许多杰出人才。

安徽师范大学历史学院历来注重学术传承,近年来先后整理了诸如胡澱咸、陈正飞、光仁洪、张海鹏、陈怀荃、王廷元、杨国宜等老一辈的文集十余种。2019年学院又组织专门力量,启动汇编《万绳楠全集》工作,通过整理先生著作,继承先生事业,光大师大史学,并为2023年纪念先生百年诞辰做准备。本次整理先生全集，除了汇编先生已经出版的论著外，我们还通过多方努力征集先生手稿，收集先生文稿，将先生发表在各种报刊、文集中的文章和尚未发表的40余万字成果编入全集中。先生治学功力深厚，著述宏富，因整理者学力不逮而导致的错漏在所难免，请读者批评指正，以俟来日修正。

借此机会，向指导和帮助全集整理和出版工作的汪福宝、卜宪群、陈力、马志冰、庄华峰、于志斌等表示诚挚的感谢！万先生文稿收集和全集编纂的具体工作由安徽师范大学历史学院庄华峰、刘萃峰、张庆路、林生海、康健等老师负责，尤其是刘萃峰老师，在协调和统校方面做了大量工作。参与收集、录入、校对工作的有蒋振泽、谭书龙、马晓琼、丁雨晴、白晓纬、姜文浩、李英睿、庞格格、罗世淇、王吉永、刘春晓、蔡家锋、谷汝梦、黄京京、吴倩、武婷婷、姚芳芳、刘瞳玥、张丽雯、高松、张昕妍、宋雨薇、陶雅洁、王宇、郑玖如、冯子曼、程雯裕、包准玮、李静、李金柱、欧阳嘉豪、郭宇琴等师生。在此，对参与全集整理工作的师生们表示衷心感谢！

还要感谢安徽师范大学出版社的张奇才、戴兆国、孙新文、何章艳、蒋璐、李慧芳、翟自成、王贤等同志，他们对文稿的编校至勤至谨，付出很多。安徽师范大学档案馆提供了万先生手迹、照片等珍贵资料，庄华峰为全集书写了题签，在此也一并致以谢忱！

还要特别感谢万先生哲嗣万小青、女儿万小莉的无私授权和大力支持，使我们能够顺利完成全集的整理和出版工作。

2023年是万绳楠先生一百周年华诞，这部《万绳楠全集》的出版，是我们对先生最好的纪念！

安徽师范大学历史学院

2023年10月